让我们一起追寻

衷心献给梅茜、杰萨米和加布里埃尔

目　录

地图列表

绪　论

本书不是一部人类历史，而是关于文明的历史。文明发 xvii
端于人类明确跳出亲属群体，开始在更庞大更复杂的社群里
相互协作、共同生活和劳动的那一刻。本书的故事从 6000
年前伊拉克南部沙漠地带讲起，在那里一小群部落演变为一
座城市，而那座城市则铸造了一种"文明"，即形成了一幕
独特的人类现象，并随之产生一切丰富多彩的事物，其
"回报的奖品"包括艺术、政府、宗教和法律，其中最为重
要的也许是公认的人道主义理念。

在讲述这段故事的过程中，我们抵达历史记录的最远端，
从这些留存至今的蛛丝马迹里我们依然能感受到那股悸动的脉
搏，那些熟悉的人类经历。在早期文明遗存中我们可以辨认出
古人所做的挣扎与努力——他们的希望和恐惧、生存之需、
创造之欲，这些无形的纽带让人类团结在一起。作为一名研究
古代世界的历史学家和考古工作者，我的工作是一直试图对历
史追根溯源，透过那考古挖掘的尘土或灰白如骨的城市废墟来
穿越至那个遥远的过去。无论是从埃及死亡面具的双眼中，或

1

是匿名古诗人的文字间，抑或是某位国王只是好奇想看看大海的故事里，我们都能瞥见那清晰可辨的人类精神。

城市是创造文明之所，这两者无法割裂。4000 多年前，一位姓名不详的诗人曾道出了一座模范城市的特性——城市应是一切文明愿望皆能落实的地方。这份"清单"出现于一首古巴比伦诗歌《阿卡德的诅咒》（*The Curse of Akkad*），它讲述了美索不达米亚、今伊拉克南部最早期的帝国之一的命运。其细节栩栩如生，简直犹如昨日写就：

> 仓库货品丰富充盈，
> 城市民居建造精美。
> 百姓品尝美味的佳肴，
> 享用上好的美酒。
> 人们为节日而沐浴，在庭院里欢聚一堂，
> 庆典上人潮如织，好友熟人共同把酒言欢……
> 外国人往来如梭，好似天空中来自异域的鸟儿。
> 老妇语重心长，老汉能言善谏。
> 姑娘舞姿婀娜，小伙勇武好斗……
> 异国之邦皆富足，百姓生活均幸福。

当然了，现实是并非人人都幸福快乐。每座城市、每个文明都有其胜者与败者，均存在富人和穷汉，这是文明二字所背 负的沉重却无法回避的代价。然而文明的回报始终是巨大的，那便是古诗歌当中所表现的欢乐情景，对于如今的我们来说，其意义也与 4000 年前相同。

绪 论

在前往那些古代文明遗址的旅途中，我走访了一些世界上最危险、最动荡不安的地区。站在巴格达一家旅店的楼顶，仰望天空，军用直升机呼啸轰鸣，你将会不由地被人类文明的脆弱性所震惊。同样是那位描绘城市全盛时期的古诗人，他也勾勒过一幅灾难性的图景，表现了当文明失灵时会出现怎样的情形。

> 大群野狗游荡于寂静的街道，
> 两人走过，两人被吃，
> 三人走过，三人被吃，
> 鼻子被敲扁，脑袋被打得稀烂……
> 忠厚之人受叛徒迷惑，
> 英雄好汉接连死于非命，
> 奸邪之徒与忠贞之士直面对抗……
> 老妇不禁呼喊："唉，我们的城市苦啊！"
> 老汉不禁呼喊："唉，我们的百姓苦啊！"
> 姑娘不由地撕扯头发，
> 小伙自发地磨起了刀。

在今日的伊拉克，你所遇到的是一个不得不重拾文明碎片的 xx
民族。这是一项如天谴般艰巨的任务，但并非完全不可能。自首批城市所处的时代以来，此类故事在该地区一再上演。待你目睹了人类所能干出的罪恶之行，你也就懂得欣赏人类最善之举的重要性了，那便是我们的创造力和交流沟通的本领，以及通过共同的人性来构筑共识的能力。

在现代西方，我们已经对文明的概念丧失了信心。尴尬于其沙文主义和精英主义的内涵，我们更趋向于使用不那么"严重"的术语，比如用文化来解释我们的起源。文化侧重强调社群的有机成长，讲述了一个听上去更为顺耳的"软聚焦"故事，而不是尽讲一些自上而下的组织干预以及与文明相关的艰难历史抉择。文化是天生的，而文明则是后天打造的，是人造的。对"文明"这一概念的不适之感已经促使我们把文明送进了博物馆的展示柜里，但在这本书里，"文明"的概念会从这种强制隐退当中被拯救出来。那位不知名的巴比伦诗人曾如此清晰地描绘了文明之美和文明丢失之恐，正如他一样，我在这里也要歌颂文明及人类在一个个大帝国轰然倒塌之后仍保有坚定不移的重建欲望。智人（homo sapiens）已经存在了约 16 万年，而文明则大约有 6000 年历史，这都是来之不易的。文明是一样我们不得不为之艰苦奋斗，甚至还需加倍努力去维护的东西，而对其最大的威胁则来源于我们自身的破坏天赋。

_{xxi} 文明始终是一种"在产品"，每一代人均通过努力寻找不同途径来创造并维护一个具有生命力且繁荣兴旺的社群。自美索不达米亚的首批城市伊始，我们见证了埃及的皇家宫廷、米诺斯克里特人（Minoan Crete）的宫殿、迈锡尼人（Mycenae）的城堡、亚述和巴比伦的世界性帝国、古典希腊的城邦、亚历山大英雄主义色彩的王政体制、迦太基的商业海上霸权、罗马的帝国机器和基督徒的"上帝之城"（City of God）。本书是一本绘制文明的著作，列示了文明所经历的独裁、寡头、王政、民主、帝国和神权政体。渐趋明

朗的是，文明的行军往往更多的是痛苦的历险——一次次重蹈覆辙，走相同的弯路，出类似的败招。然而希望终究盖过了凄惨的经历，文明便是这种终极胜利的标识。

地理位置是文明故事的中心聚焦点。地球上首批城市之所以会出现于幼发拉底河和底格里斯河的河谷间绝对不是偶然的，肥沃丰饶的河谷犹如大动脉穿越了广袤的荒芜地带。假使要在这块炎热干旱的地方有效开展农业的话，就必须开凿灌溉沟渠并予以维护，所有这些工作都需要庞大的人口来进行合作，正是这一严酷的现实才使得首批城市最终涌现。此外，另一个同样关键的要素是这两条大河均适于通航，也就是说人员、物资和理念都能轻易地流通和传播。

文明正是由这两条伟大的河道朝地中海世界漂流而去的，那是下一个萌发文明的舞台。同样地，这一次也并非机缘巧合，地中海在地理要素方面拥有与之相同的必要组合。　xxii
地中海或许可以被称作海洋，但它几乎完全被人口稠密的地带所包围，这就意味着这片海域极其出色地发挥了信息高速公路的功能。地中海蜿蜒曲折的海岸线以及众多突出的半岛均给予其居民以一种强烈的安全感和远离"外人"的隔绝感。地中海始终能同时扮演单一海洋和多片不同海域集合的角色，包括爱琴海、亚得里亚海、第勒尼安海（Tyrrhenian）和爱奥尼亚海（Ionian）。正是这种互相关联而又彼此隔离的奇特组合才使得城邦逐渐发展成形。城邦在自然条件上的隔绝足以培育某种独立的个体意识，而与此同时它们又能受惠于社群之间经由海上传输的技艺、理念和商品。

希腊伟大的哲学家柏拉图将殖民地中海的古希腊人描述为

"池塘边的青蛙"，然而他的这一比喻均适用于在此地区所发现的各种民族。人员相互间的交流和对话发生于希腊人、罗马人、伊特鲁里亚人（Etruscans）、腓尼基人、埃及人、亚述人和巴比伦人之间，而这些"呱呱呱的青蛙叫"正是本书的核心聚焦点。这里的人们也许说着不同的语言，但他们彼此之间互通有无、传播思想，还交流重要的信息，即关于社会的各种不同的组织方式。以这种集思广益来探寻过去的方式业已失传，如今我们以常规的方式获得历史教育，那里头的古代世界伟大文明都以独立自发的面貌显示在世人面前。本书会将近东及地中海的伟大强国同其所处的更广阔的政治、经济、宗教和文化世界重新联系起来，以此种方式为文明的对话投射一缕光芒。那些彼此的交流让文明保持鲜活、运动和进化，通过历史的长河一直延续至今。

xxiii

贸易是发展进步的伟大引擎，正是那一条条途经中东沙漠和山峦的商道，以及环绕地中海的贸易路线才使得遍布整个地区的理念传播成为可能。人们进行的大多数对话均是关于货品交换的，柏拉图的"青蛙们"通常叽叽喳喳地讨论价格与供应、进口与出口。我们将会见证，文明的成长常常依靠货物的贸易、思想的交换和人员的流动，而在危机时期，文明的生死存亡亦仰赖于此，然而这些交流几乎向来是从现实角度出发的行为，而非那种毫无私心的教化使命。假如人们要跟你做生意，那么他们就得欣赏你的货品才行。好的买卖不仅仅意味着商品需要交换，同时意味着品位和志趣也要切磋交流。

即便在 21 世纪，西方文明以古希腊和罗马为基石的观点依然十分强大。我们对爱、恨、欲、美、公正、自由和艺

术的概念看上去似乎均属于古典世界赐予我们的一部分卓越
遗产。我们确实极大地受惠于古希腊人和罗马人，本书无意 xxiv
否定这份恩赐，而是要对这笔"债"的本质提出疑问。希
腊罗马世界的璀璨成就，连同那些被我们视为代表当今西方
的理念与价值观实体，其实它们在很大程度上都要归功于许
许多多其他古代民族默默无闻的贡献。古希腊人和罗马人十
分善于将其他民族的思想理念挪为己用并予以改进革新，在
此方面的天赋丝毫不逊于他们自己的创造发明。经由地中海
永无休止的逆时针洋流，那些伟大理念犹如客商和殖民者的
一部分货物，为西方文明提供了基础。本书追踪这一条条由
思想打造的旅途，向诸位展现那些伟大的进步。它们常常被
认为是属于古希腊罗马世界的，而其实却有着更具异域色彩
且着实令人称奇的起源。

　　我们或许会天真地以为人类的自然天性就是要跨越血缘
纽带并走出部落，然而在伊拉克南部最早决意如此行动的部
落族长们想必并没有此等假设和推定。城市里没有一样东西
是自然而得的，建城者们明白城市的生存依靠的是妥协、刻
苦、牺牲和劳作。文明是费尽心血而来的成就，时常受到内
部和外部种种压力的威胁。文明的故事并非永无止境的渐进
过程，它是不同地点不同文明兴衰起伏的一系列传奇，伟大
的启蒙时刻因一次次战乱、灾祸和暴虐行径而夭折。文明具
体地表现了人类最善与最恶的一面。此刻我想对诸位讲述的 xxv
故事并非只是那业已长逝的古代世界，在文明这场伟大而持
续的实验之中，正是那光辉璀璨的不完整性才令这些远古传
奇能够如此引起共鸣。这也是我们自己的故事。

历史的革命：首批城市的出现

1 美索不达米亚：从诸部落到最早的帝国

有史以来第一座伟大的城市出现于今天的伊拉克南部，古希腊人称这片地区为"美索不达米亚"，意为"两河之间的土地"，两河即底格里斯河与幼发拉底河。此前这里一直被人类占据了至少有1000年，人们在星罗棋布的小族群里艰难地生存着，其中最大的群体达2000人。不过就在6000年前，一起伟大的事件发生了。人们摒弃了家族和村落所提供的安全感，转而同陌生人聚到一起，合力创造某种复杂得多、困难得多的事物：一座城市，一种文明。不同部落的族长们都认定，只要大家携起手来，犹如某种永久性集体那样合作的话，未来的安定繁荣就会更有保证。至此，文明便播下了种子。我们今天称其为"苏美尔文明"，而正是这一决策才促成了乌鲁克城（Uruk）——众城之母的诞生。

乌鲁克城城址位于巴格达以南约250公里处，如今那里已无多少东西遗存，但城市生活的初次尝试在当时可谓旗开得胜。在公元前约3000年的巅峰期，乌鲁克曾是4万~5万人的家园。城墙的周长将近11公里，环绕了方圆6平方公里

里海

乌鲁米耶湖

安纳托利亚

叙利亚

幼发拉底河

亚摩利

塞琉凯亚

马里

亚述古城

亚述国

尼尼微

底格里斯河

巴比伦尼亚

西帕尔

吉他

基什

巴比伦

帕息巴城

尼普尔

伊辛

乌鲁克

苏隆帕克

吉尔苏

拉尔萨

苏美尔

埃利都

乌尔

卡尔黑河

苏撒

埃兰

底格里斯河

乌玛

阿达卜

卡鲁恩河

波斯湾

沼泽地带

N

100 英里

200 公里

古代近东地区

的土地，此面积甚至比古典时代黄金期的雅典（5 平方公里）还要庞大。全世界首部史诗文学《吉尔伽美什史诗》（*The Legend of Gilgamesh*）曾赞誉过这座天下第一城。该著作讲述了美索不达米亚国王吉尔伽美什的故事：国王的三分之二为神，三分之一为人，据说正是他建造了乌鲁克举世闻名的城墙。对该城的宏大与壮丽，史诗如是赞美道："向上前行吧，登上乌鲁克的城墙。"这部早期的史诗作品开创了一个在古代世界经久不衰的传统：文学作品对某个文明的颂歌到头来往往比该文明本身更加长命。

乌鲁克的考古记录虽纷繁庞杂，但颇具启发性。它揭示了一段紧锣密鼓的建设与重建时期，年代起始于 6000 年前并延续了四五个世纪。在那段岁月里，乌鲁克人修建了至少十几座甚至更多的宏大建筑——神庙、宫殿、礼堂，无人能确定是何种建筑，但尽皆形态各异、规格不同。乌鲁克人仔细小心地推平原先矗立的建筑，以某种宗教仪式将已用物料封存起来，随后于其上建造起全新的东西来。他们时常会尝试新的建筑材料或建造工艺，比如那颇具特色、用以装饰墙体的锥形马赛克。由此你会有一种感觉，似乎在所有这些不停歇的建造和重建背后，乌鲁克人正在通过建筑这一途径，以多种形式来表现这块土地上业已萌发的社会结构变革以及未来世界的模样。

乌鲁克如今被人视作诸多城市的样板，它们共同形成了苏美尔文明。当人类当中的大多数还在竭力跨越原始农业技术的藩篱时，遍布美索不达米亚南部广阔平原的苏美尔人则正在享受城市文明生活带来的诸多便利及与之相适应的服

6

饰。复杂的宗教机构和体系应运而生，庞大的神庙群破土而出，人们于其内精心操办神圣的仪式来敬奉诸神。法律管理社会，法条落实成文。工匠们制作各种奢侈品，它们的装饰考究，寓意深远。商贾们走南闯北，足迹遍及中东。他们买卖商品，交换货物，有时还换取再生产所需的原料。对于人类来说，这些都是崭新而前卫的生活方式，但它们显然是非常成功的。当史前不列颠遗迹——巨石阵（公元前约 2500 年）垒起第一批石块之时，八成的美索不达米亚人已经生活在了一座座城市里，这些城市的面积超过 40 公顷，有 1.5 万 ~3 万人口。

由个体和非血缘群体构成的蓬勃社群成批地涌现出来，这在人类历史上是前所未有的。那么此等非同寻常的进步是如何发生的呢？问题的部分答案是自然环境的艰苦恶劣，人类只有借由超凡的创造性和极度的危机感才能让生活得以延续，文明也才能于此地形成。这是一个自然条件相当极端的世界，当地的居民简单地称其为"卡拉姆"（Kalam），字面意思为"土地"。它有几条狭长的河谷带，虽然土质肥沃，但被数千公里的贫瘠沙漠和毒瘴四布的沼泽包围着。该地区降雨量十分匮乏，无力支撑农业生产，只有通过复杂的灌溉方式才能让土地具有肥力。底格里斯河与幼发拉底河在美索不达米亚地区奔流而过，送来了水资源，由刚需催生的创造力孕育出了将水浇灌到田里的方法。

农业的出现早于城市数千年，时至公元前约 5300 年，耕种技术变得更加集约化，从而将食物生产最大化。大约在公元前 5000 年，人类学会了简单的灌溉方法，比如直接引洪水冲灌。与此同时，人们还发现了更为先进的耕种技巧，如"单一作物制"（相对于轮耕制或"刀耕火种法"而言）。然而在南部伊拉克艰难的环境中，就算具备了这些仍然是不够的。人类于此地繁荣兴旺的唯一途径是整合各自的资源，充分利用这两条过境的大江大河，从而避免时而丰年、时而荒年的窘境，打破这一左右生存的怪圈。美索不达米亚的河谷犹如生机勃勃的大动脉，在一片荒芜的大地上川流而过，倘若能够将其引流并调控这些水资源的话，贫瘠的土地就会变成一块块肥沃的田地，由此人们便能过上一种静态的农耕生活了。人类自建城之初，就与这改天换地的首次尝试密不可分。

我们永远不知道究竟是什么因素促使当地人朝未知世界迈出这戏剧性的一步，也许是一场长期干旱形成了环境危机，抑或是那两条大河绵延的支流改变了流向，从而迫使人们超越小门小户的思维局限，与左右四邻携起手来构建堤坝、水渠、运河等基础设施来管理他们赖以生存的河水。这些工程要求有专业工匠以及劳动分工，因而便萌生了等级模式、职业化和互为所依的关系，而这些渐渐形成了人类文明屹立于世的基础。 8

大约就在乌鲁克城出现的同时，在向北 950 公里的地方，另一座城市也登上了历史舞台，它就是位于今天叙利亚境内的布拉克城（Tell Brak）。那是一座有着异常丰富历史资料的考古遗址，其建筑物可追溯到公元前 5000 年。在此地挖掘出来的众多物品当中，含有一些同时也在乌鲁克被大量发现的眼状护身符，这表明人们从乌鲁克往北旅行，将他们激进的农业灌溉和城市生活理念一同携带了过来。不过在布拉克发现的人工制品之中，或许还有一样东西更加令人惊叹不已，那就是斜角镶边碗（bevel-rimmed bowl，BRB）。当我们一想到古代世界时，往往会自然而然地聚焦于那些标志性的或威风八面的事物，比如断臂维纳斯（Venus de Milo）或狮身人面像（Great Sphinx）。然而对我来说，这粗头粗脑的小碗盏却同任何无臂女神或无鼻神兽同等重要。这东西其貌不扬，不过是一只粗制的器皿而已，由未上釉的黏土制成，凭借一个模具很快就能轻易做出来。然而，斜角镶边碗又是不同凡响的，因为它的数量实在太多太多，以至于此地的考古学家们在挖掘工作的收尾阶段索性重新将其就地掩埋。斜角镶边碗不仅遍布于布拉克一地，而且从土耳其到叙利亚，再到伊朗、伊拉克，处处可见它们的踪迹，规模可谓数以千计。它们跟随乌鲁克文明一起云游四方，是苏美尔文明影响范围的标尺，同时也是一条伟大的考古线索，它揭示了这一文明本身是如何形成的。

那么这些外表平淡无奇的碗器到底所为何用呢？一种说法是它们被用来为工人们配给食物，是一种远古时期的工资袋，一只标准化的、用食物给付劳动报酬的碗器。斜角镶边碗表明在人类首批城市里有一种再分配经济：居于统治地位的中央权力把持着大量的财富，享有无上的权威，足以强迫、哄骗普罗大众以它的名义进行大规模工程，诸如农业灌溉和集约化耕种等。所有劳动成果会被中央权力集团拿走，少量用于重新分配，以维持劳动者的生计。

因为集约化农业比小规模自给自足型农业更为高效，所以能够产生粮食盈余，使丰年收获的一部分农作物可以储存下来以备日后荒年之需——换句话说，就是粮食保障。粮食供应的盈余同时也使某些农田能转而用于非粮食生产，培植原材料来制作诸如纺织品之类的东西。这就产生了一种对技术工匠和商人的需求，这便是手工业和消费主义的始端。粮食盈余还支撑着人口当中其他类型的专业人员，比如士兵、建筑工匠、乐师、医生、占卜者、娼妓，他们都是被粮食盈余直接或间接地供养着。 10

首个城市文明的权力中枢就在那一座座神庙里头。这是一个神权政府，是宗教而非政治提供了意识形态，并动员了开凿运河、维护城郭、开垦麦田所需的体力劳动者。美索不达米亚的宗教信仰教导人们，所有工程都是用来服侍神灵的，而人类本身被创造出来显然也是出于此目的。宗教本身的历史明显比城市要悠久得多，然而就在新社群里的人们正努力理解并认同新的生活方式之时，宗教却不可或缺地成为他们希冀与敬畏的焦点。美索不达米亚的宗教弥漫着一种对文明脆弱性的强烈感知。一切辛勤的汗水，所有成就的功业，都可能于顷刻间灰飞烟灭。大洪水的神话在美索不达米亚发源实非偶然。这是一块布满沼泽与水网的土地，固体和液体之间的界限并不十分清晰。对苏美尔人和阿卡德人（阿卡德帝国是与苏美尔人相邻的美索不达米亚文明）而言，水即生命之源，然而倘若没有诸神的保护，河水亦是一切祸乱之根。诸神包括天父之神安（An）、地母之神启（Ki）和淡水之神恩基（Enki），而每一个苏美尔城邦都拥有自己的神祇，保佑着芸芸众生的福祉，给予百姓自我身份 11

的认同。不过这种保护也是来之不易的，需千辛万苦的劳作方可获得。

既然神庙对庶民的虔诚与勤勉拥有如此强大的神学论证，那么它们能成为如同欧洲中世纪修道院那样的经济中心就不足为奇了。神庙坐拥大片耕地，并以产业化规模监督生产。以乌尔城（Ur）内的神庙为例，它们大约有雇工4万名，以从事纺织业为主。

祭司们都是自我任命的诸神守护人，他们创立并把持着庙宇这类神灵的住所，因此神庙便成为城内第一批大型机构。宏大奢华的神殿越造越多，其内均设有庞大的仓库来存放神庙产业制作出来的产品，并由一群经理人、监工和簿记员来操持管理。美索不达米亚平原渐渐被金字形神塔所充斥，这种神塔是一种带有阶梯的、金字塔形状的巨型建筑，上面筑有诸神宫殿。男女诸神都被设想成了人形，塑像由华丽锦袍装点、美味佳肴供奉。

在人类的首批城市里，神庙占据了特权地位，未被直接雇用的市民甚至被认为放弃了部分侍奉神灵的劳作。此等状况意味着久而久之神庙就积累起巨额生产盈余，可供换取更多的土地，而这种额外的产能甚至又生成了更多盈余，转而12 可用来支持神庙工匠的多样化，即形成另一条收入来源。这些"企业"赚取的收益说明神庙亦发挥着原始的银行功能，他们发放贷款，提供抵押，扮演了某种社会服务部门的角色，另外他们还接收贫穷儿童，让其充当神庙奴仆。小农户们无力与这样的金融大鳄抗衡，常常陷于举债的境地，眼睁睁看着自己的农田被收回，任由自主权的丧失。他们被这些神圣的地产银行逼入绝境，沦为他们的雇工。凭借严酷的垄断和神灵的裁决，这些庙宇俨然一架架活力四射的引擎，强劲地带动着人类首个再分配经济。

书写，是所有文明赖以建立的基石之一。幸亏古人发明了这项重要的新技术，才让我们得以知晓神庙和首批城市的组织形式。苏美尔人和阿卡德人最初使用的文字是楔形文字——世界上已知的最古老的书写系统，它从一种更早期、更原始的象形文字系统进化而来。在乌鲁克和其他城市里，湿润的黏土上首次刻下了一些基本的信息：人名册、物品清单和简单的簿记。然而数百年内书写系统已经变得复杂得多，在罗列事项的同时也能够记录下思想和概念，不久之后甚至还产生了专门的学校，由一种全新的重要行当——书吏——来教授这门书写技艺。可以毫不夸张地说，这确确实实就是"历史"开端的地方。书写还未发明之前，我们在远古的海洋里漂浮不定。待有了书写技术，往昔成了某种记录，犹如浮船抛下了重锚，我们终于可以用略带肯定的口吻说："从前有一天……"相对于古埃及人和古希腊人纤柔的莎草纸，苏美尔人用来书写的泥板则材质坚硬，更耐火烧。青铜时代美索不达米亚遗留下来的历史资料确实远多于古典希腊时期，这很大程度上要归因于它们是书写在泥板上而非莎草纸上的。那一场场肆虐城市、焚毁典籍的大火常常不过是将那些藏于其中的文件烤了一烤，而非真的毁尸灭迹。

书写是一项复杂而费神的工作，唯有抢得人先才能勉强糊口，更关键是要有用才行。然而随着时间推移，书吏逐渐开始不单单体现事务性主题，很快就把几乎周遭的一切都记

13

录了下来：神符咒语、医药医疗、操作手册、外交协议、神话寓言、律令法条、童谣及情歌，其中还包括宗教文本，即所谓的"众神册"。书吏们欲将本地数百位神灵梳理进一个规模更小的地区性诸神系统，可以说这是一场由若干位有整理癖好的书吏所引起的宗教革新。

近东地区首批城市遗留下来的庞大资料详细记录了城市世俗生活的方方面面及其细微之处，同时还展现了书面文字是如何便于少数人统治多数人的。律令可以被编撰成法，赋予新政府以权力，并借由书面记录的永久性而得到加强。部落习俗和家族传统长久以来指导着美索不达米亚人的社会、宗教、经济和文化规范，而成文法条则要么挑战其地位，要么干脆将其容纳在内。这些文件显示，城市生活或许能够让市民免遭季节变化和自给农耕的挣扎之苦，却也将他们同土地、习俗和传统权利隔绝开来，如今市民们完全依赖于雇用他们的机构。城市存在的悖论便是，当它给予居民新的安全感时，也同样创造了新的脆弱性。这份安全，是以丧失自主为代价的。

神庙统治引起了社会、政治、经济的日益紧张局势，并与另一个城市内催生的新机构——宫廷狭路相逢。在艺术作品当中逐渐出现了一个衣装华丽、令人耳目一新的形象，他在生与死的问题上给古代伊拉克开启了一扇美丽而残忍的窗口。无论是狩猎猛狮、搏杀敌军，还是参加杀牲祭祀或其他宗教仪式，此人都不可能被忽视，因为他被描绘得是画面内所有人物的两倍大。在苏美尔人当中，他被恰如其分地称为"卢伽尔"（lugal），字面意思为"大人物"，即我们今天所说的"国王"。王宫（苏美尔语里的"e-gal"，字面意思为"大房子"）不仅成为王族的住所，而且还充当着城市管理中枢，但它同时也是一座庞大的工业基地，到处是工作坊和储藏库。作为平衡神庙的重要政治机构，王宫聚拢了一群魅力非凡的个体，他们有血有肉，并非遥不可及的神灵。渐渐地，当时光跨越公元前 3000 年时，王室已掌控了城市的商业生活，所有的外贸特许权都落入了他们的手掌心。神庙不得不接纳这股境内的新势力，并搞出各种宗教仪式，将国王升格为城市的守护使者及诸神的特殊伙伴。宫廷和神庙很快都领悟了联合阵线的价值，此阵线将宗教与世俗事务编成一个无缝的整体，用以迷惑、恐吓那些满怀敬畏的普罗大众。

　　人类学家告诉我们，部落社会里的领导者鲜有绝对的权力。因受制于一张由群体意愿、习俗和禁忌编织的复杂大网，他们往往屈从于社群的集体意志。他们可以领导社群，但唯有大伙意欲跟随才行。然而在首批城市里，部落生活的那一张张大网瓦解了。人们受到王宫、神庙这些全新的等级制度和分工体系的教导，很快就学会了做一个跟随者。而这些"大人物"——偶尔也会是女性——就像庙宇一样盘踞着中心地位，搜刮着经济利益。如今他们拥有了财力，能够重塑形象并再度亮相：僧侣王、长者领袖、立法者、建设者、明主、保民官、神武猎手。在古代世界里，成为国王的方法可谓五花八门，但尽皆带有一种对"生来就具有统治权"的辩护。国王们，以及他们创立的王朝，从一开始就与百姓不同，生死皆然。

　　这一点在考古先驱伦纳德·伍利爵士（Sir Leonard

15

16　Woolley）的发现中极为显著。20 世纪 20 年代至 30 年代间伍利曾于古代美索不达米亚的乌尔城开展挖掘工作，他所发现的证据揭示了国王及其朝廷是如何将普通大众与自己隔离开来的。乌尔城城址位于今天的伊拉克东南部，尤以一座年代可追溯到公元前 2100 年的大金字形神塔遗址而闻名。至巴比伦时代晚期，这座青铜时代的建筑就已荒废，尽管后来的统治者们一直都在不断地对它进行修复重建，从公元前 6 世纪的巴比伦末代国王那波尼德（Nabonidus）到 20 世纪 80 年代的萨达姆·侯赛因。遗址如今坐落于内陆深处，是幼发拉底河流向改道的牺牲品，然而在青铜时代乌尔城是靠近波斯湾河口处的，因此它与河海相连，贸易往来相当方便。伍利和他的团队研究了超过 1800 处墓穴，可追溯至距今约 4500 年前。大多数墓穴平淡无奇，孤零零的一具尸体由芦苇席或木头棺材包裹，安置于一个狭小的长方形土坑内，四周则散布着一些私人财物，比如武器、首饰、杯碟。然而其中有 16 处墓穴迥然不同，它们是庞大的合葬墓冢，涉及几十个人，有男有女，还有牲畜。尸体呈队形排列，躺于精致墓室的外围墓穴里，而其内部墓室里的便是这些被精心操办的殡葬仪式的对象，即这一切的核心，其四周还围绕着璀璨夺目的奇珍异宝。伍利将这些墓穴称为"死人坑"，而如今它们却被更庄重地唤作"王陵"，其年份大多在公元前 2600 年前后。

17　　拥有如此惊人的财产，这些墓穴无可争议地属于王公贵族，而且所发现的镌刻铭文也让我们能够将名字落实到某些消逝已久的王族成员身上："国王麦斯卡拉姆杜格"

（Meskalamdug）与"王后普阿比"（Puabi）。可是其他人呢？同麦斯卡拉姆杜格和普阿比一起陪葬的尸体呢？在伍利的经典著作《迦勒底的乌尔》（*Ur of the Chaldees*）里，他用一幅摄人心魄的皇家葬礼图景来解释自己的这些发现：已故的统治者躺于墓穴的内部密室，送葬者们恸哭不止，宫廷侍女、忠诚的卫兵及仆从们纷纷慢步进入墓穴外室。庄严肃穆的音乐响起，此时墓穴被人从外面封死，前来悼念的人们遂服下毒药，在忽明忽暗的油灯光线下，一个接着一个地死去。他们认定自己会在坟墓那一头的世界里重生，准备再次侍奉他们敬爱的君王。

这一幕着实令人不可思议，然而死人坑的真相可能更加令人匪夷所思。根据某些理论的说法，悼念者的尸体是在王者驾崩后的数年里被一个接一个地安放进墓穴里的。随着宫廷成员陆续故去，王族慢慢地团聚到了一起。有些陪葬者甚至先于国王或王后死去，他们的尸骨会被保存起来，待到男女主子最终驾崩时再被拿出来小心翼翼地装束整齐并安放就位。我们对美索不达米亚的宗教信仰知之甚少，但有一点是清晰明了的：王权的魅力能够施加强大的影响，人们对国王会生死相随。

当然了，臣民们同样也会追随他们的国王奔赴战场。首批城市的国王们拥有着各种身份的"外衣"，而其中效力最强的则要数"武士国王"了。首批城市的成功部分源于他们所提供的保护，以使城市免遭那些居于沙漠边缘的游牧部落——文明史中永恒的"局外人"——时不时的侵袭。苏美尔的国王们以臣民保护者的身份出现，以抵御外来入侵者

18

强加的暴力。然而，这一切只是开始。

没过多久，国王们便不满足于只保护自己的城市，进攻遂成为防守的首要原则。于是乎，美索不达米亚地区不仅仅是人类文明的摇篮，也是第一批灭绝大战的修罗场。从此战争将始终是文明的亲密伙伴，它的黑暗如影随形，与文明不可分离。古代近东地区王权制的勃兴酿成了一场有组织的爆发式活动。新的军事技术在王族的赞助下得到发展，譬如能在战场上制造更大规模杀伤的双轮战车。

美索不达米亚地区有一位名叫萨尔贡（Sargon）的国王，正是此人给古代世界的政治经济注入了一项新的"货币"单位：帝国。公元前 23 世纪，萨尔贡在美索不达米亚大地上一路南征北战，从地中海一直到波斯湾，他拿下了一座又一座城池，直到最后自封为"万王之王"。围绕着此人的生涯及功业，自然会有神话故事应运而生。据说萨尔贡可能是一位菜农之子，他从底层白手起家，逐步成为基什城（Kish）国王乌尔扎巴巴（Ur-Zababa）的酒侍。后来萨尔贡被委任监督灌溉工程，于是在他的身边便聚拢了一群忠实守纪的壮劳力，他们很可能构成了他那支私家军的核心骨干，助其取代乌尔扎巴巴并登基称制，成为阿卡德王朝的奠基人。萨尔贡的治世时期相当长（据说持续了 56 年），行将末了之时，他在阿卡德这座位于幼发拉底河边的新首都里，统治着历史上第一个依靠残暴武力征服而形成的多民族中央集权帝国。

然而，所谓的那种"罗马治下和平的美索不达米亚"从来就不会有，帝国体系过于脆弱，幅员也太过辽阔，而理

念本身又极为前卫，人们若不抗争一下是断然不会接受的
（后世的帝国缔造者们将受惠于这位始皇帝的开拓性工作）。
萨尔贡不断地东征西讨，以确保"帝国"这一胜利果实，
而他的继任者们也承袭了暴力与战乱的衣钵。他的两个儿子
瑞穆什（Rimush）和玛尼什图苏（Manishtushu）的治世时
期都是因皇帝本人遇刺身亡而告终的。其孙子纳拉姆辛
（Naram-Sin）在位 40 年，大多数时间亦用于出兵镇压此起
彼伏的叛乱，同时为祖父的帝国开疆扩土，以弥补那些
"掉下帝国花车的领地"。此外，纳拉姆辛还毫不犹豫地迅
速积累各种头衔，在这一点上丝毫不亚于他对领土的追求。
他自称"shar kibrat 'arbaim"，即"四方之王"，后来又提
升自己为"shar kishshati"，即"宇宙之王"。在此之后，想
必也只有一个地方可去了，那就是天国。于是纳拉姆辛成了
第一位自称"世间神灵"的美索不达米亚国王。

　　在纳拉姆辛身后的几个世纪里，围绕他的传说越来越
多，那些故事主题黑暗，让人不安。《阿卡德之咒》（*The* 20
Curse of Akkad）写于虔诚自省的巴比伦国王时期，叙述了一
次由纳拉姆辛发起的亵渎神灵的过激行动。据说当时一位神
灵威胁不再保佑他的城市，于是纳拉姆辛捣毁了美索不达米
亚诸神中的主神——恩利尔（Enlil）的神庙，其后果对于
阿卡德城而言是灾难性的。"建城以来，头一回，"诗人曰，
"田间颗粒无收，人们因饥饿而捶打自己……"此话犹如一
记警钟，告诫人们在那个时代政治稳定与粮食保障之间至关
重要的联系。在今天，一部分考古学家将《阿卡德之咒》
解读为气候剧烈变化的证据，这说明在公元前 3000 年末期

的某段时间里气候对该地区产生影响——降雨量骤然减少，使得城市文明无以为继，帝国无力复原。纳拉姆辛之子统治下的阿卡德帝国于公元前 2083 年败给了几支从今天伊朗境内的札格罗斯山脉（Zagros）而来的入侵武装，原始的"野蛮人"部落从荒山野岭冲出，他们"横扫天下"，摧毁了一个帝国，开辟了一个黑暗时代。

2　埃及：璀璨夺目的千古绝唱？

人类首批城市于底格里斯河和幼发拉底河的河谷沿岸出
现，而就在数百年之后，一个能够与其比肩却又完全独立的
城市文明试验在埃及大地上展开了。古埃及，拥有令人叹为
观止的建筑，它们气势宏大，犹如不朽的丰碑，还有那神话
般的君王，以及对死亡和死后世界无孔不入的关注……这一
切都衬托出阿卡德末代诸君的傲慢与自负。古埃及建筑的宏
伟令人敬畏，国王们的残暴举世无双，它理所当然地要比任
何古文明都更加摄人心魄，引发现代人无限遐想。然而正是
古埃及这独一无二的特质，使得它在我们古代世界的故事里
成为后无来者的绝唱，有太多的东西钻研不完，却并无多少
值得传授。

虽然古埃及三面被陆地包围，但本质上是一块带状的
"岛屿"，它的南面群山连绵，东西两侧皆是沙漠，而北方
的边界则明确由尼罗河三角洲湿地划定。大河塑造了土生土
长的文明，每年泛滥的河水可确保两岸陆地成为世界上最肥
沃的土地之一。古希腊历史学家希罗多德（Herodotus）通

过观察做出著名的论断：古埃及是"尼罗河的馈赠"。然而

22 这片由尼罗河浇灌、养分充足的深棕色土地常常只延伸到河岸两侧数百米而已，再往外便是贫瘠的荒漠了。对于埃及人来说尼罗河是伟大的衣食父母，河水赐予他们全部的生活所需甚至更多。就连那举世闻名、用来书写象形文字的莎草纸书卷也是由生长在河流浅滩边的芦苇制作而成的。尼罗河可谓古埃及生活的中心，以至于对它的臣民而言北方被称作下游，而南方即为上游。全年的季节被简单明了地分为"涝季"、"排涝季"和"旱季"。美索不达米亚人逐步学会使用运河系统来管理和控制底格里斯河和幼发拉底河，而古埃及人则不采用这种需要强劳力和高成本的方式，他们干脆为耕地垒起堤坝以蓄住洪水，自"涝季"首日起原地坚守关键性的 40~60 天。等过了这段日子之后，人们捣毁这种用泥巴垒砌的堤坝，让生命之源的河水流尽，留下一层肥沃的黑土来接受播种。有些年份河水过少，而有些年份却又太多，但在青铜时代没有技术能够控制洪水或改善旱情。埃及人所能做的就是用一种"水位计"系统来仔细观测波动起伏的变化情况，预期将来是丰年还是荒年。（《圣经》故事"约瑟在埃及"精彩地描述了一项英明的防灾赈灾工作所能带来的政治收益。）

公元前约 3150 年，一位统治者将尼罗河上游和下游两个地区合二为一，于是埃及很快就以整体的面貌呈现出来

23 了。然而埃及是阶层分化的社会，以神庙为中心的宗教精英和宫廷王族居于顶端，双方都将自己的财富和权力捂得很紧。上层精英们一贯运用手中的庞大资源来搞高端艺术、建

筑和文艺以为其统治正名并予以强化。不过埃及艺术水平极高，作品众多，而且充满雄心，令古代世界的其他国家皆难以望其项背。意象的凝聚性使璀璨的埃及物质文化得到更进一步的升华。独特的自然环境、有限的耕地规模，再加上尼罗河作为交通大动脉的便利优势，这些都意味着埃及相比古代世界其他较为松散的国家而言始终更易于实行中央集权。尼罗河隐隐地暗示了这片得天独厚的土地所具有的天然凝聚力，而埃及的统治者们也很快就对这一点心领神会。

　　埃及的国王们（"法老"这一头衔严格地说是留给青铜时代晚期君王的）将从美索不达米亚君主治下进化而来的宗教和意识形态模式进行了升级加工。国王以神力为化身，谨慎地出现在子民面前。他不仅仅在埃及这个国家的日常运行中起决策作用，而且还为宇宙和地球的秩序提供保证，埃及人称之为玛阿特（Ma'at），即维护天理与天道平衡之神。对臣民而言，国王是至高无上、全知全能的。正如某段铭文直截了当地宣称："陛下一言，诸事即成。"这些永远正确的统治者还将形象工程上升到了一个全新的高度，他们身穿一整套标识王权的服饰出现在子民面前：短裙、悬于腰间的牛尾、宗教式样的胡须、连枷与弯钩①，脑袋上还戴着硕大的双王冠，一条象牙斑眼镜蛇盘于前额——它高耸躯体，时刻准备用毒液消灭任何反对他们的人。一座座气势恢宏的金字塔表明，即便是死亡，埃及的国王也要做到惊世骇俗。 25

---

　　① 古埃及的权杖。——译者注

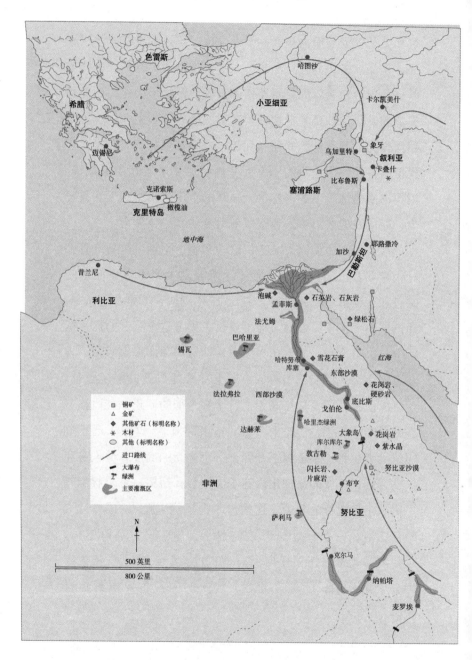

古埃及与东地中海地区

2 埃及：璀璨夺目的千古绝唱？

埃及的帝王形象富有吞天吐地、战无不胜的特征，人们很容易被其迷惑。然而在这些大神庙、大金字塔和光彩夺目的仪式背后隐含着一个更为有趣而复杂的故事。第一批独裁者们有能力独自掌控数座小城市，但军事的成功和领土的扩张带来了一系列新的问题。没有人能够凭一己之力照看一个大帝国，哪怕他自称天子下凡也不行。埃及的国王们不得不仰仗一批随从亲信，由这些皇亲国戚、朝臣百官和军队将士来监管扩张后的国家，而他们均存在篡位谋反的潜在可能。针对这一致命缺陷，法老阿蒙涅姆赫特一世（Amenemhat I，公元前 1991 年至公元前 1962 年）给其继任的儿子塞索斯特利斯（Sesostris）的教导便是一条切中要害的提醒：

> 小心提防无名小卒，
>
> 他们的诡计不被人注意。
>
> 千万别相信你的兄弟，不要交朋友，
>
> 切忌让任何人接近你，这些都毫无价值。
>
> 休息时要留心自己，
>
> 因为大难临头之日，即侍从鸟散之时。
>
> 我曾施舍乞丐，抚养孤儿，
>
> 富贵贫贱我皆一视同仁，
>
> 可是，受我恩惠者却兴风作浪，
>
> 得我信赖者欲密谋造反。

26

这样的恐惧是完全合情合理的。凡是青铜时代的统治者，他们被亲属或侍从杀掉的可能性都远大于在战场上命殒敌手。

尽管历史出于对王朝统治的着重强调而编造出了虚构的政权连续性，但其实埃及王族的历史充斥着宫闱暗杀、朝臣篡位和政权更迭。

青铜世界的领主们将一个政权的成功同对外征伐的规模相挂钩，于是便等于作茧自缚了。它的矛盾在于，随着王国越打越大，君王就越加依赖臣子来管理国家了。当埃及及其境外领土逐步由皇家官僚集团经营时，国王自己就在无形中更加被边缘化了。当官僚阶级变得完全不可或缺时，他们就能在无须国王个人权威的情况下有效地运作国家。为了制衡这种局面，埃及创造了一套复杂的宫廷结构，使国王能够通过奖赏、恐吓和政治手腕来控制皇亲国戚。这套精明审慎的赏罚组合是埃及文明的首创。

这一切后来都被漂亮地付诸实施。阿蒙诺菲斯三世（Amenophis III，统治期大约从公元前 1386 年至公元前 1349 年）于纪念登基加冕的庆典期间，在都城里修建了一座新的公园，其内布满亭台楼阁、豪宅宫阙，还有一片宏大的人工湖。随后法老在一大群臣民面前公开奖赏一批资格最老的官员。朝臣、卫兵和侍从以严格的等级次序被一个个带到法老跟前接受馈赠，礼物有黄金饰品和布匹彩缎。接着所有人坐下与国王共进早餐。这套钦定的等级制度设计出来是奖赏朝臣的，我们于此处见证了一次对他们公开的肯定。然而下一步，将军们、光头宦官们，以及其他肚满肠肥的官员统统根据指示登上一艘泊于湖面的皇家驳船，坐于船桨之后为他们的国王划水摆渡。就在这大庭广众之下，一群社会顶层人士居然干着仆人的活儿。这一幕完美强化了法老在现场所有人面前的权威。

　　此外，国王还有其他一些不那么微妙的办法。朝臣的队伍定期洗牌，而且常常是毫无真实理由的，只是为了让手下的人终日提心吊胆，夹着尾巴做人。法老还鼓励那些对立的政府部门相互检举揭发，通过暗中破坏自家朝廷顺利运行的方法来确保自己处于权力顶端的地位。然而，即便法老主张绝对的权威，但他也不得不搞一些巧妙的制衡措施。历史上关于阿肯那顿（Akhenaten，统治期大约从公元前1353年至公元前1336年）的笔墨颇多，他是一位崇拜太阳的奇特国王，曾下令只允许百姓崇拜太阳神，而他的子民却是多神崇拜的坚定信仰者。在阿肯那顿驾崩之后，他实际上被继任者们从历史账册里除名了。传统的观点认为这是由于他那令人难以接受的政治信仰和军事停滞。然而真正的原因恐怕在于那座几近被人遗忘的新都，那是阿肯那顿建造的。

　　这座城市风景壮丽，拥有两座王家官邸，而且室内均设有阿肯那顿的巨型石雕像。城内建有一系列雄伟的神庙，用以供奉他的太阳神。同时法老还在这些宫殿的旁侧为他的官员们造起了一整片铺张奢华的住宅区，并全部配备有迷你版的太阳神神龛。不仅如此，城内还有其他莫名其妙的新产物。在宫廷旧臣的墓冢里，传统上用于装饰埃及墓室的私人生活场景画突然消失，取而代之的是一幅幅朝廷官员在阿肯那顿及其家人面前卑躬屈膝的服侍场面。法老侵入了部下的私生活，甚至连死了也不放过。实际上，阿肯那顿意图打造世界上首个国家干预无处不在的极权政体。后来阿肯那顿被

28

继任者——自己的亲兄弟图坦卡蒙（Tutankhamun）——从历史记录里除了名。此举说明其他半神半人的法老也许更为实际一点，他们懂得至高无上的王权也不得不有所节制。

　　埃及国王们的野心远远超出尼罗河两岸，他们的世界观就是无情的战斗和帝国主义。国王们追求盖世霸业，不仅统治自己的臣民，还要囊括埃及之外的土地。他们每年都会率军出征，设法为自己的王国开疆扩土。帝国鼎盛时的疆域从苏丹南部一路延伸至叙利亚和黎巴嫩。然而尽管埃及是近东地区几支主要的政治力量之一，但它并非那片特定丛林里唯一的猛兽。在今天土耳其的某地，有一支名叫赫梯（Hittites）的族群已经建立了令人生畏的强大帝国；而在美索不达米亚，亚述人及其之后的巴比伦人也占据着统治地位。但并不是所有的埃及神君都会承认世上还有与自己旗鼓相当的对手，无数的官方记载和艺术作品道出了一条基准：所有外国人，甚至包括那些拥有广阔领土和强盛国力的异国国王，统统都是他们要兴兵讨伐的对象。

　　大多数埃及王宫都用血腥的杀戮场景来装饰，描绘君主处死或生擒各路敌手。在阿玛纳（Amarna）宫廷的路面上画有受缚俘虏的图案，如此一来法老不管走到何处，随时随地都真切地踩在敌人身上。盛大的庆功典礼均由皇家神庙举办，其核心节目就是对大批战俘的处刑仪式。这便是朝廷宣传机器对埃及普罗大众的控制，甚至就连那些颇为尴尬的军事挫败也被勾勒成摧枯拉朽的大捷。帝国的雄心源于一个坚定的信仰：埃及人之外的所有家伙本质上统统不算人类，全

29

都需要被征服。"非我族类，其心必异，其人非人。"这一理念是帝国主义者自我辩护的基础，在法老时代的埃及，我们首次目睹此类处事方式，而在历史探险的道路上，我们还将见证无数次。

古埃及悠久的历史和守旧的传统使之看起来似乎是静止 30 永恒的，是一种长达数千年的稳定和威严。然而这一形象部分受造于古埃及朝廷的宣传，它暗示了一代又一代庄严的、无止境的法统继承。但正如现实中的君王在诡计和暗杀面前不堪一击那样，帝国也时不时地屈服于外部入侵之敌——那些被埃及文明视为低等蛮夷的外人。

这里有一段文字描述了此类外国人，他们葬于第二十王朝某位维齐尔①的墓穴中，这位维齐尔名叫克努霍特普（Khnumhotep）。墓穴内的外国人被认定为"亚细亚人"，很可能来自今天的叙利亚，而他们正在操办的事务正是所有不想挨揍的外国人都不得不干的事，那就是纳贡。然而即使在永恒不变的埃及，风水也会轮流转。几个世纪后，大约到了公元前 1650 年，这些卑微顺从的亚细亚人的后裔正统治着大部分下埃及地区，其都城位于阿瓦里斯（Avaris）。可是这些希克索斯人（Hyksos），或称"牧羊人国王"，到底是如何完成这项惊人的颠覆行动的？这一点仍论争激烈，众说纷纭。希克索斯人被认为是亚细亚人的后裔，他们的祖先当初被带到这片土地上充当苦力，并被允许扎下根来。有些历史学家想象了一个渐进式过程，当本土朝廷丧失中央控制之

---

① 古埃及侍奉法老的最高官员。——译者注

时，希克索斯人便逐步接管了经济、政治和军事方面的关键位置。然而其他历史学家则声称是希克索斯人的几支武装队伍发动了一场突如其来的讨伐行动，并且胜利归功于他们掌握的一项军事新技术：骑马作战。

31　希克索斯人并非昙花一现，他们统治了下埃及地区约一个世纪，创立了自己的王朝，于尼罗河三角洲的阿瓦里斯建造了自己的都城。他们甚至还通过王族联姻的方法跟诸如米诺斯克里特这样的远方王国结成了同盟关系。而对埃及人而言雪上加霜的是，他们还同时目睹了上埃及地区被来自库什（Kush）王国的努比亚国王牢牢控制，于是乎本土的君王只能在底比斯统治一个残存的国家。对于曾经不可一世的埃及人来说，帝国历史的车轮竟然如此运转，这一课着实太过残酷了。你仿佛能够从埃及国王卡摩斯一世（Kamose Ⅰ）怒火中烧的痛斥当中体会到这个国家蒙受的羞辱和积聚的忿怒：

> 当阿瓦里斯的亚洲人、库什的努比亚人和我坐到一起，每人都拥有"一小片"埃及的时候，教我怎能振作精神？……当亚细亚人的苛税搜刮到自己头上的时候，没有人能够坐得住。我要跟他较量较量，要撕开他的肚皮！我的愿望就是拯救埃及，消灭亚细亚人！

公元前约1555年，卡摩斯终于如愿以偿。他从自己的大本营底比斯发动了一次针对希克索斯人的袭击，于是掀起了一场耗时将近30年的讨伐战争，最后以希克索斯人的溃败而告终。随着希克索斯人的覆灭，埃及人新的王国（公元前约1570年至公元前约1070年）日益强盛起来，将这片土地的富裕繁华和海外影响提升到了新的高度。

在底比斯有一位名叫莱克米尔（Rekhmire）的维齐尔，在他的墓穴里有图案显示，那些外族余孽重新回归到原本的地位：纳贡。而该墓穴大约是在希克索斯人败亡100年后被挖掘的。从莱克米尔墓冢里的绘画到克努霍特普墓穴里的装饰图案，时光跨度有400多年，其间经历过100位国王，然而其中心思想和意识形态本质上是一样的：放羊的亚细亚人、做象牙和长颈鹿生意的库什人以及会制作独具特色的锥形壶的米诺斯人，他们统统在强大的埃及面前屈膝跪地，以纳贡来换取埃及的善待。

然而莱克米尔墓冢表现出来的沙文主义掩饰了一个古代世界更宏大深远的现实：在埃及狭窄的领土之外是一个浩大广阔的世界，那里居住着许多不同的人。他们彼此相识，都拥有对方渴求的东西。莱克米尔原本或许会静静地观赏这些图画，但我们不必仅仅将其视为埃及支配地位的佐证，其实真正展现在我们面前的是一幅基于各自理想商品交换的国际市场图景。

贸易，特别是海上贸易，才是文明的巨大引擎，而战争则比之不如。埃及与世隔绝的自然环境和敌视外族的意识形态均意味着除了军事征伐之外他们并无多少国际交流。从更实务的层面来看，埃及的船只底部宽阔平坦，是专门为尼罗河设计的，并不适合海上航行。作为帝国成功支柱的大国沙文主义正是限制其政治与社会文化输出的根源。法老时代的埃及，尽管成就非凡，无与伦比，但它几乎不具有像美索不达米亚城市那种广泛的影响力。埃及那些令人目不暇接的独特之处以及尼罗河的统治地位令这个国家无论在社会、政治还是文化领域都发展出了一条属于自己的道路。它的文化影响和国际名望是巨大的，但就像尼罗河只有一条那样，埃及也仅有一个。于此地发展起来的文明模板大部分也只能留在此地。是美索不达米亚人，而非埃及人，为地中海世界提供了艺术、建筑、字母、文学和宗教这些文明基石，而埃及则基本属于一处奇特之所，用些许异域风情为日常的生活增添几抹色彩罢了。

3　传播四海的文明

　　到了公元前 18 世纪的时候，近东地区、安纳托利亚（Anatolia）①和东地中海地区越来越像一个聚合起来的世界。我们或许无从获得这些不同族类之间交流对话的记录，然而他们所留下的财物揭开了一个不断拓展的世界。在叙利亚北部城市马里（Mari），那儿有来自希腊的黑曜石、来自多瑙河的琥珀、来自阿富汗的青金石，还有塞浦路斯的锡和银、黎凡特（Levant）②的紫色染料和木材、埃及的陶器和亚麻布、安纳托利亚的武器、巴勒斯坦的洋葱、克里特岛的蜂蜜和皮靴。这些物品在马里都能找到，可谓应有尽有。强烈的贸易愿望促成了相互交流和对外探索，而正是通过这 34 些，第一批伟大的文明开始有了互动，从而形成了一项更加持久的人类遗产。

---

① 即小亚细亚，亚洲西部的一个半岛，今土耳其大部。——译者注

② 位于西亚中东的地理名词，范围比较模糊，可泛指托罗斯山脉以南、阿拉伯沙漠以北、地中海以东、美索不达米亚以西的大片地区，涵盖今天的叙利亚、黎巴嫩、约旦、以色列、巴勒斯坦等。——译者注

　　商业贸易对青铜世界的创立而言无疑是绝无仅有的首要媒介。不同的地理位置，迥异的文化环境，它们共同促成了一条五彩斑斓的文明地带。客商们将美索不达米亚特有的文化、经济、政治和宗教元素大量输出到偏远地区，不过令他们更感兴趣的则是赚取利润而非文明进步。一系列不同寻常的资料均有力支撑了这一观点，史料证实，在卡内什古城（Kanesh）里有一大群做买卖的商人。该城位于安纳托利亚，现今是土耳其的一部分领土。从大约公元前2000年至公元前1600年，卡内什是一个路途遥远却又至关重要的贸易枢纽，它由统治美索不达米亚北部和小亚细亚地区的亚述国王所建立。400年来，卡内什一直由当地的安纳托利亚国王管理，其宫殿建于一座山上。有关此王国的现存证据十分匮乏，然而遗留下来的大量资料描绘了许多关于外国商人忙碌生活的故事，他们就居住在地势较低的城区里。在卡内什古城遗址上有这些外商的房屋、仓库和作坊的遗迹。他们从亚述古城而来，那是一座亚述人的城市，位于卡内什东面1500公里处，相当于骑骡子50天的距离（亚述古城坐落于美索不达米亚地区，即现今的伊拉克，位置在巴格达北方约 35　280公里处）。这一片街区被人称为卡内什的卡雷姆（港）（karem），一个永久的侨民落脚点，供人们西行淘金，做些进出口买卖的生意。

　　这些亚述商人是至关重要的一环，他们连接起了一张从东方的阿富汗到地中海沿岸及埃及地区的贸易大网，在早期古代版的经济全球化浪潮下将青铜时代的世界融为一体。亚述人有办法搞到安纳托利亚人想要的东西，他们从更东面的埃兰（Elamites，位于如今的伊朗西南部）运来锡，又从美索不达米亚南部诸城送来一部分纺织品，而另一部分则产于亚述城本地。他们手里还有更多的奇珍异宝，比如来自遥远阿富汗的青金石。如若想得到这些东西，亚述人就会向你收取金银，然后送回亚述古城的老家，用以支付下一趟跑货的成本或存起来防备将来生意萧条的日子。卡雷姆依靠一套明晰的规则来运作，涵盖金融、法律、商业等领域。就以收税为例，山上的宫廷对所有纺织品销售额收取 5%，锡则为 3%。他们同时也对商人们带回亚述老家的金银收取 4% 的税。作为回报，当地的国王保证来往商贾的行路安全，且领地内一旦有盗窃或命案发生就给予经济补偿。有了这些条款的庇护，运货的骡队便定期跋涉 1500 公里，从亚述城到卡内什。随后卡内什的商人们再将从亚述城运来的货物拆包分解，进一步分销至其他约 40 座亚述人的贸易站点。这些分销站遍布安纳托利亚及更远的地方，即那些处于青铜时代贸易网的边缘之地。 36

我们对亚述商人的情况非常了解，因为有数千封信件留存了下来。不出所料，大部分信件是关于钱的，比如合同、贷款、销货单、库存、事务公文及诉讼纠葛，全部都是可辨认的商业文书。然而其中还有一些私人信件，来自客商本人和他们生活中的女人们。这些信件绘声绘色地讲述了在本段故事中充满人情味的一面，似乎穿越了千年仍在向我们倾诉。离家千里的寂寞男子正盼望着家乡的姑娘前来照顾自己（尽管他们的等待显然也是有期限的）：

　　我在此地孤身一人，没人来服侍我，也没人为我整理桌子。你父亲给我写信谈到你，建议我娶你……可你要是真的不来的话，我就去跟一位来自瓦苏萨娜（Wahsusana）的姑娘结婚了。

　　有些信件是出自安纳托利亚的女子之手，她们从卡内什而来，已经嫁给了这些远方的陌生人。而后这里还有不少忠贞的妻子从亚述跟了过来，追随她们家那位喜欢四处闯荡的丈夫：

　　当初你去卡内什，告诉我说："我要在那边待 15 天。"可你不是待了 15 天，而是一整年！后来你从卡内什写信给我，叫我到哈赫姆（Hahhum）来。可我现在已经在哈赫姆住了一年了，而你的发货通知函里面居然连我的名字也没提！

37　　还有些留守亚述古城老家的妻子们，她们感觉自己被抛弃了，同时还为孩子们担忧，因为他们的成长缺乏一个父亲的关心和照顾：

　　咬咬牙，想想办法吧，抛开你那边的活儿……咱们的小女儿已经长大成人了，你快回家吧，领她去觐见亚述神灵，让我们的女儿接受神灵的保佑。快回来吧，回来抚摸一下神灵的圣足。

3 传播四海的文明

留守在亚述城的太太们并没有一边泡在驴奶浴里放松惬意，一边挥霍着老公辛苦挣来的银钱。她们其实也是复杂贸易网里的重要一环。太太们监督锡料的发货，还常常编织布匹运往卡内什。她们既是合伙人又是贤内助。在有些信件里，太太们的口气是非常自信而强势的。这些女人懂得怎样捍卫自己的立场。这里有一位太太真的给她在卡内什经商的丈夫带来很大压力：

> 你走的时候没给我留下一点银钱，一个子儿也没有。你把屋子搜刮一空，所有东西都带走了。你信里常说的那个"铺张浪费"到底是什么意思？我这里都没钱去买吃的了！可你却觉得我们大手大脚？我把家里的一切都给了你，现在我正住在一所空房子里！赶快把我那批布匹卖的钱寄过来，这样我好去买点生活必需品！

这里还有另一位妻子不耐烦地问道：

> 自从你走以后，人家萨利姆·阿哈姆（Salim-ahum）已经造了一幢比原来大一倍的房子了！咱们家什么时候也能这样？

太太们的日子也许不那么好过，但万事都是相对的。假如跟萨利姆·阿哈姆攀比是你平时最关心的东西，那么说明你至少还有一种美好的生活盼头。而只有凭借复杂的政治社会机制，将区域内天南地北、各不相同的城市联成一体，才

38

43

能让那种愿望变为可能。

亚述人和安纳托利亚人在语言、文化和宗教方面或许截然不同，但他们因共同的利益而走到了一起。他们都需要用自己手头的东西换取想要的物品，即一种相对于战争硬实力而言的贸易软实力。当然了，事情不会总是一帆风顺，这一点从卡内什的宫殿遗骸就能看出来。它毁于公元前19世纪某时期的一场大火，当时的情况想必极其恐怖，火势异常凶猛，因为泥砖都已经在急剧的高温下"玻璃化"，也就是说统统变成了玻璃。不过青铜时代中后期的统治者们并没有将彼此赶尽杀绝，他们展现出了令人赞叹的互敬精神与合作水平。这种局面因贸易和商业而稳固，又通过交换贵重国礼和如花美眷的方式得到升华——姐妹们和女儿们被送到远方的宫廷，嫁与异域的君王，用家庭的纽带来加强政治的同盟。

长途贸易愈发受到宫廷的控制，商人们扮演起了皇家大使的角色，而统治者之间的礼物交换则成为一种青铜时代权力关系的重要象征。他们的信函以阿卡德语作为通用的外交语言来书写，国王们在信中都以"兄弟"、"父亲"和"儿子"相称。他们之间相互依存的程度之深，以至于一位来自乌加里特（Ugarit）的政治使节在公元前18世纪总结道："无王独而王之。"可是话说回来，除非迫不得已，自然不会有哪个国王甘愿称呼另一国国君为"父亲"的。在"sharru rabu"（即"大国王"）和"sharru sehru"（即"小国王"）之间存在一条清晰的界限，必要处以武力来维系。一封由某位国王写给另一位国王的信函点破了背后的原始强权政治，"父亲"与"儿子"这种温暖人心的家庭称谓全靠这种政治关系来巩固维护。"塔侬沙玛国（Taishama）的那个家伙"，一位"大国王"谈及该地区的某位"小国王"时写道，"他就是您的一条狗嘛。既然如此，他又为什么还要跟其他小国王接洽谈判呢？瞧瞧我的狗，斯布哈国（Sibuha）的那个小子，您看见他跟其他小国王眉来眼去了吗？"

然而即便是狗斗也是需要规则的。古代世界最强大的规则制定者就是统治"赫梯之土"的国王们。安纳托利亚长久以来是一块由相互竞争的小城邦拼凑而成的地方，但到了公元前 18 世纪的时候，这些小城邦联合起来建立了赫梯帝国。这是一个聚合而成的庞大集团，自觉模仿美索不达米亚诸国的外交、政治、宗教、文化和经济结构。赫梯出现的地理区域大致与卡内什重合，不过要比这个亚述商人的殖民地晚了好几百年。赫梯文化可能原本就一直受到东面和南面人类首批城市的强烈影响，可它的每个王国也都带着各自的独特性融入到这个集合体中。于是赫梯人便有了风暴神、脚尖翘起的靴子、骑马与驾车战斗的天赋，以及对法律条文的独特信仰。从家庭生活到国际政治，赫梯人都相信个体之间与王国之间的关系可以通过具有法律约束力的协议和条约来处理。赫梯人是古代世界里最为勤勉的外交官，他们欲凭借周详缜密的条文来构建一个帝国。在赫梯都城哈图沙（Hattusa），人们挖掘出 70 多份和平协议的残存碎片。赫梯人对违约食言这种行为似乎有着一种近乎宗教式的敬畏之情。有一位赫梯国王曾经违背承诺并发起了一次针对埃及的偷袭行动，瘟疫就降临到哈图沙，有数千人殒命，其中也包

40

括国王本人。于是国王的儿子将其视为神灵的审判，并写下了一系列"驱瘟祷文"，指控他的父亲背信弃义，并乞求风暴神的宽恕，而原先的条约正是以风暴神的名义签署的。

赫梯人与埃及人重修旧好的过程可谓旷日持久。公元前13世纪早期，在如今叙利亚境内，双方爆发了卡叠什（Qadesh）之战，由此两者的嫌隙达到了顶峰。这场战斗也许是有史以来最大规模的古代战车大战，战车投入多达6000辆。此役被纪念于埃及法老拉美西斯二世（Ramesses the Second）的阿布辛贝（Abu Simbel）神庙里。战事以平局收场，埃及与赫梯签署了一份新的和平协议。今天我们可以从卡纳克神庙（Karnak）墙壁上的象形文字里读到它，而另一份阿卡德语的条约副本则在哈图沙被发现。这份文件常被描述为世界上第一份国际和平协议，它包含了所有惯常的善意表达，如永久和平、兄弟友爱等，并以埃及太阳神与赫梯风暴神的名义起誓。然而隐藏其中的则是一些更具可操作性的措施，现代的外交官会视之为任何条约的实质，并值得见诸文字。比如，协议规定，条约一方若遭受第三方攻击，则条约另一方应提供军事援助；抓捕并引渡从一国逃至另一国的"嫌疑犯"。

地中海地区被美索不达米亚人称作"上方之海"，对该地区的征服则为他们的影响力打开了通向西方的大门，同时也是青铜时代世界的进一步拓展。到了公元前3000年中期，来自叙利亚北部和黎凡特地区的商船定期在这片"深酒红色的大海"里穿梭，前往塞浦路斯、迦南、埃及、安纳托利亚和希腊。居于这些活动中心地位的是如今位于黎巴嫩境内的腓尼基城市，以及叙利亚的乌加里特城。它们迅速演变为古代近东地区的"威尼斯"。作为开放口岸，来自不同地方的客商们居住于此并互相开展贸易。技术工匠（尤其是金工和陶工）和外交使节们在这些不同的城邦里流动，打造了这一个青铜时代的世界，它如今从东方的美索不达米亚一直延伸至西方的希腊。

　　青铜时代寰宇之内留存最完整的史例或许要数人们在克里特岛上发现的。米诺斯克里特人曾于大约公元前 2000 年至公元前 1400 年统治着爱琴海地区。到公元前 19 世纪，克里特人拥有了一个国家所应具备的全部外在标志，包括一系列雄伟的宫殿，它们可用来充当小型政治团体的活动中心并均由皇室统辖。宫廷内的设施被用来储存大量农作物，同时生产奢侈品，其原材料通常从远方进口。大量的记录被保存了下来，以线形文字 A（Linear A script）书写，这是一套至今仍待破解的文字书写系统。 42

　　如今米诺斯克里特的重要意义在于其历史地位，它是西地中海地区首个文明的故乡，其文化之复杂可以与近东地区的文明相提并论。许多早期学者（米诺斯遗址在 20 世纪 20 年代被考古学家们首度发现）热衷于将米诺斯克里特视为一个较为自给自足的欧洲文明，否认其发展过程中曾受到近东的强烈影响。人们心中存疑，被欧洲强大帝国自觉模仿的古希腊罗马文明是否在衰落式微的东方拥有历史源头，而米诺斯文化的存在则预示了这一点是毋庸置疑的。然而这难以解释为什么如此先进的一个文明会突然出现在这座地中海岛屿上。其实，米诺斯克里特文明之所以能发展起来，其中一个显著因素是它的位置正好在前往埃及和黎凡特的重要海上航线上，这说明克里特岛深受近东地区的影响。特别是美索不达米亚诸国，他们长久以来一直对地中海地区很感兴趣，而米诺斯人则被东地中海和爱琴海的贸易深深地牵涉其中。米诺斯人的墓穴和宫殿遗址里时常会发现来自埃及和近东地区的货品，而批量生产的米诺斯陶器则设法到达了远至叙利亚、黎巴嫩和埃及这样的地方，而且数量也极为庞大。米诺斯的艺术风格更为自然，对埃及、叙利亚和希腊的同类作品产生了显著影响。同样地，米诺斯艺术作品当中最常见的那些图案有许多也都是从近东地区借鉴而来的。

米诺斯克里特显然是青铜时代贸易网络里的一个重要坐标。然而，尽管这些社会明显相互影响，但他们之间持续存在的差异也常常是泾渭分明的。米诺斯文化当中的女性拥有不同寻常的地位，远胜于青铜时代的其他社会。宫廷壁画上描绘的女祭司和女王跟男祭司和国王同样常见。此外，米诺斯人的艺术作品里还明显缺乏战争场面，于是我们得出结论，与暴虐的近东地区不同，战争在米诺斯克里特文化当中扮演的角色远没有那么重要。他们的宫殿和市镇好像都没有防御工事，甚至长久以来都不是建在理想的防御方位上的。如此看来，米诺斯在爱琴海上的影响是贸易的结果，而非军事征伐。

在这张由外交、联姻、互赠国礼和商业贸易编织起来的复杂大网里，基姆利里姆（Zimri-Lim）作为一个核心人物，恐怕鲜有人比他更具魅力了。基姆利里姆从公元前约1779年的某个时候开始统治马里，当了马里国王20年。马里占据了一个战略要地，大致位于美索不达米亚诸城和地中海诸港口的中点。该城紧邻幼发拉底河，有一条运河从市中心穿过，将其与之连接了起来，于是这么一座极具经济价值的内陆口岸便被打造出来。几个世纪以来，马里一直被一连串的总督统治着，他们睿智、安详、佛陀般的脸庞让城内的雕像立刻清晰可辨了。公元前约 2000 年的时候，随着亚摩利人（Amorites）的到来，统治阶级发生了变化。"shakkanakku"，即将军们，抢夺了政权。而在他们之后降临的君王们对基姆利里姆来说既是最庆幸的又是最不幸的，作为一个年轻人，他经历了一段流亡岁月，之后不得不为自己的王位而战，但最终他被最亲密的盟友背叛并再度失去宝座[①]。

然而历史对他较为仁慈，在基姆利里姆留下的足迹里，我们首次获得了一个可辨认的性格轮廓。基姆利里姆的身上拥有些许可爱之处，他的都市气质和个人热情将其与那些曾与他竞争或合作过的不知名的国王们区分开来。从我们知晓的关于他的信息来看，基姆利里姆似乎是这段文明初期里最为"开化"的一个统治者。他为自己建造了一座雄伟壮丽的宫殿，宫殿占地面积 25000 平方米。王宫正殿设计得像一座神庙，宫墙上布满了壁画，由从米诺斯克里特引进的工匠绘制而成。画作上描绘了作为战士、猎手和建造者身份的国王。这座宫殿在当时属于一项传奇伟业，具有非凡的原创细

---

① 基姆利里姆曾借兵给汉谟拉比，助其扫平美索不达米亚地区的诸多对手，然而双方关系最后仍走向恶化，基姆利里姆被对方所灭。——译者注

节，比如一座内部设有通道的雕像，其水流会从底部上升到
45 独角女神所端的大酒杯里。雕像与其上方某个位置的蓄水池
连接，而总往低处流的水居然会神奇般地从女神的大酒杯中
流出。想象一下，一座能供应活水的雕像！这座宫殿甚至还
有自己的冰库，好让国王能够喝到他的冰镇蜂蜜味葡萄酒。
怪不得邻国的国王们会惊叹不已。

　　宫廷里的众多档案讲述着有关外交、贸易和政治的寻常
故事，然而它们同时也包含不少暴露私人信息的细节。基姆
利里姆显然是有些享乐主义的，当感到欲望没有满足时就会
变得不耐烦。举个例子，他曾写信给自己的某位总督，抱怨
他 送 来 的 松露 质量 不好。又如，当 他的 姊妹 莉可登
（Liqtum）嫁给一位叙利亚国王后，基姆利里姆给她写信说：
"你住的地方有很多鸵鸟哦，为什么不给我捎来一只？"不
过基姆利里姆也没有把他的时间完全用于帝王享受上。他拥
有一支军队，并将其用于君王之间的大局博弈。他同巴比伦
国王汉谟拉比结成同盟，双方一道成功发起了反对邻国埃兰
和拉尔萨（Larsa）的战争。

　　可是后来基姆利里姆与汉谟拉比之间起了纷争，他苦心
营造的一切也因之毁于一旦。汉谟拉比调转矛头，对准自己
昔日的盟友，而矛盾的焦点就在于沥青这一东西。此物质乌
黑、黏着，类似焦油，如果是自然发现的话就预示着该地的
下方很可能蕴藏着石油。即便在内燃机远未发明之前，沥青
也已是非常有用的原料，用来给船只和建筑物防水。依照当
46 时一段破碎的记录来看，汉谟拉比曾让基姆利里姆送给他一
批沥青，却被对方拒绝。由此，在公元前 1757 年，汉谟拉

比率军开赴马里，并一举摧毁了那座城池，连同基姆利里姆心爱的王宫。可以这样说，基姆利里姆是人类第一次石油战争的输家。

在汉谟拉比摧毁马里之前10多年，基姆利里姆曾经从都城出发前往地中海沿岸，水路加陆路往返一趟超过1500公里。他带上了自己的家人、朝臣、御厨、御医和乐师，同时还有他的军队。伟大的国王长鞭一挥，立刻调动起4000多人。基姆利里姆拜访了盟国的国王们及其亲属，一路上彼此交换国礼。他甚至还抽空处理了他一个女儿的离婚事务，这位爱女嫁给了邻国的一位国王，但婚姻不美满。基姆利里姆旅途的终点是位于地中海沿岸的重要港口城市乌加里特。这场大环游历时约五个月才完成，想必是极其繁复、代价昂贵、杂乱无序的。可是除了好奇心之外，似乎并没有什么明显的缘由。基姆利里姆作为内陆国马里的国王，我认为他只是想看看大海。基姆利里姆很清楚，马里只是大世界的一小部分，而这大世界由贸易、外交、联姻，以及偶尔所需的战争连接起来。然而这世界也是由那地中海的海水相连的，商船频繁穿梭于这一条条海岸，编织起一张贸易网，牵动着那些远离马里与美索不达米亚首批城市的地方。

大约在25年前，就在土耳其西南方的海岸上，考古学家们获得一个惊人发现：有一艘遇难船的年代可追溯至公元前14世纪末期，即大约3300年前的青铜时代巅峰期。自从该船在乌鲁布伦（Uluburun）被人发现以来，25年里考古学家们已经于海底找到了超过17吨的人工制品，合计约15000样。这些货物共同呈现了一幅栩栩如生的图影快照，

47

讲述了青铜时代的文明及其惊人的相互联系。

无名的遇难船告诉我们，这是一片连成一体的世界。船上所发现的物品远及叙利亚、希腊、塞浦路斯、埃及、努比亚、巴尔干地区、伊拉克、意大利、中亚以及波罗的海。来自塞浦路斯的铜居然有 10 吨之多，规格均为"牛皮状"的铜锭——一种标准化的体积和重量，运用于遍布东地中海的关键原料贸易中。人们将紫铜掺入锡便可冶炼合金，遂赋予了青铜时代这一名称。然而货物只是一个开始，多亏了考古学家们出色的探测工作，又有其他东西被发掘了出来，如今我们可以相当肯定地道出这条船究竟来自何方。线索始于那些独特的石锚，它们表明这条船的母港是特拉布哈瓦（Tel Abu Hawan），靠近今天以色列的海法（Haifa）。此外，货物在甲板上堆放的方式也说明这是一单整批次的货。由此可推测特拉布哈瓦可能是作为某种分销中心来运作的，货物从古代世界的各个角落而来，由海路陆路汇集于此。船只装满了品种多样的货物，原本要出发远航，向北而后向西，驶过一个接一个的海岬，从黎凡特海岸前往土耳其南部。

遇难船遗骸上发现的私人物品提供了关于此船更进一步的线索：何人在船上？欲往何处去？迦南样式的剑和匕首很可能属于船长和船东。动物形状的砝码以及书写板应该是生意人的。渔网、渔线和钩子都属于船员，这是他们改善船上乏味伙食的工具。考古学家们还发现了来自更远方的物品，这就告诉我们此船也装载着乘客，而且根据这些私人物品的样式来判断，他们应该是从迈锡尼王国（Mycenae）而来的古希腊人。看起来好像至少有两个迈锡尼人在船上，而第三

48

个从希腊北部来的人可能是某种雇佣保镖。迈锡尼人所拥有
物品的质量表明他们并非普通客商，也许是高级别的官员或
大使，在旅途中随着这批货物从特拉布哈瓦到迈锡尼，这都
属于精心筹办的国礼交换制度的一部分。青铜时代东地中海
的统治者们常常以此来承认彼此的存在与地位，这是一种用
物质来表达的外交手段。

　　乌鲁布伦沉船遗骸令我们清楚地明白，在青铜时代世界
的边缘有着一群新的王国和统治者。他们并非无关紧要，其
分量足以有资格参与此等由美索不达米亚、埃及和近东地区
的"资深玩家们"往来了数个世纪的外交礼节活动。文明 ⁴⁹
似乎终于抵达了西方。对于此地的乡俗民风来说，文明这一
理念尚属新鲜事物，而美索不达米亚的首批城市则威名四
海，备受尊崇，如今他们的经验和教训也被此地的人们学习
并应用。文明的理念以这些海上贸易线路为媒介渐渐传播开
来。下一章我们将领略这些海上贸易联系究竟如何让文明保
持活力，使其从一段黑暗、战乱和文化衰退的历史时期里幸
存了下来。

埃及神灵托特（Thoth）的巨像，地点位于埃及库恩（Khmun，后世名为赫尔莫波利斯）。托特通常被刻画为一副拥有人身却同时长有一颗狒狒脑袋或朱鹭头颅的形象，此两种动物对埃及民族而言甚为神圣。托特尤以善恶的仲裁者而为人熟知，他同时也是多条知识分支的源头及文明政府的原始出处。这些雕像高度超过 4.5 米，由法老阿蒙霍特普三世（Amenhotep III，公元前 1388 年至公元前 1350 年）竖立。

（Chris O'Donnell 拍摄）

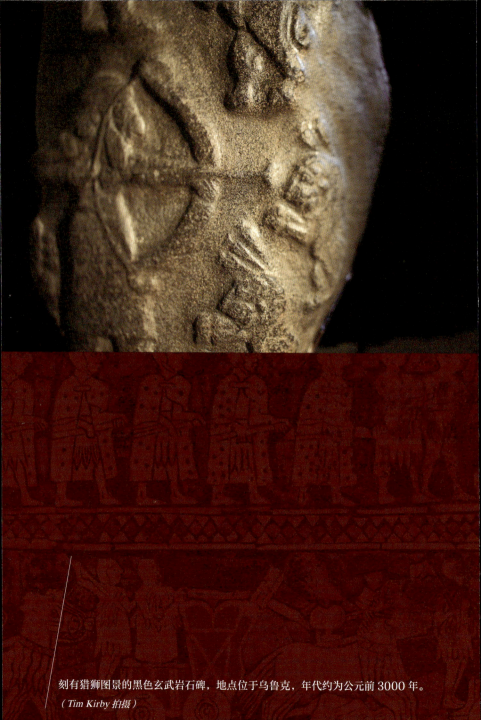

刻有猎狮图景的黑色玄武岩石碑，地点位于乌鲁克，年代约为公元前 3000 年。
（*Tim Kirby 拍摄*）

本书作者手捧一只刚从叙利亚布拉克挖掘出来的斜角镶边碗。

（*Tim Kirby* 拍摄）

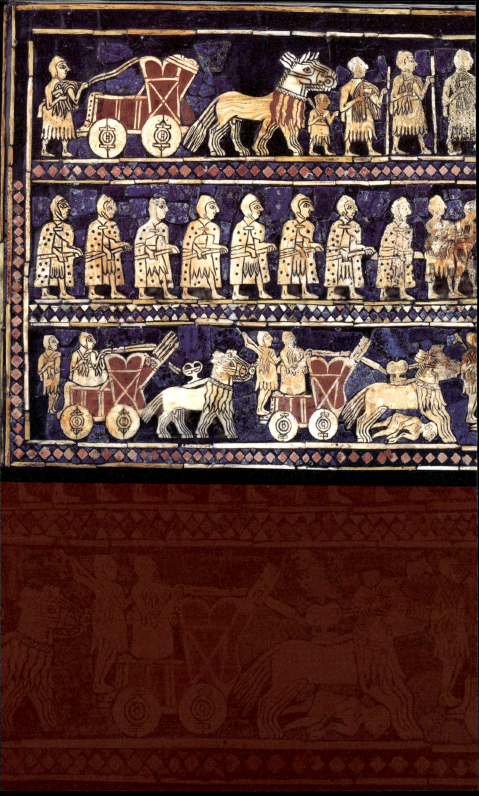

以"战争"为主题的乌尔皇家"旗帜"（约公元前 2600 年至公元前 2400 年）。虽然其挖掘发现者伦纳德·伍利（Leonard Woolley）认为此物属于某种形式的"旗帜"，但它的实际作用仍然不详。该物品是最早展现苏美尔军队的考古遗物之一，上有驴子拉的战车，以及手持长矛、身披斗篷的步兵。敌军将士则要么被踩踏，要么死于刀斧之下，与此同时其他人则光着身子从国王的面前游行而过。

(©The Trustees of the British Museum)

纳拉姆辛胜利石碑。这座石碑纪念了一次军事凯旋，阿卡德的纳拉姆辛战胜一群名为"卢卢比人"（Lullubi）的高山民族。国王头戴一顶带有犄角的圆锥形头盔，此物传统上与神权地位相联系，表明纳拉姆辛自视与诸神平起平坐。铭文夸耀他是"四海之王"，即全世界的主宰。（*Louvre/ The Bridgeman Art Library*）

真人规格的裸体青年青铜塑像。该像最初在伊拉克北部的巴赛特基村被人发现，其基座上的铭文记载：有鉴于阿卡德的纳拉姆辛（在位时间约为公元前 2254 年至公元前 2218 年）"在乱世之秋保卫城市根基"，"他的城市"遂请求诸神赐予纳拉姆辛以神圣地位——此为历史上神授王政出现的首个现存证据。（*Tim Kirby* 拍摄）

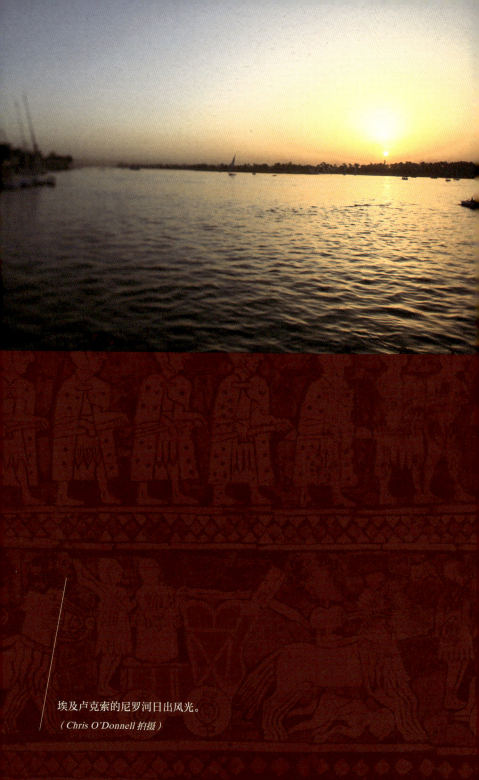

埃及卢克索的尼罗河日出风光。

（*Chris O'Donnell* 拍摄）

埃及的塞加拉（Saqqara），一只骆驼正在法老左塞尔（Djoser）的阶梯金字塔下。
（*Chris O'Donnell* 拍摄）

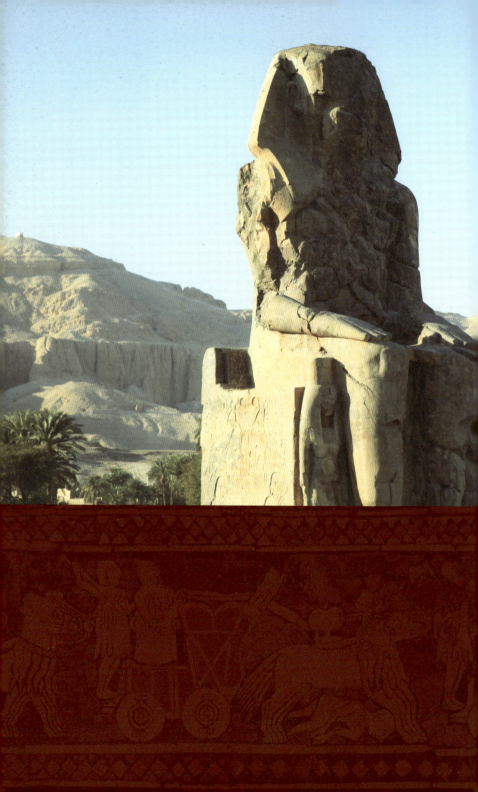

"门农巨像"之一，位于埃及卢克索。一对巨型雕像其中的一尊（高度超过 20 米，重量大于 1000 吨），曾被希腊人错误地认为是刻画门农的，即特洛伊战争中被阿喀琉斯杀死的埃塞俄比亚传奇国王。在罗马时期，其中一座雕像上的裂缝传出一阵"啼鸣"，人们认定其为不幸的门农正在哭喊他的母亲厄俄斯（Eos）。然而事实上这些雕像均是埃及法老阿蒙霍特普三世陵墓建筑群的组成部分。（*Chris O'Donnell* 拍摄）

公羊脑袋的"狮身人面像"排列于埃及卡纳克的阿蒙神庙入口处。阿蒙最初是底比斯当地的神灵，当该城演变为强盛的第十八王朝首善之区时，阿蒙的重要性便急剧提升。在这一时期阿蒙被众人敬为诸神之父，又是人类和所有生灵的创造者。人们将象征男性雄风的公羊跟阿蒙紧密地联系了起来。卡纳克是一座庞大的建筑群，包含了神庙、高塔和教堂，由前后超过30位法老修建，时间跨度从"中王国时期"（公元前2080年至公元前1640年）一直延续至托勒密时代（公元前305年至公元前30年）。

（Tim Kirby 拍摄）

卡纳克列柱大厅（Great Hypostyle Hall）的立柱，位于埃及卡纳克。由阿蒙霍特普三世或塞提一世开始建造，属于宏大的阿蒙神庙区的一部分。巨型立柱有 134 根，其中 12 根中央立柱的顶部被设计得酷似盛开的纸莎草，这种植物不仅象征着高雅的文化，而且是古埃及独特性的缩影，与此同时其余 122 根立柱的顶部则代表了闭合的纸莎草。

（Tim Kirby 拍摄）

作者在土耳其的卡内什遗址之上。（*Chris O'Donnell 拍摄*）

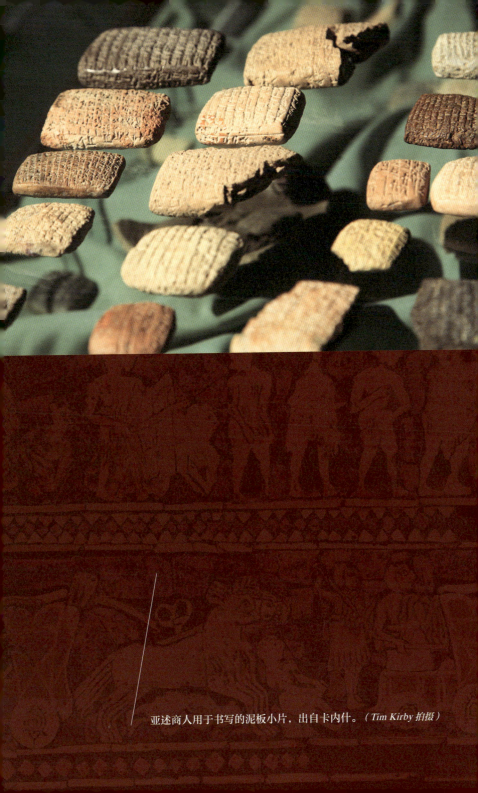

亚述商人用于书写的泥板小片，出自卡内什。（*Tim Kirby 拍摄*）

马里"总督"埃本伊尔像（约公元前 2400 年）。埃本伊尔于胸前紧扣双手，以苏美尔人传统的姿势进行祷告。这是一件质量上乘的艺术品，内嵌的青金石让雕像的双眸有一种特别的栩栩如生之感。

（Louvre/ Giraudon/ The Bridgeman Art Library）

EBIH-IL, L'INTENDANT
STATUE DÉDIÉE À ISHTAR
MARI. IIIᵉ MILLÉNAIRE AV. J.C.

马里的皇家宫殿，位于叙利亚。
（*Chris O'Donnell* 拍摄）

一位考古学家正在土耳其西南海岸的乌鲁布伦沉船遗骸上开展挖掘工作。

（©*Institute of Nautical Archaeology*）

用于彩陶或玻璃镶嵌的蓝色玻璃锭，出自乌鲁布伦沉船遗骸。
（*Tim Kirby* 拍摄）

从乌鲁布伦沉船遗骸发掘出来的"牛皮"铜锭。这种形态很可能已经过处理，因其扁平性使之相对更易于由驮畜来运输。（*Tim Kirby* 拍摄）

青铜时代的终结及其后世影响

1　青铜时代体系的崩溃：
灭顶之灾与海上民族

　　公元前 12 世纪，青铜时代的近东地区、东地中海地区
和爱琴海周边的城市均遭受了一系列灾难，其规模几乎令人
难以想象。安纳托利亚不可一世的赫梯帝国和希腊迈锡尼诸
王国均被推翻；叙利亚和黎凡特地区的许多城市完全化为一
片瓦砾，而那些位置更偏远、规模较小的居住点则干脆消失
得无影无踪。伟大的青铜时代崩塌的原因以及随后成长起来
的新世界的故事将会是本章的主题。此次灾难是一声响亮的
钟鸣，教人清醒地意识到文明是脆弱的，但同时它又是坚韧
不拔的。因为继黑暗时代之后，文明会在新的铁器时代里复
兴，经由战火的淬炼，变得比从前更坚固、更顽强。

　　诸多城市文明均在这场灾难性的"海啸"里湮灭，乌
加里特就是其中之一，它位于今天的叙利亚境内，在地中海
东南部海岸上。自公元前约 1450 年以来，乌加里特始终是
一座接纳四方来宾的青铜时代繁荣港市。它拥有多座宫殿、
神庙、仓库、工厂、集市和店铺。城内街道纵横，房屋林

54　立，人口上万。然而就在 3000 年前，即公元前约 12 世纪 90 年代的某个时候，乌加里特被彻底摧毁了，此后再也没有被重建起来。

人们在乌加里特的烘烤室里发现了一些写在泥板上的文字，从中找到了乌加里特被毁和青铜时代巅峰期其他伟大文明轰然倒塌的线索。这些泥板是在炉子里发掘到的，说明要么是烘烤以作保存，要么是房子倒塌时从上方屋子里坠落下来正好掉在炉子里的。不管它们因何幸存，对于这古代世界最戏剧化的文本而言，"炉中信札"的名头是恰如其分的。这些信札主要是阿穆拉比（Ammurapi）的往来邮件，他以"乌加里特末代国王"的身份被载入史册。信件给我们提供了一张张零碎而生动的快照，展现了从海上出现的神秘敌人所造成的毁灭。在赫梯国王苏庇路里乌玛（Suppiluliuma）写给阿穆拉比的一封信中有这样一个片段：

> 敌军正朝我们逼近，他们不计其数……而我方的兵力……你有什么就给我送什么吧，只要是用得上的，就请赶快给我找出来。

此话出于一位当地强国领袖之口，你无须琢磨字里行间的意思就能感觉到他恳求时的惊恐和绝望。

另有一封信，是阿穆拉比写给他的岳父阿拉希亚（Alasiya）国王（今天的塞浦路斯岛）的。信中暗示了乌加里特已回应苏庇路里乌玛的求援，并派出了那些"用得上的"，由此也造成了灾难性的后果：

　　父亲大人，等一等，您瞧，敌军的战船来了，我的⁵⁵城市已是焦土，他们在我的国土上胡作非为。父亲您难道不晓得我所有的人马和战车都在赫梯国吗？所以说……我的国家完了。希望父亲您知悉：七艘敌船杀到我这儿，让我们蒙受了巨大的损失。

　　如此混乱的局面竟然只是由区区七艘船引起的，这说明青铜时代的城市在灾难面前是何等的不堪一击，不论灾难是自然引起的还是人为造成的。阿穆拉比国王也颇为令人动容，他耐心安抚母亲："母亲您不必害怕，不要放在心上。"鉴于形势已经清楚地发展到了令人战栗的地步，那番话真是相当乐观。不过一位名叫泽尔登（Zrdn）的人在信中毫无保留地写道：

　　打谷场的粮食被烧掉了，葡萄园也被糟蹋了。我们的城市毁了，望您知悉。

　　乌加里特寿终正寝，成了一个废墟里的文明。根据"炉中信札"里的信件判断，那些人从没有真正搞清究竟是什么袭击了他们。

　　然而在另一个地方，其他人对此则有一个较为清晰的认知，他们知道这场袭击的背后主使到底是谁。在埃及，与卢克索（Luxor）毗邻的梅迪内哈布（Medinet Habu），屹立着拉美西斯三世葬祭殿。在所有此类古埃及的神庙里，这一座是保存最为完整的神庙之一。神庙区域广大（200～300

米），整座建筑拥有将近 7500 平方米的装饰墙体。在这些图

56 案里边，有一幅图描绘了那些敌船将乌加里特从地图上抹去
进而南下来到尼罗河三角洲之后所发生的场景。拉美西斯三
世就在画中，他高大威猛，开弓拉箭，侵略者的战船纷纷如
枯叶一般，倾覆于他脚跟周围。这是一幅典型的古埃及风格
宣传画，洋洋得意地述说着一场横扫千军的大捷。然而，图
中所绘事件的长远影响其实更为复杂。埃及人过去一直以来
都为有海上劫掠者而感到烦恼，但到了拉美西斯治期的第八
个年头——公元前约 1180 年的某个时候，劫掠者的人数却
空前庞大，而且还出现了令人惴惴不安的新问题。原来入侵
者们把妇女和儿童都带过来了，这说明此番袭击并不仅仅是
又一次打完就跑的寻常劫掠，而是整个群体在进行迁徙。或
许他们在西方的故土上已经无家可归，为了能有更安全的新
地方落脚，他们不得不前来拼命。

　　可这些横冲直撞的敌寇究竟是什么人？居然摧毁了乌加里
特，还胆敢向强大的埃及挑战？根据埃及人的记录，这些家伙
是海上民族，被命名为派莱赛特人（Peleset）、阐卡尔人
(Tjeker)、舍克利斯人（Shekelesh）、达奴人（Denyen）、哈比
鲁人（Habiru）和万舍斯人（Weshesh）。为了识别并确定这
些人来自什么地方，学者们已经论证良多，普遍的说法认为
是意大利本土、撒丁岛、西西里岛和爱琴海诸岛屿，换句话
说，都是些文明世界的边缘地带，然而它们也借由"海上
高速公路"同文明世界紧密相连。一般认为海上民族并非
有组织的团伙或单一族群，而是这天下大乱之际的流浪者，

57 有牧民、部落民、失地的农民和被遣散的雇佣兵。在青铜时

代宫廷的象牙塔里，这些人是毫无位置的。无人确切知晓究竟是什么导致了那个年代庞大的人口迁徙，以及为什么这些人在行动中如此毅然决然？各种说法莫衷一是，有的说是一场自然灾害，有的则认为是一股始于遥远中国的部落迁徙浪潮，以剧烈的多米诺骨牌效应传播到了西方。

不管其根本原因到底为何，对于埃及人而言这却是一个摆在眼前实实在在的危机。"外国人在他们的土地上聚到一起密谋，"一则埃及记录如是写道，"没有谁能够抵挡住他们的臂膀。这些人将双手伸向世界的尽头，他们自信满满地说：'大计必成！'"

关于这些事件，根据梅迪内哈布留存资料的说法，拉美西斯的军队击溃了入侵者。然而对于文明世界的许多其他地方来说，那些亡命之徒简直穷凶极恶，这场胜仗来得实在太晚了。从公元前1200年到公元前1150年的50年里，从希腊本土到近东地带，这些青铜时代文化的中心地区均被一个接一个地消灭。在西方，有皮洛斯（Pylos）、迈锡尼、阿西涅（Asine）、伊利亚（Iria）、底比斯、格拉（Gla）、约尔科斯（Iolkos）、米提亚（Midea）、梯林斯（Tiryns）和斯巴达；而在东方，则是乌加里特、哈图沙、塔苏斯（Tarsus）、卡尔凯美什（Carchemish）、亚拉拉（Alalah）、夸特纳（Qatna）、卡叠什（Qadesh）、哈措尔（Hazor）、拉基士（Lachish）。它们的名字接二连三地被加入到灭亡的名册里，有一些再也没有恢复。科吉诺克雷默斯（Kokkinokremos）是塞浦路斯岛上一个中等规模的定居点，从它的终结可以清晰地看出这场灾难的来势有多迅猛。定居

58 　点被遗弃得如此突然，当地铜匠还将自己的紫铜原料和工具藏在后院的深坑里。有的人则把银锭塞在一条石凳的两块石头之间，而珠宝首饰和金箔纸则置于另一处的深坑里。很显然，物品的主人觉得将来还会回来重新取走它们。可结果是，他们没有做到。若是把这些世界末日的碎片化证据拼合起来的话，便向世人证明了青铜时代诸国的崩溃并不是由一次大入侵或大事件所致，尽管在这些城市文明当中确有不少在最终陨灭时似乎伴随着突如其来的超强戏剧性。

　　这一不幸事件发生的时间相对短促，而波及范围却如此之广，以至于多年以来考古学家们曾一直以为这必定是某种排山倒海般的自然灾害所导致的结果。而如今，人们认为这其实是一段历史时期内一系列因素综合起来才促使了政治、经济和社会秩序的全面崩溃。而自然灾害的原因或许也是存在的：公元前约 1000 年，这片地区曾有过一次火山大喷发，还经历过多次地震。这些都有据可查，另外也有关于干旱的史料。公元前 11 世纪至公元前 10 世纪早期，亚述人的信件和文本中一次又一次地抱怨雨水的"吝啬"和庄稼歉收，还有一份亚述人的年志谈到"饥荒极其严重"，百姓转而开始食人肉了。各种资源都变得极为紧张，历史记录提到就连供奉神灵也被取消了。甚至连埃及也出现了饥荒和暴乱，盗墓的行为随之爆发。颇为明了的是，当粮食歉收而辛苦积攒的余粮储备又耗尽时，宫廷和神庙的再分配经济就崩溃了，
59 　形成一个精英弱化、臣民反叛的局面。青铜时代城市赖以维系的这张由阶层关系和权利义务编织的复杂大网开始瓦解，使得它们在海上民族这股迁徙式的突袭面前变得更加脆弱不堪。

1　青铜时代体系的崩溃：灭顶之灾与海上民族

　　青铜时代诸王国的宗教骨干和军事精英们本质上为他们的国君提供了一种太过肤浅的权力基础，使诸国君难以应对任何严峻的挑战。过于严苛的中央集权经济激化了社会问题，根本无法让足够的财富流向下层阶级。你只需阅读几份青铜时代的泥板文字就能意识到宫廷官僚有多么地呆板迟钝，这便是青铜时代的"老大哥"①。这样的世界有能力存续甚至繁荣，但直到外部而来的泰山压顶为止。一旦入侵者令农业艰难、海上贸易无法开展时，青铜时代众多的政教社会就迎来末日了。青铜时代的崩塌源于多种因素的致命组合，是史诗级体制崩溃的一桩经典案例。

　　有些更为强大的国家幸存了下来，例如埃及、亚述和巴比伦，不过它们的实力也在很大程度上受到了削弱。这些文明证明了其自身幅员足够辽阔，有能力承受外部威胁的冲击，也可通过运作一套稍显慷慨的再分配制度将自己与国内的不满情绪隔离开来。这些国家的百姓自身有了利益要顾及，于是便选择站在"东山的吃人老虎"一边。然而准封建的迈锡尼社会——欧洲大陆本土首个主要的文明落脚 60 点——就未能做到这一点，于是付出了沉重的代价。

　　大约在公元前 1600 年至公元前 1100 年间，迈锡尼文明于雅典南部繁荣兴旺起来。迈锡尼地区被认为是第一个农民

---

　　①　"老大哥"一词源于英国著名作家乔治·奥威尔的反乌托邦小说《1984》，作品刻画了一个恐怖的假想世界，独裁者全知全能，社会制度严密苛刻。"老大哥"作为国家的名义领袖，是一种权力的象征。这一词语在今天逐渐成为一种文化符号，指代那些监控国民的独裁者。——译者注

和牧民定居的地方，大致年代为公元前约 2000 年。居民们操着一种印欧语言，它被视作所有欧洲语言共同的鼻祖。迈锡尼人的希腊在米诺斯文明的影响下发展壮大，最终取代了对方。迈锡尼人最后于公元前约 1450 年征服了克里特，而此时米诺斯人的克里特文明很可能已经因锡拉火山岛（Thera）［圣托里尼（Santorini）］上那场毁灭性的喷发而大伤了元气。迈锡尼人的希腊以一个邦国联合体的形式发展壮大，每个国家都以重兵防御的城堡式宫殿为中心。雅典、底比斯和皮洛斯都是意义深远的迈锡尼考古遗址，同时也包括迈锡尼本身，它位于雅典西南方约 100 公里处。与米诺斯人的克里特不同，在迈锡尼人的世界里并没有城市，甚至连小镇都不存在。其大多数人口要么生活在基于宫殿周围的小型定居点里，要么居于零星散落的村庄。神庙，这一近东地区的关键机构，在迈锡尼人的希腊却并无多少影响力。同时这里也没什么中央政治权力机构的迹象，似乎没有一个迈锡尼人的王廷拥有足够的力量来统御其他邦国。这诸多差异的原因很可能与一个事实有关：在近东和埃及发展成熟的复杂国体，只有一些基础部分传播到了迈锡尼。然而，其中最为令人惊讶的差异是迈锡尼上层文化当中战争的核心地位。

61

后世关于希腊文明创立的种种传说，其源头正是迈锡尼文明。荷马笔下关于阿伽门农、墨涅拉俄斯以及特洛伊围城战的传奇故事即便无法代表严格意义上的历史事实，但至少看上去隐含着对那些曾一度存在的真实事件和文明的模糊记忆。在迈锡尼人崇拜的神灵当中，有许多在将来会成为希腊万神殿的重要成员。迈锡尼人的语言用线形文字 B（Linear

B script）书写，是古希腊语早期的先驱。迈锡尼人的希腊分裂成诸多小王国的联合体，均由武士国王统治着，他们的形象恰如荷马描绘的英雄模样。城堡的围墙异常厚实，以至于古典时代的希腊人认为只有独眼巨人族库克罗普斯（Cyclopes）才能将其垒砌起来。每座王宫形如防御坚固的营寨，还配有钻入地下的深井以确保被围困时能有水喝。伟大的首领们安葬于圆形的地下墓室内，周围通常有做工考究的宝剑和其他武器。装饰宫墙的壁画描绘了一个英雄战士的生活方式，他大口吃肉大碗喝酒，还擅长开弓狩猎，而其中最为常见的就是上阵打仗。

迈锡尼显然被强烈灌输了一种酷似荷马笔下勾勒的尚武文化。珍贵的线形文字 B 泥板更进一步证明了这一点，其文字暗示了一个准封建社会，"Wanax"（即国王）位于顶端，"heqetai"（即精英武士阶层）从旁辅佐。处于这个社会经济金字塔底层的是"doeroi"（即农奴阶级），他们从事所有的农业劳动。如同近东地区和克里特岛上的国家那样，农奴阶级生产出来的农业余粮被用来供养国王和他的士兵，同时还包括专业的祭司阶级和各地官僚。线形文字 B 泥板特别指出迈锡尼宫廷在其境内拥有雄厚的经济实力，他们掌控着贸易、手工业和农业。国王和他的贵族们是主要的地主，宫廷雇用大量的妇女和儿童来从事纺织生产。

然而这套制度在迈锡尼世界运行得并不理想，这一点在公元前 13 世纪初露端倪，证据就是他们兴建了新的防御工事并开凿了新井，这表明迈锡尼人越来越担心被围城的可能性。大约在同一时期，从伯罗奔尼撒半岛皮洛斯的迈锡尼宫廷里还原的线形文字 B 泥板记录显示，当时存在一种新设立的军事官职，名为"海岸守望者"。由此可见，海上民族已经让文明世界的西方边陲意识到了他们的存在。尔后便是 20 多年的灾难，从公元前 13 世纪末到公元前 12 世纪初，当时所有的迈锡尼王宫均被烧为灰烬，其他已知的定居点也有九成化作瓦砾，其中大部分再也未能得到重建。简单来说，迈锡尼人经历了一场突如其来的戏剧性的浩劫。海上民族粉墨登场，他们携带着某些新式武器，这些武器均由铁制成，更廉价、易获取。我们认为这才是此次大衰亡的幕后真凶。

63

铁这样东西比我们所说的铁器时代要早了 1000 年，但它曾经一直是稀有的昂贵原料，比铜要珍贵。渗碳制钢以及淬火炼钢技术的发明与传播带来了革命性的转变。说真的，这应该叫"钢铁时代"才对。这些先进的制钢技术首先出现于公元前约 1200 年的赫梯诸国。一般认为正是后来赫梯帝国被海上民族摧毁所造成的社会混乱和人口流动才促进了炼钢技术的传播。铁矿石比制作青铜所需的紫铜和锡更易于获得，因而铁的生产就不太容易被宫廷和神庙的精英所垄断、控制和集中。铁制武器更为牢固，开刃处也更坚硬，它在刀光剑影、日益严酷的新世界里可谓理想的材料。冶铁技术将武器从贵族武士阶层的手里夺了过来。铁器时代将兵器大众化了，随之带来了潜在的革命影响。在迈锡尼诸王国里，内部的矛盾使得国家在铁制武器广泛传播的影响面前羸弱不堪。当武士精英们已经难以抵御外部力量的进攻时，无所依靠的赤贫农奴阶级似乎就要转而向他们发难了。到了公元前 12 世纪晚期，希腊被打回到了历史原点。首个希腊文

64

明消亡了，之后过了很长一段时间才重新复活。

海上民族引发的大灾难是我们故事的剧烈转折点之一，它就恰如电台突然停播节目了一般。在这人类首段黑暗时代里，文字记录从大片的地区内消失了，随之历史本身也变得无影无踪。农业生产崩溃，人口锐减，大城市被废弃，小城镇也衰退为村落。民族之间的联系减弱直至中断，世界因而缩小了。手工制品变得粗糙笨拙，因为工艺和文化已经让位于生存，而那个珍贵、精巧、纤弱、被人称为"文明"的有机体似乎也在摇摇欲坠。然而，青铜时代的大崩溃并非对所有人都是致命的。就人类而言，文明这一理念实在太伟大、太有用，不能任其消逝。某些文明确实设法熬过了人类首个黑暗时代，抓住了旧秩序崩塌所带来的契机而发展繁荣了起来。然而，当我们再度讲述文明故事的时候，历史却展开了一个截然不同的世界——一个更加严酷的新时代，也许这个名字恰如其分：铁器时代。

2 中间商的崛起：腓尼基人

65   青铜时代诸王国的灭亡就如同恐龙消失一样，随着大猛兽雄风不再甚至彻底灭绝，一群体格较小而适应能力更强的哺乳动物便迎来了它们自己的美好时代。而这些大灾难后的幸存者究竟是谁呢？他们居然战胜了如此众多的强劲对手？在这些后继者当中，有一群人在历史上被唤作"腓尼基人"，尽管他们并不如是自称。青铜时代的文明就是借由他们的肩膀才跨入了新的铁器时代。

对于这群在古代世界历史中并不惯常耸现的族群来说，腓尼基人的成绩单着实令人刮目相看。他们是造船工艺和航海技术的领头羊，是开拓并殖民地中海中西部的先驱。而所有这一切对于青铜时代崩塌后的文明存续和进步来说都是至关重要的。不过他们最为不朽的功绩则要数一项令古代世界改天换地的技术：字母表。

66   现存最古老的字母样本可以在比布鲁斯城（Byblos）腓尼基国王亚希兰（Ahiram）的石棺四周的铭文上找到，所刻年代为公元前约 1100 年的某个时候。文字内容很不吉利，它诅咒任何胆敢侵扰墓穴的人。然而腓尼基人改良发展的字母表确是一道福音，让我们受惠至今。其实书面字母很可能并不是纯粹由腓尼基人发明的，最有可能是在公元前 15 世纪于美索不达米亚地区发展起来。然而正是腓尼基人改良了那些字母，令其使用起来更简化，并竭力在地中海东部推广传播。早期的书写系统，诸如古埃及象形文字或阿卡德楔形文字，从广义来说它们都是具象的。这就意味着它们由一系列代表所形容事物的符号组成，有时可达几百个。它们属于某种官方代码，所需的书写技术通常会严格局限于一群被称为"书吏"的专业人士范围内。然而字母表的工作原理则截然不同，它更像是一种语音记录设备。每个字母指示一个词语的发音，或其中一部分音。因此如果你能准确读出字母就能读出单词，哪怕你根本不知道它代表什么意思（这便是孩童们如何按照发音来边读边学的）。字母表易学易用，使得读写传播得更广，同时也让文学变得更具表现力和原创力，与说话的音律和节奏形成共鸣。

字母表或许可算作腓尼基人最经久不衰的遗产，但他们驾驭海洋的能力才是在同时代人当中出了名的。这种关系与生俱来，既是天然的偏好，又出于地理条件的必需。腓尼基人的港口城市位于如今的现代国家黎巴嫩境内。它们栖息于大海边缘，其内陆被长满香柏的陡峭山脉所包围，供养当地人口的可耕种土地大致仅限于一条狭长的海岸带。事实上，有些腓尼基城市索性就几乎与陆地不相连。在这类城邦中最有名的就要数提尔（Tyre）了，它实际上是大陆沿岸的一座岛屿。城市两侧由礁石围绕，无论从陆地还是从海洋皆易守 67

难攻。它的地形方位让城内市民们明确了陆海之间孰轻孰重，提尔选择忽视陆地，拥抱海洋。该城拥有一对孪生港，其中一个自然形成，而另一个则是从石头上开凿的，如此一来船只就能够始终赶得上顺风顺水的机会及时起航了。

腓尼基人是第一个运用北极星来导航的，这使他们能够直插公海，并可以于夜间航行，从而减少了旅途时间。这颗行星逐渐被称为"腓尼基星"，以此表彰这项进步。腓尼基人在造船技术方面也不乏革新精神，他们发明了龙骨，大幅提高船只所需的稳定性。腓尼基人同时还是首次将船壳木板涂上沥青柏油来防水的人。他们的商船令世人艳羡，船体呈巨大的球根状，能够储存数吨货物，因此希腊人将其称作"gauloi"（即"浴缸"）。它的外壳船舷很高，船头呈硕大的圆形，木板用沥青密封，这些设计都旨在将最大数量的货物带过地中海最恶劣的环境。尽管体积庞大，但这些船都出奇地敏捷，依靠一面方形巨帆来利用风力，由数排划桨手迅速将船掉转入正确方向。据计算，在理想的情况下这种船一天能够航行 150 公里。

自公元前 12 世纪以来，腓尼基人凭借他们的"浴缸船"以及先进的航海技巧开始编织起一张贸易网，并最终将小亚细亚、塞浦路斯、亚美尼亚、爱奥尼亚群岛（Ionian islands）、罗德岛（Rhodes）、叙利亚、犹大、以色列、阿拉伯及近东地区连成了一体。可是他们的"浴缸船"里究竟运送着什么货物呢？取自传奇般"黎巴嫩香柏"的木材是该地区最为抢手的货物之一。如今黎巴嫩的山坡上已经差不多没有这种非凡的树木了，而它们当初却是丰富且关键的供

68

应源。这种木材高大强韧、通体笔直、馥郁芬芳，是建造船只和庙宇的理想材料。腓尼基人不断增强的自信和权威，以及青铜时代崩溃后古埃及的相对式微，都在温阿蒙的故事里有所反映。此人乃埃及底比斯的一名高级寺庙官员，于公元前约 1075 年抵达比布鲁斯。《温阿蒙历险记》（*The Report of Wenamen*）声称是第一人称的史料档案，记录了他奉命从腓尼基中间商手中获得一部分传说中的"黎巴嫩香柏"。这则故事振聋发聩，告诉我们当你的国际信用评级一落千丈时将会落入何等境地。

　　比布鲁斯在青铜时代是埃及的附庸国，一直低调顺从。当年埃及法老只需用他那"皇家之手"打一个响指，整片的香柏就会送到南方来。然而到了公元前 11 世纪，温阿蒙发现情况变了。从他那份颇为伤感的记录来看，温阿蒙的旅途并不是一帆风顺的。他在路上遭遇打劫，而后被迫在比布鲁斯的码头区逗留了 29 天，最后终于勉强被安排与该城国王扎卡巴尔（Zakar-baal）见上一面。"令尊何为，令祖何为，尔当袭之。"温阿蒙口气傲慢地说。比布鲁斯国王答道："然，家父祖父皆奉君命，余当效法而行。然汝需支银，余非汝仆，亦非汝主之仆。"于是乎，比布鲁斯和埃及之间如今已纯粹是商业关系了，一手交钱一手交货。这是埃及权势衰落的有力证据。经历了两个世纪由海上民族造成的黑暗与混沌，以及之后的饥荒和动荡，公元前约 1100 年埃及终于恢复稳定，但即便如此，它的荣光岁月显然业已终结。比布鲁斯国王再也不必向埃及法老卑躬屈膝了。

69

地中海贸易

铁矿
铜矿
金矿
银矿
锡矿
产粮地
木材

希腊海上贸易路线
腓尼基海上贸易路线

奥尔比亚
旁提卡彭
伊斯特尔
斐西斯
奥德索斯城
锡诺普
阿波罗尼亚本都
达特拉比宗
拜占庭
阿米苏斯
埃比达姆诺斯
赫拉克勒亚本都
安菲波利斯
西斯塔斯
尼西亚
阿波罗尼亚
阿拜多斯
特姆
西拉岛
米蒂利尼
顿
卡尔基斯
福西亚
希俄斯岛
阿尔米娜
科林斯
雅典
米利都
希腊城邦
科斯岛
尼多斯
塞西拉岛
罗德岛
基提翁
赛达
克里特岛
腓尼基
提尔
昔兰尼
瑙克拉提斯
以旬迦别
孟菲斯

对于美索不达米亚沿海的贸易城市来说，青铜时代的崩塌犹如"宇宙大爆炸"，属于一种区域性金融解除管制的情况。在像比布鲁斯这样的沿海城市里，贸易商们从宫廷国王的控制中解放了出来，他们迅速借由各自大家族的人际网络而自发组成"公司"。国王复位后再也无法对贸易进行绝对控制，于是72 他们不再发号施令，而是同商业大鳄们合作，扮演起了银行的角色，并为商业冒险做担保。而对商人来说，他们坐到了顾问席上，左右着城市的政策制度，并总是保持清醒的底线。自由经济体与市场力量所形成的强大威力在此得到了早期的展示。

除了香柏之外，腓尼基人还做奢侈品的买卖，比如珠宝首饰、美酒佳酿、橄榄油、熏香、精雕细琢的家具和象牙制品。这些货物可换来急需的原材料，诸如玉米、宝石和贵金属，同时还包括奴隶。奴隶会被卖掉，而原材料则会被消耗，或被转卖，或被加工成更多可供贸易的奢侈品。在某件商品的生产方面腓尼基人也垄断了市场，它就是古代世界最有价值的商品之一——某种强力染料，以其浓重的色彩而闻名。根据古罗马作家普林尼（Pliny）的说法，此为凝固血液的颜色。其实，这就是我们所说的"紫色"。该染料由骨螺——一种海洋软体动物制成。提取它的工艺流程出了名地艰难，而且其间恶臭难闻。腓尼基这个名字就是从这种染料而来：希腊人用自己语言当中的"腓尼克斯"（phoinix，即"紫色"）一词来称呼他们，从此这群人就叫"腓尼基人"，即"紫色的人"。

在所有腓尼基人的商贸城市当中，提尔是最为成功的一个。假如你于3000年前走海路前往那里的话，你将分辨得出前方靠近的是一座腓尼基人的城市。地理环境是头条线索，只见一抹陆地从海上伸出，就提尔而言它是一座相当大的近海岛屿，靠人工长堤连接大陆。这类地方正是腓尼基人选择建城的位置——水陆两用之地，一半在海里，一半于陆上。若你再靠近一些就会看到一对相同的码头，无论海风从哪个方向吹来，船只都能安全入港。假如其中一个没能天然形成，那么腓尼基人就会建造一个。在港口里，靠岸抛锚并装货卸货的就是"浴缸船"——那种船头硕大的腓尼基船，高船舷的船体设计用来装载大量货物并将它们安全地运送过波涛汹涌的危险水域。最后，正当你要靠岸时，海风一转向，一股臭气扑面而来。这无疑来自城市外围的紫染料作坊，而那些运输方便、易于出口的财富皆源于此处。

正如比布鲁斯和赛达（Sidon）那样，提尔通过贸易获利颇丰，它输出香柏和紫染料，并从各方输入财富。事实上，提尔已然富得流油，以至于到公元前 1000 年前后的时候渐渐成为该地区的一支重要力量，对他的邻居来说是略带敬畏而又无比艳羡的对象。在犹太《圣经》里，先知以西结（Ezekiel）为辉煌期的提尔绘制了一幅栩栩如生的画面。在一大段细节翔实的文字里，他提及该地区约 20 座城市以及各自出口给提尔的东西，有来自他施（Tarshish）的银、铁、锡和铅，来自德丹（Dedan，今沙特阿拉伯）的象牙、黑檀和鞍褥，还有示巴（Sheba）的香料、宝石和黄金，以及大马士革的葡萄酒和羊毛。清单的事项内容如是延绵不绝。

> 提尔啊，从前你常自夸为一条美妙无比的大船，
> 遥远的大海才是你的边界。

是那些建造者，

才令你如此璀璨……

你卸下货物满足众人，

用富足的财源和货物，

充实世间的那些王公贵人。

然而《以赛亚书》则尤有甚之，指控提尔"在天下诸国面前扮演娼妇的角色"，不过提尔的"生意人国君"唯一感兴趣的利益只是财政年度终了时的利润合计数。

提尔的兴起相对突然，就发生于阿比巴尔（Abi-baal）和希兰（Hiram）这对父子的领导下。国王希兰于公元前980年至公元前947年执政，他修建了提尔的第二座港口，该港口是人工港，名为"埃及人"港，承认法老的国度依然是不可忽视的重要市场。不过希兰也同时意识到许多新兴市场正在打开。假如希伯来《圣经》能够被当作可靠的历史档案，那么希兰曾与犹太国王所罗门达成过一笔交易，即运送原材料并派遣工匠前去帮助修建耶路撒冷的第一座圣殿，以此换取白银、小麦和橄榄油。另据报告称提尔的水手曾驾驶所罗门的船远行至波斯湾的俄斐（Ophir）。考古证据同时还指出，在亚喀巴湾（Gulf of Aqabba）的以旬迦别（Ezion Geber）有一个规模浩大的炼铁炼铜项目，相传是古代世界最为先进的，并由来自提尔的工匠操作。

提尔的希兰也是一位宗教改革者，他将新的宗教机构落实到位，如同他开设新的政治和商业机构一样。腓尼基人的宗教信仰是多神崇拜，几乎跟该地区的所有宗教一致。他们

2 中间商的崛起：腓尼基人

有一位名叫"埃尔"（El）的主神，此外还有神通广大、名为"巴尔"（Baal）的神灵，即"我主"，百姓们与此神的日常宗教联系更多一些。与埃尔和巴尔并存的还有一批男女诸神，他们具有凭人类经验和想象所能及的全部力量和特征。希兰决定在既有的繁杂体系里再加入一位新神，此举颇为微妙，不易处理，却能带来政治红利。

当统治者感觉需要调整祭司手中的神庙和自己麾下宫廷之间的力量平衡时，引入一个新神便不失为一步好棋。正如我们自首批城市以来就已目睹过的，神庙往往会成为在经济与政治领域制衡国王的强大力量。祭司们控制着臣民当中某些资格最老、忠诚度最高的保守人士，一旦感觉自身地位受到威胁，祭司便能够动员起他们。所以说，对于希兰而言，着手介入此等事务是需要一定的政治胆识和自信的。世俗力量与宗教力量，信仰与政治，它们的关系如迷宫般错综复杂，常常充满了尔虞我诈。不过希兰似乎已经以高超的技巧成功绕过了这些陷阱。76 新的神庙拔地而起，新的宗教仪式大举兴办，于是一位新神便应运而生，并担当了提尔万神殿主人的角色。他被称作"麦勒卡特"（Melqart），意为"护城君"。一年一度的麦勒卡特庆祝宴会在春季举行，其间所有的外国人都不得不离开，随后神灵的巨像便面向海上升起并点燃火焰，国王和他的正妻分别扮演麦勒卡特及其配偶阿施塔特（Astarte），按照仪式结为夫妇。此处的政治信号是简单明确的：凡是对麦勒卡特有利的，便是对提尔有利的，进而也是对提尔的统治者有利的。当然了，神灵活得比凡人要长，即便他们并不总能永垂不朽。麦勒卡特很自然地比希兰要长命，在"护城君"初次登场之后的数百年，有些偏远的提尔殖民地依然缴纳自身财富的10%来作为向提尔的麦勒卡特神庙纳的贡。

青铜时代强国纷纷崩溃后，给余者留下了可施展的空间，而腓尼基人并非唯一的受益者。从繁华的港口城市往内陆行进，你踏入的地方住着一群古代世界里最吸引人的民族：犹太人。希伯来《圣经》，这部最伟大的文学里程碑，讲述了犹太人令人惊叹的宗教传奇和政治故事。对于有些人来说，《圣经》不单单是启迪心灵的作品，同时也是可靠的历史档案，它记录了那么多个世纪以前曾经真正发生过的事。然而连同我在内的另一些人则持不同的看法，我们将《圣经》视为一部政教宣言，历史事实与虚幻愿望在字里行间已经变得模糊，其资料之丰富简直令人难以置信，内容也相当引人注目，可是我们必须仔细谨慎地对待它。据《圣经》所述，3000年前耶路撒冷曾是以色列王国的都城，由大卫王所建，通过神灵裁定的圣战从"迦南美地"上取得。大卫王的儿子所罗门英明神武，其权势足以跟提尔国王结成同盟，而且据说正是希兰送来的那些物料和工匠才让所罗门建起了第一座圣殿，促成了犹太历史的神圣时刻。如今有部分考古学家质疑所罗门的王国实际上有多强大和团结。对于他们来说，《圣经》的记录是在所述事件发生后很久才写就的，属于一种黄金时代的幻象，它其实从未真正存在过。

然而怀疑论者和虔诚信徒都同意，在所罗门之后，该区域存在两个截然不同的犹太王国：北边的以色列和南边的犹大。而在随后的几百年里，与该地区所有曾经繁荣的小王国一样，南北两个王国也都遭到了厄运。因为在更遥远的北方，一股新的势力正在蠢蠢欲动，那就是亚述人。

3 亚述人：令人震慑与敬畏的民族

在青铜时代坍塌的遗骸上，涌现出了前工业时代最可 78
怕、最恐怖的战争机器之一：亚述帝国。当时的近东地区是
一片充满暴力冲突的地方，战争带来的恐怖司空见惯。然
而，即便按照这种充斥着血腥味的标准来看，亚述人也仍然
能从中脱颖而出。开创一个囊括伊拉克、伊朗、阿拉伯、土
耳其、叙利亚、黎巴嫩、埃及和塞浦路斯的大帝国必然需要
彻底的残忍凶暴和冷酷无情。就是这样一群人，他们曾经将
400 万其他民族从自己的故土上驱逐，还执行了极端的焦土
政策，令几百万人活活饿死。因而毫不奇怪，在《圣经》
中亚述人被视作由魔鬼亲自送来的。

如果说地理位置是天生的宿命，那么亚述人则学会了将
这二者一并克服。海上民族引发的大灾难过后，亚述人蜗居
于美索不达米亚平原及北方山区之间的一小块三角形领地
里。范围局促、困于内陆，他们不得不为生存空间而战。亚
述人的扩张始于公元前 10 世纪，他们升级了暴力水平，发 79
明了"野蛮效率"这一全新的铁器时代精神。他们使用新

式的攻城器，残酷地屠戮战俘，贪婪地大肆劫掠，还搞大规模人口驱逐，并从被征服者那里强取来了海量的朝贡品。他们对古代城市的神圣不可侵犯性抱着一种全然漠视的态度。

战争支撑了亚述人的经济、社会和文明。然而这并不是没脑子的纯粹暴力，事实上亚述人野蛮的名声正是出自他们苦心经营的治国方针。亚述国王的公开档案和私人记录里均自豪地展现了自己的野蛮行径。它们常常被雕刻在都城的宏伟宫殿和纪念碑上，有时甚至还凿在悬崖或山坡上。对阵战和围城战的恐怖场景以翔实的细节绘制在亚述宫殿的浮雕作品上，预期效果就是要让亚述国王那可怕的权力看上去更加真实可信。举个例子，在位于伊拉克北部豪尔萨巴德（Khorsabad）的萨尔贡（Sargon）王宫宫墙上，如实描绘了一位叛离的附属国国王如何被活生生地剥了皮。我们不难想象这些精雕细琢的图像会对往来国使们起到怎样的心理震慑作用，国王无须讲明反对他会有什么后果。尼尼微的街上组织过大游行，战败国昆杜（Kundu）和赛达侍臣们的脖颈上挂着自家主人的脑袋，犹如恐怖的装饰品。这场令人毛骨悚然的游行被记录于帝国宫殿的墙上，那一幕会在目睹者的脑海里一再上演，久久挥之不去。

81　　这便是古代近东地区"震慑与敬畏"的代名词。设计它的目的就是要在敌人当中引发恐慌。亚述人用一个词来形容这种情况，叫"梅拉穆"（melammu），字面意思是国王放出耀眼的光芒，将恐惧射入敌人的心脏。亚述国王也用碑文、年志和浮雕作品来记录自己的丰功伟绩，而"梅拉穆"的重要性则在其中被一再地强调。通过给予对手最大的心

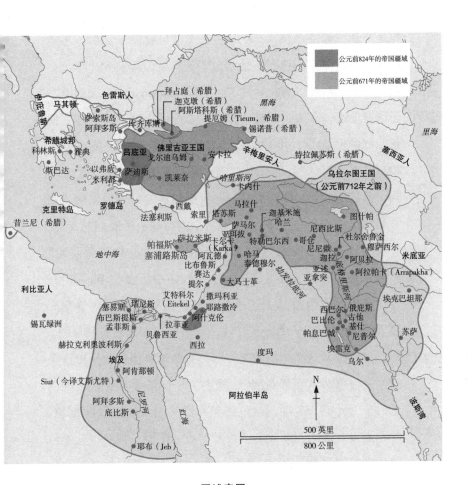

图例：
- 公元前824年的帝国疆域
- 公元前671年的帝国疆域

色雷斯人

马其顿

弗庇鲁斯

萨索斯岛
阿拜多斯

拜占庭（希腊）
迦克墩（希腊）
阿斯塔科斯（希腊）
提厄姆（Tieum，希腊）
锡诺普（希腊）

库齐库斯

黑海

里海

塞西亚人

希腊城邦

科林斯
雅典
斯巴达
以弗所
米利都

吕底亚
萨迪斯

佛里吉亚王国

戈尔迪乌姆

安卡拉

辛梅里安人

特拉佩苏斯（希腊）

乌拉尔图王国
（公元前712年之前）

凯莱奈

昔兰尼（希腊）

克里特岛

罗德岛

法塞利斯

西戴
索里

哈里斯河
卡内什

图什帕

米底亚

克里特岛

塞浦路斯岛

帕福斯

萨拉米斯
（Karka）卡尔卡

阿尔德

马拉什
塔苏斯
萨马尔
亚珥拔
哈马
泰德穆尔

迦基米施
哈兰

尼西比斯
哥仓
尼尼微
迦拉

杜尔舍鲁金
穆萨西尔

阿贝拉

特勒巴尔西

阿拉帕卡（Arrapakha）

地中海

比布鲁斯
提尔
赛达

大马士革

亚述
亚拿突

底格里斯河

埃克巴坦那

利比亚人

锡瓦绿洲

塞易斯
布巴斯提斯
孟菲斯

琐尼斯
提尼

艾特科尔
（Eitekel）

撒玛利亚
耶路撒冷
阿什克伦

拉菲亚

巴比伦
古他
基什
尼普尔
埃雷克
乌尔

苏萨

西巴尔
俄庇斯

帕息巴城

幼发拉底河

赫拉克利奥波利斯

贝鲁西亚

西拉

度玛

阿拉伯半岛

波斯湾

埃及

阿肯那顿

尼罗河

红海

Siut（今译艾斯尤特）

阿拜多斯
底比斯

耶布（Jeb）

N

500 英里

800 公里

亚述帝国

理恐吓，亚述国王期望以最小规模的实际战斗来达到征服的目的。

这是一种精心筹划的暴力，充当了一项国家政策，同时也是一套"恐怖经济"。因为在"震慑与敬畏"之后，尾随而来的便是肆意的抢劫。公元前883年至公元前859年统治亚述的国王阿淑尔纳西尔帕二世（Ashurnasirpal II）曾对某个王国发动过一次突击劫掠，该国位于今天土耳其西南部。掳获的战利品如下：40辆战车，马匹配饰皆齐全；460匹马、2000头牛、5000头羊；银、金、铅、铜和铁，数目各有不同，但量都很大；优质亚麻布和各种精美的家具，包括"用象牙制作并镶金的卧榻"；当地君主的姐妹、贵族们的女儿，以及"她们丰厚的嫁妆"；15000人"被掳走并送至亚述"充当奴隶。阿淑尔纳西尔帕二世同时还每年强征羊、谷物、黄金和白银作为贡品。这些都还仅仅是取自该年战争期间15个受害国中的一个。有时候，战争看起来确实有利可图。

尽管已有这些可怕的警告，但有些国家还是敢反叛这个亚述人自称的"世界帝国"，其中之一便是北方犹太王国以色列。公元前737年，以色列抛弃了其顺从的附属国地位，同亚述南面最大的劲敌——埃及结成了同盟。报复行动不可避免地很快来临：10年之内，犹太北方王国不复存在。它的城市被毁、土地被没收，人民全被驱逐到亚述。以色列的"十支派"就成了以色列"失落的十支派"①。

82

---

① "失落的十支派"属于古代以色列"十二支派"，据传新亚述帝国征服以色列并将他们驱逐流放。——译者注

　　然而，此国之失即彼国之得。随着北部较强的王国覆灭，南面的犹大王国遂迈入了属于自己的时代。在犹大国王亚哈斯（Ahaz）的治理下，耶路撒冷从一个无足轻重的山中小镇变为亚述阵营里一个重要附庸国的国都。假如亚哈斯的继任者坚持国策不变，继续讨亚述主子欢心的话，这一切或许本可以继续下去。可是下一任国王希西家（Hezekiah）另有打算。他还做出了一项关乎命运的决定——公然违抗亚述人，停止纳贡并与埃及人结盟。鉴于北部王国的下场尚记忆犹新，因而希西家对此事的后果一清二楚。于是耶路撒冷周围迅速垒起了厚重的城墙，有的地方厚达6米，沿途的房屋统统被推平。希西家还下令开凿一条半公里长的，从城下的基岩横穿而过的地下水渠。如此设计是用来调取城垣之外基训泉（Gihon spring）的淡水，将其汇入城内的一个蓄水池里。这是铁器时代一项非凡的精密工程，因为那口泉跟蓄水池内部的高度误差大约仅30厘米。希西家已经把能做的都做了，造了城墙，挖了水道，现在就只有静静地等待了。

　　《申命记》（*Book of Deuteronomy*）里有一段文字，十分详细地描述了即将降临的恐怖。这绝对可以算是有史以来对于战争阴霾最为恐怖的记述之一：

　　　　暴君如泰山压顶般对付你。遥远的国度，怪异的口音，冷酷的面庞，从坤舆尽头而来，犹如飞翔的秃鹫，对老弱者冷酷无情，对年幼者赶尽杀绝。他会将你们困死在城内，围堵你们所有的城市，直到最坚不可摧的城墙轰然崩塌为止。围城与攻城的痛苦是如此强烈，以至于你会食用自己的亲生骨肉……母亲会把新生儿的胎盘藏起来，不让丈夫和孩子们发现，这样她就能独自享用了。

当亚述国王西拿基立（Sennacherib）率军长驱直入犹大王国兴师问罪时，结果差不多就是那样，不过对战并未在耶路撒冷发生，西拿基立任由希西家躲在城墙后头，正如亚述档案里轻蔑地记录说："像一只笼中的鸟。"

西拿基立和他的军队转而向南前往拉基士（Lachish），希西家的第二大城市。这段时期内没有多少历史事件被图文并茂地载入档案，而拉基士之围倒是一个例外。在大英博物馆里可以看到那些从西拿基立王宫遗址里搬走的浮雕作品。它们以栩栩如生的恐怖细节展示了公元前约 701 年某个时段里发生的事件。亚述人凭借弓弩及某种先进的工程技术撕开了这座强大城市的防线。他们搭造了一条紧靠着城墙高处的围城坡道。从雕带上你能瞧见他们将形如坦克状的攻城机械开了上去，一根硕大的长矛从机械前方突出。城市果然沦陷了，同时带来了不可避免的后果。考古学家们在右侧坡道上发现了一座巨型墓坑，里面有超过 1500 具男人、女人和儿童的尸体。如雕带所示，其中有些正是被穿刺和活剥的受害者。至于幸存者，那条雕带也描绘了他们的命运：数千人被驱逐到亚述国，男人们在那里被安排做苦力，修建象征亚述大帝国荣耀的纪念碑。

希西家反抗亚述的故事还有一个后续情节。当希西家死后，他的儿子玛拿西（Manasseh）承袭了他的王位并撤销了父亲的政策。他宣布自己是亚述国王忠实的封臣，同时还缴纳贡品，而其中最重要的是，他让自己变得有用起来。亚述人是强悍的，但并非变态狂。假如你能够有所贡献的话，他们就容你苟活。玛拿西将橄榄树上的橄榄油提供给亚述人。事实上，玛拿西将以革伦（Ekron）变成了一座炼油厂，超过100台榨油机在那里被发现，由此可见橄榄油输出的规模之大。凭借此物，这位小国王才得以与那头亚述大猛兽远远地保持了距离。

虽然亚述王国喜欢将自己同其他近东国家的关系表现为一种单纯的、由军事蛮力促成的全面服从，但当涉及跨区域贸易网的掌控时，它也会运用一些较为柔和而微妙的博弈策略。亚述国的持续运转仰赖士兵、织布工、皮革匠、农民、铁匠和其他手艺人，而这些人都需要原材料和劳动报酬。侍臣们和高级别的宫廷官员被赐予土地私产和税收豁免权，以此奖励他们的服务与忠诚。伟大的国王们将自己扮演成施舍这两者的大东家。他们会自我夸耀说，通过东征西讨而大量流入亚述的战利品都会给予黎民百姓，用以改善他们的生活，就连最贫贱的人也有份。贵重原材料的需求规模也很大，因为要跟上雄心勃勃的建设计划，构筑那些旨在产生敬畏和服从效果的皇家大殿。其中值得注意的是位于尼尼微的"无双宫"，它于公元前7世纪早期由亚述国王西拿基立建造。宫殿气势恢宏，占地2.5英亩，装修雍容华丽，使用散发香气的木材进行装饰，均嵌有银、铜和雕琢复杂的象牙。外墙用大量彩色的釉面砖装饰，建筑的每一寸地方都绘满了一幅幅故事图景，叙述着国王的赫赫战功（比如拉基士之

85

围）。家具也是用最上乘的物料制作而成，因为它上面镶满了象牙和贵金属。亚述国的顺利运行需要高档原料和奢侈工艺品的恒定供应，其规模只有通过贸易才能获得保证，而非战争所能企及。正是亚述人对原材料贪得无厌的欲望才直接促成了希腊的重生和西地中海的发现。

86

腓尼基海港城市的持久独立取决于他们供养亚述人的能力，那些原材料的数量之大令人难以想象，尤其是白银。当腓尼基人寻觅新的金属矿物资源时，这项负担便成了他们大举进行海外殖民扩张的催化剂。腓尼基人首先在塞浦路斯建立了数个定居点，然后继续一路向西而行，于马耳他、北非、撒丁岛和西西里岛打造了新的殖民地。只有当提尔人到达地中海最西端时才在西班牙南部发现了银矿层，其储量之丰令来访者以为它是从地底下以熔化的方式渗出的。于是提尔人与当地控制采矿和冶金行业的塔特西人（Tartessian）合伙，从而设法保证了对亚述稳定的白银输送。他们提炼的矿石数量之多，以至于在西班牙的旷野里留下了令人震惊的2000 万吨熔渣。

加迪斯（Gades）［即当代的加的斯（Cadiz）］是腓尼基人于公元前 8 世纪晚期建立的，位置刚好越过西班牙西南方大西洋海岸的"海格力斯之柱"（Pillars of Hercules）①。由此腓尼基人便有了一个可以将金属锭运回提尔的港口，不过加迪斯仅是腓尼基人在西地中海众多殖民地当中的第一

---

① 来源于古希腊神话故事，后世形容直布罗陀海峡两岸的石岩或小山，北岸之柱为直布罗陀巨岩，而南岸之柱并无定论。——译者注

个。从提尔到加迪斯的惯常航线是驶越北地中海，首先停泊
于塞浦路斯，而后再朝今天的土耳其南部海岸而去。接着船
队再向罗德岛和马耳他岛航行，然后是西西里岛、撒丁岛。 87
航程的最后一段是从伊比沙岛（Ibiza）出发，穿过直布罗
陀海峡到达加迪斯。而最简单的回程路线则是紧靠北非海岸
航行，然后到达埃及和黎凡特海岸。这意味着地中海对于提
尔人来说实际上充当了一条逆时针传送带，在这片广阔区域
的两头吞吐货物。如此一段漫长而凶险的旅程需要配备停靠
的站点，好让船只补充给养并进行必要的修理维护。腓尼基
人新的殖民地犹如在这片伟大海洋上遍布的脚印一样纷纷涌
现出来为此类需求提供服务。在这些由腓尼基人始创的定居
点里，其中有些至今仍是著名的活跃港口，比如巴勒莫
（位于西西里岛）和卡利亚里（位于撒丁岛）。

然而，正是此项新事业的成功后来却导致了这些活跃的
提尔企业家们沉沦。这一经典的故事讲述了供应过剩所带来
的危机。公元前 8 世纪末，亚述国王吹嘘他在宫殿里已经成
功积攒了巨额数量的白银，因此现在铜价可与银价相同。对
于提尔人来说这条消息犹如晴天霹雳。当尼尼微和尼姆鲁德
（Nimrud）的银矿山兴旺起来时，提尔人的影响力就被削弱
了。亚述官员被选派来管理他们的政治和经济事务，从此提
尔人的领土就渐渐地被兼并掉了。最后，亚述人干脆直接介
入，彻底接收了提尔。然而他们并没有杀掉这只会下金蛋的
鹅，而是一根一根地拔掉它的羽毛，逐步剥夺提尔来之不易
的独立与自尊。

但此后不久，帝国的命运之轮便转向了。亚述人越来越 88

不敌一股新的势力，它从古老的美索不达米亚异军突起，他们就是巴比伦人。亚述帝国被内部的纷争和离散伤了元气，遂于公元前 7 世纪晚期开始瓦解。在公元前 612 年，经过三个月的艰苦围城，尼尼微最终落入巴比伦国王那波勃来萨（Nabopolassar）手中，而他先前早已与多个亚述附庸国结成了联盟。在意识形态上，巴比伦人将自己的胜利归功于神灵的保佑而非天子浩荡的君威，以此将自己与亚述人严格地区分了开来。然而这对身处"攻击半径"以内的小王国来说效果是一样的。在一场巴比伦国王尼布甲尼撒（Nebuchadnezzer）发动的惩戒性战役里，帝国军队沿着前人惯用的入侵路线向西进发。提尔和耶路撒冷遭到了洗劫，而其人口则被逐至"巴比伦河畔"。然而只一代人的光景，命运之轮又再次转动，如今轮到波斯人上场了，他们由"至高无上的国王"居鲁士（Cyrus）率领。波斯人推翻了巴比伦，将新帝国的疆界推至小亚细亚海岸。自从融为一体的青铜时代世界崩塌之后，500 年来这条天然边界已经成为文化和政治的前沿阵地，于东西方之间逐渐形成并固化。跨过这道分水岭，在西方有一群人正回首凝视着这些古老东方的大帝国与小王国。他们就是希腊人。

4 希腊的重生

黑暗时代的灭顶之灾沉重地打击了古希腊迈锡尼诸王
国。此地曾经一直是文明的边缘地带，随着青铜时代的轰然
倒塌，迈锡尼诸国也坠入了深渊。公元前 12 世纪迈锡尼文
明于一片混乱中分崩离析，自此之后希腊呈现出一幅令人惊
愕的衰退局面。在公元前第二个千年的最后数百年里，人口
居然下降了 75%，这着实令人瞠目结舌。希腊居民遗弃了
相对高级的定居地，忘却了与文明生活相关的方方面面，比
如不朽的宏伟建筑、形象的造型艺术，甚至还包括书写的技
能。农业方式从精耕细作退化至粗放畜牧。此外，迈锡尼同
外部世界的所有联系几乎也都中断了。

从那些黑暗世纪里遗存下来的历史证据凤毛麟角，但考
古记录确实也偶尔含有些许闪亮点，表明当时并非所有事物
都在冬眠。在希腊岛屿埃维亚岛（Euboea）的海岸村庄勒
夫坎第（Lefkandi），考古学家们已经发现一处年代约为公
元前1000 年的墓穴，也就是青铜时代崩塌后的 120 年前后。
墓穴的结构和内容都是该时期史无前例的。被埋葬的女性身

90　上有镀金的发圈、胸针和其他青铜饰品。她的手被置于一个做工精巧的镀金铜碗上，而其褪色易碎的指骨上还戴着九枚花色不同的金戒指。这么多丰富的物品究竟从何而来？肯定不是产自希腊本地。希腊人早已不再懂得如何制作此等精美的器物了。

　　那不勒斯湾的匹德库塞（Pithekoussai）出现了另一个亮点和线索，人们在岛上寻到的一只号称"内斯特之杯"（Cup of Nestor）的饮酒杯，年代可追溯到公元前约8世纪。杯身侧面刻有一首小诗，上书：

> 内斯特之杯，君宜饮之，
>
> 凡一干而尽者，皆顿生心意，
>
> 欲得如花美眷，似华冠下之阿佛洛狄忒。

　　然而，在杯身所描述的陶醉快感背后有着一个更为严肃的关注点：这首小诗是以希腊语写就的，并运用了字母。在伟大的青铜时代崩塌之前，希腊语是用线形文字B来书写的。那是一套以200多个不同符号和标志为基础的笨拙系统，比簿记好不了多少。而如今，仅仅过去几百年就发现有希腊的记述者在使用一种高效简明、不超过30个符号的字母系统，而且还用其来写诗。很显然，在黑暗时代，希腊人已经从某些地方获得了文明的启蒙——问题是从哪里呢？

91　　　汲取智慧的关键在于同谁为伍。我们知道，希腊人在匹德库塞和别处都一直跟字母表的发明者腓尼基人频繁接触。双方前来的目的都是开采该地区的铁矿、银矿和锡矿，而且似乎最终结成了伙伴而非对手，这就让希腊人能够同"紫色的人"促膝而坐，重新习得那些业已失传的文明技艺。在杯身侧面那首小诗被刻下的数百年之后，一位名叫希罗多德（Herodotus）的希腊人创作了一部不朽的多卷本著作，名为《历史》（The Histories）。在该部作品里，希罗多德承认希腊人得益于腓尼基人的字母表。从此之后，其他历史学家们又往这份荣誉的功劳簿上不断增添新事项，比如橄榄树和葡萄树的种植，度量衡的运用，附息贷款和银行业，还有诸如赫拉克勒斯（Heracles）① 这样的神灵，或王权这种政治概念。所有这一切据说都是由勤勉的腓尼基商人带到西方来的。或许他们的本意是来追逐利润，但就如同蜜蜂一样，他们在不经意间把文明的种子一起带了过来，而希腊人则是主要的受益者。

通过与腓尼基城市的这些联系，希腊人摆脱了它的黑暗时代，长久失传的技艺也由腓尼基人带回了希腊。到公元前9世纪，克里特岛当地的上层人士能够再度像其祖先那样体面安葬，伴有腓尼基金匠提供的精美首饰也一起被掩埋。此外，在克里特岛和罗德岛上还发现了大量近东地区出产的陶器和手工制品，此即腓尼基人贸易活动的迹象。而更为诱人的线索是，腓尼基人尤其是陶匠和金匠可能已在希腊定居下来并向当地的学徒传授技艺。在克里特南部的科莫斯（Kommos），有一座典型腓尼基风格的神龛遗址被发现，这 92

---

① 古希腊神话中最伟大的英雄之一，是宙斯与阿尔克墨涅之子，因而也受到宙斯之妻赫拉的嫉恨，死后化为大力神。后世也以"赫拉克勒斯"的名字指代力大无比的壮士。——译者注

表明他们实际上已在那个地方建立了定居点，或者至少是当地居民已深受腓尼基人的影响。此外，当地的仿制品也扮演着重要角色。在阿提卡和科林斯著名的陶艺学院里都展现出腓尼基人在图案、肖像和风格方面的强烈影响。在希腊到处可见的精美象牙制品要么是从腓尼基直接进口来的，要么就是腓尼基货物的仿制品。罗德岛的居民远离大陆，他们模仿腓尼基的原产品来制作香水瓶，很快就开创了一门红红火火的生意。

到了公元前 10 世纪，一场悄无声息的革命已然爆发。腓尼基人带来的货品、手艺和理念从本质上复活了希腊。贸易的复苏在希腊当地的社会和文化中掀起了地震般的效应。人口的急剧增长意味着有一部分希腊人自己扬帆出海投身贸易，于是一张东到叙利亚、西至意大利的贸易大网便建立了起来。随之而来的财富流入带来了关于社会地位的新观念。在从前，地位带来财富。黑暗时代的希腊人遵循着一套所谓的"互惠机制"，意思是德高望重的人可以获得财产、货物和粮食的礼赠，剩余部分再放到更广泛的社群里重新分配。而如今，个体从社群以外获得财富。于是希腊人逐步走出古老的公社模式，转而开始积累个人财产。正是这些日益发展的经济与社会分层才为希腊城市国家（或称"城邦"）奠定了基础，而这种政治单位将最终酝酿出社会、文化和政治的诸多变革，包括我们今天所熟知的民主政府。

近些年来，有部分历史学家和考古学家认为，地中海地区至公元前 8 世纪就已有一个范围广阔、结构复杂的希腊贸易网络，并独立运作于腓尼基人之外。位于叙利亚奥龙特斯河（Orontes）河口的定居点阿尔·敏纳（Al Mina）充当着希腊早期贸易站点的作用，人们在那里发现了大量出自那个时期的希腊陶器。对于有些人而言，它为近东地区陶器和货物如何最终流落到希腊这一问题提供了令人满意得多的理由：是希腊人自己将它们带回来的，而不是腓尼基人。不仅如此，希腊人还在腓尼基人的"后院"里销售他们自己的商品。然而，我们应当对这种论调保持警惕。在阿尔·敏纳发现的当地陶器跟希腊的一样多，这就表示人口当中有大量的近东成分。非但如此，另有翔实的资料可证明，希腊货物在近东地区长久以来一直被视作异国风格的舶来品。与之类似的希腊陶器在诸如提尔这样的腓尼基城市里也被大量发现，而没有人会说它们是希腊人 94 的贸易殖民地。实际上，真相更有可能是腓尼基商人将希腊货物运送到了阿尔·敏纳。

腓尼基人控制着通向这些市场的途径，如若少了他们的善意合作，这个初创的希腊贸易网络是不可能蓬勃发展的。然而这还不是全部的理由。古希腊——说实话包括我们现代西方世界在内——其实都欠了腓尼基人一份情，这份馈赠甚至超出你最初的想象，而腓尼基人赐予希腊人最大的礼物便是他们的字母表。

在现代世界，我们将古希腊同经典不朽的文学和博大精深的学问联系在一起，略举几位实践者，其中就有柏拉图、亚里士多德、阿基米德与荷马。然而就在这些伟大的作家和思想家生前的几百年，希腊人甚至还不能读书写字，需要腓尼基人为其示范。希腊人甚至将他们的字母称作为"phoinikeia grammata"（即腓尼基字母）。不仅是希腊人因为被传授字母表之事对腓尼基人亏欠良多，就连希伯来语这门以色列语言兼圣经《旧约》的原文用语也是从腓尼基字母里直接衍生出来的。

希腊人接过了腓尼基字母表，并将其进一步发展，创造了五个新字母来代表元音。希腊字母不再拘泥于腓尼基字母的缩略文本式样，成为一种更具表现力的工具，它更善于捕捉说话时的韵律与节奏——既能朗诵浪漫诗歌，又可读清货物舱单。它被用来创造了一部气势恢宏、意义深远的著作，影响了希腊语世界的命运，那就是《伊利亚特》。

95

> 女神啊，请歌颂佩琉斯（Peleus）之子阿喀琉斯（Achilles）[1] 那致命的愤怒，
>
> 那一怒给亚该亚人（Achaians）带来无尽的苦难，
> 它将许多勇武战士的英魂带去了冥府，
> 使他们的尸体成为野狗与飞禽的肉食。
> 阿特柔斯（Atreus）之子、万民之王，
> 最初与神一般的阿喀琉斯争吵不休。
> 就从他们的分离开始放声歌唱吧，
> 就这样实现宙斯的旨意。

---

[1] 荷马史诗《伊利亚特》中的一位半神英雄，希腊联军第一勇士，在特洛伊战争中帮助希腊军队转败为胜。——译者注

没错，这几行开篇语［取自罗伯特·菲格尔斯（Robert Fagles）的精妙译本］① 正是属于《伊利亚特》这首战争交响曲的，那16000行六步格诗直接将你带到传说中3200年前的特洛伊城垣之下，一头扎进那"纷争与浩劫"的中心。全诗的首个词便是"menin"，意为"怒火"，而这正是《伊利亚特》以透彻的洞察力不懈探索的东西。愤怒的人们为荣誉、复仇和个人利益而战，也为胜利和生存而搏。野蛮的行径被赋予了"执照"，肾上腺素顿时亢奋起来，令人如痴如狂，大开杀戒。

> 阿喀琉斯抽出锋利的宝剑，一下刺在他颈部旁的锁骨上，双刃的宝剑整根插入他体内。随后对方朝前倒下，在地上伸直了躯体。黑色的血液从他身上流出，浸湿了地面。阿喀琉斯一把抓住此人的脚，将他甩到河里任其漂浮，并以胜利者的姿态说道："现在你跟鱼儿为伍吧。它们会在你的伤口上舔血，为你送上一出不太体面的葬礼。不会有母亲将你放上棺材架，她也不会为你恸哭……死亡会夺走你的一切，直到我们到达神圣的伊利奥斯城为止，你们特洛伊人一路疯狂飞奔，而我就紧随身后砍杀你们。"

96

"荷马"这个名字同这首诗的密切相关性是史无前例的，对

---

① 美国学者罗伯特·菲格尔斯教授将《伊利亚特》和《奥德赛》的古希腊原作翻译成英文，而以上段落则为本书译者根据其英文进行的翻译。——译者注

他本人的描述简直五花八门，说他是史诗的文本作者、曲作者、表演者或编辑。可他到底是一个人还是一群人？他是一位天才，一则传说，抑或一个诗社？有些人论证荷马其实是位女性，此"他"实为彼"她"；而另一些人则认为无论是男是女，荷马都并不存在。有七座不同的城市都宣称荷马是自己当地的子民，而荷马本人也被誉为文学界的柴郡猫①，来也无影去也无踪，始终未露出其庐山真面目。然而我们清楚的是，《伊利亚特》写于公元前 750 年至公元前 700 年之间的某个时期，而且还使用了希腊字母这项新技术。它尽管是希腊语，听起来却空前绝后地与众不同，是各种方言和词汇的混合体。不仅如此，《伊利亚特》同时也是武器技术、沙场战术和政治体制的大拼盘，从古至今各有涉猎。然而对于希腊受众来说，这部庞杂的史诗显然是言之有物的。超过 180 份不同的《伊利亚特》手稿遗存至今，数量是其姐妹篇《奥德赛》的两倍，这对于衡量一部作品的受欢迎程度和关联度而言是一把朴实而有效的标尺。

有一条理由可以解释《伊利亚特》对希腊人的向心作用，那就是该作品给予了希腊人一个概念性的框架来思考自身以及他们正在创造怎样的社会。且不提血腥杀戮与英勇搏斗，这部作品另外还提出了不少意味深长的问题，涉及社会的本质、权贵阶层的素质以及人民愿意接受的统治规则。"铜墙铁壁"的特洛伊，以及其"雄伟城门"、"宽阔街道"

97

---

① 英国作家路易斯·卡罗尔所著《爱丽丝梦游仙境》中的虚构角色，一只咧嘴而笑的猫，拥有凭空出现或消失的能力，其笑容甚至在消失后仍能在空中回荡。——译者注

和"精致高楼"，从诸多方面来看它都是希腊人向往的理想城邦。而赫克托（Hector），这位为特洛伊的存亡而牺牲的贵族战士则化作了文明的捍卫者和《伊利亚特》里面真正的英雄。赫克托的命运预示了他的城市的命运，可歌可泣、无比悲壮，却又带着某种难以名状的平静与安详。反倒是希腊人，虽是兵临城下的虎狼之师，却非但没有令旁人惶恐不安，就连自身也是内外交迫。他们争辩前来此地的理由和原因的正当性以及领袖们的动机。正是这一切，将政治与诗歌带入了《伊利亚特》。

根据传说，希腊人的营地就位于斯卡曼德河（Scamander River）河口附近，该河流经现代土耳其的西北部。黑船队停泊在海滩上，于周围匆匆安营扎寨。他们构筑壁垒，挖掘壕沟，于上方搭起一道道木墙。跟"铜墙铁壁"的特洛伊相比，这仅是一处临时将就的营地，犹如流浪汉的栖身之所。此外，这里也是大英雄阿喀琉斯在自己的帐篷里生闷气的地方；阿伽门农为了竭力维护其"至高无上的国王"的颜面，曾在此地耀武扬威，恐吓咆哮；诡计多端的奥德修斯、寡廉鲜耻的冒牌贵族以及将来的僭主们也在这个地方共同密谋过。也正是在此地，人们展开了一场大争论，提出一个将会困扰希腊人几个世纪而无从解答的难题。

这一刻来临了，希腊军队集结起来听取领袖的决定，那就是到底要不要放弃长期围城并打道回府。士兵们是来听从命令而非讨价还价的，然而他们中间有一位名叫忒耳西忒斯（Thersites）的人敢于直抒己见。他是一名普通士兵，持矛的小喽啰，最卑贱的步兵一员。荷马显然不喜欢这个人，将 98

121

他描述成驼背外加罗圈腿，并称其为"来特洛伊的人当中最丑陋的一个"。尽管忒耳西忒斯的一口牙残缺不全，但他"口齿伶俐，滔滔不绝"，就凭一张嘴来痛骂国王阿伽门农，并呼吁应立即撤回希腊。鉴于军队士气低落，此刻是这场持久战的关键所在。

正是奥德修斯制止了这一通以下犯上的咆哮。"汝乃何人，安与吾王论短长？"奥德修斯呵斥道，同时抄起权杖击打忒耳西忒斯。于是这暴动的一刻就算过去了，战争继续进行，而那句质问却久久萦绕："汝乃何人，安与吾王论短长？"荷马的听众们对这一问题会产生许多截然不同的答案，而不同的解答则将会改变他们的世界，并为我们的今天奠定基础。

风暴神巴尔抬高右臂的小铜像，出自叙利亚乌加里特 [拉斯沙姆拉（ Ras Shamra）]，年代为公元前 14 世纪至公元前 12 世纪。
（©RMN/ Franck Raux）

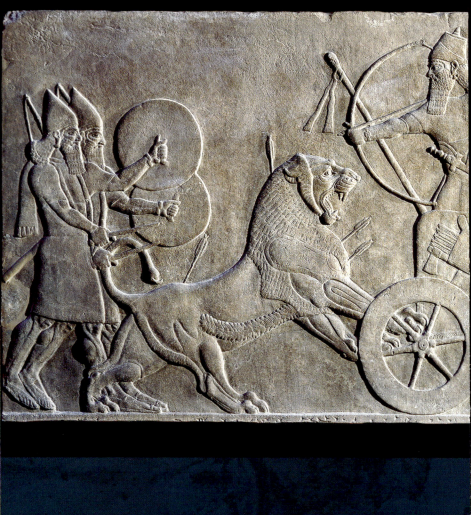

阿淑尔纳西尔帕二世王宫中的一幅猎狮场景作品，位于伊拉克的尼姆鲁德，年代约为公元前850年。对于亚述人而言，猎狮活动被视为国王的活动，象征了君王保护子民并为之而战的职责。

“乌加里特的烘烤室”，位于叙利亚乌加里特（拉斯沙姆拉）。
（*Chris O'Donnell 拍摄*）

迈锡尼的狮子门。迈锡尼要塞规模之大，
说明战争和暴力的威胁从来就未曾远去。
（*Tim Kirby* 拍摄）

一幅描绘某位女性（公元前13世纪）的迈锡尼壁画，保存之良好实属罕见。这幅壁画在一座与宗教有关的建筑里被人发现，该女子手持麦穗，脚的部位则是狮鹫的爪子。这些特征显示她是一名女神。由此可见米诺斯克里特在艺术风格方面的影响是十分显著的。（*Tim Kirby 拍摄*）

黏土烤制而成的盘卷蛇形作品（公元前1250年至公元前1180年）。这些"毒蛇"均是祭品，被发现于地下的"圣像室"（House of the Idols）之内。该地下室是神庙的一部分，位于迈锡尼卫城。"毒蛇"或许代表了另一条与米诺斯克里特联系的纽带，那里的人们崇拜某位女蛇神。（*Tim Kirby 拍摄*）

迈锡尼神庙中的黏土雕像祭品（公元前 1250 年至公元前 1180 年）。（*Tim Kirby 拍摄*）

比布鲁斯国王亚希兰（约公元前 1000 年）的石棺，其棺盖与边缘处刻有一则 38 字的铭文，此类对腓尼基字母的重要应用是现存最古老的一例。（*Chris O'Donnell 拍摄*）

镀金的青铜祭品，来自黎巴嫩比布鲁斯的"方尖碑神庙"
（Temple of Obelisks），年代为公元前 8 世纪或公元前 7 世纪。
（Philippe Maillard/ akg-images）

位于比布鲁斯的"方尖碑神庙",很可能是为了纪念比布鲁斯国母而建的,年代约为公元前 1600 年。(*Chris O'Donnell* 拍摄)

一尊罗马时代的雕像，刻画了埃及神灵贝斯（Bes）拽起一头猛狮的两条后腿。贝斯被誉为家庭保护神，尤其是为女眷和孩童驱魔。早在公元前 9 世纪，贝斯就已被引入腓尼基人的万神殿。（*Tim Kirby 拍摄*）

亚述建筑的雕带,描绘了西拿基立国王率军围攻犹太城市拉基士的情景。该城于公元前 701 年陷落,可怕的后果随即降临到城中百姓的头上。

亚述国王萨尔贡二世（统治时期为公元前 721 年至公元前 705 年）宫廷内的浮雕，位于赫沙巴德（伊拉克北部）。该作品展现了腓尼基水手在"河马船"（因其马头状的船首而被希腊人取了此名）上运输木材。亚述的历代国王们为了自己雄心勃勃的建造工程而需要大量的珍贵木材，而腓尼基人作为技巧精熟的船员和水手显然是负责其中物流方面工作的不二之选。

(Louvre/Giraudon/ The Bridgeman Art Library)

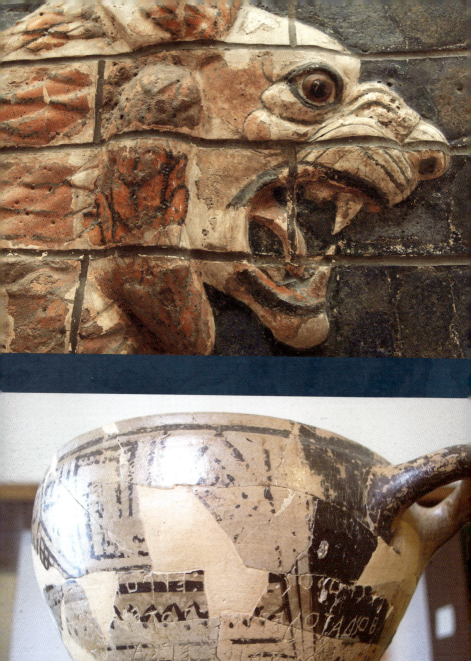

阔步猛狮的图案由彩釉模制砖建筑而成，属于划时代意义加工方式的一部分，此等工艺最终促成了著名的伊斯塔尔门，而该建筑由巴比伦国王尼布甲尼撒二世（Nebuchadnezzar II，约公元前 604 年至公元前 562 年）所建。（*Tim Kirby 拍摄*）

内斯特之杯。（*Tim Kirby 拍摄*）

摘录《伊利亚特》的莎草纸碎片（公元 2 世纪）。《伊利亚特》仍被世人认为是遗存史料当中的鼻祖文本。

(Courtesy of the Center for the Tebtunis Papyri, The Bancroft Library, University of California, Berkeley)

第三章

古希腊：
自由名义下的僭主政体

1 思想与刀锋：古希腊城邦的发展勃兴

给"文明"下定义并不总是那么容易，但［借用艺术史学家肯尼思·克拉克（Kenneth Clark）的话来说］只要看见它，应该就能辨认出它。在西方，我们将某些最强烈的视觉形象与文明联系在一起，而它们正来源于古希腊：将力与美展现得淋漓尽致的精美绝伦的人体雕像，比例完美的建筑以及合理有序的城市。而这些还仅仅是文化"冰山"所能看见的一角，其实它还包括诗歌、戏剧、哲学和科学。希腊人用一个词"Hellenikon"来概括这一切，意思是"希腊性"（Greekness）或"希腊文物"（the Greek thing）①。这个词被历史学家希罗多德首次使用，它囊括了古希腊人所共有的一切事物，譬如语言、宗教、习俗和血统。时至今日，理性、教养、人道和文明这些理念和价值观被我们视作身份认同的根本基石，而"希腊文物"则已然成为这些理念的

---

① 此处的"文物"并非指遗迹遗物，而是文明与器物之义，包括一个民族的物质和精神产物，比如中国古代"文物"二字就可指代礼乐制度。——译者注

简化代名词。但在这冷冰冰的大理石"皮肤"之下有着一股猛烈躁动的脉搏,它赋予"希腊文物"以力量与激情,以及猛然一击的能力。

公元前 370 年,在阿尔戈斯(Argos)你会见证"希腊性"暴力的一面。那一年,心存不满的贵族们意图发动政变推翻城内初生的民主制度,结果被揭穿了。于是民主派别的煽动家们抓住这一政治时机,用激昂的演说鼓动一群暴徒来反对城内最富裕的那些公民。其后,一段血雨腥风的统治时期便随之而来:莫须有的指控,草率的判决,财产被没收、人被处极刑。受害者被交到暴民的手中,在乱棍之下活活被打死。直到尸体数量达到至少 1200 具时,那些民主领袖方才开始改变主意,准备重新对待这群待宰的城市精英。然而,当他们设法削减审判和处刑的数量规模时,暴民却转而将矛头对准了他们,也将这些人用棍棒打死。最终,城市从这场自我酿成的暴力噩梦里苏醒了过来。尘埃已落定,尸体被清走,城市委任了一名时髦的当地雕塑家来制作"仁慈的宙斯"(Zeus the Merciful)雕像,以此来慰藉自己。这属于一种集体忏悔行为,或一种文化疗伤,如创可贴般盖在那条裂开的城市伤痕上。

阿尔戈斯大屠杀虽然臭名昭著,但这并非独有的现象——只不过又是一段令人遗憾的小插曲而已。希腊城邦之间的残酷战争以及各自的内战看起来似乎是一个永无休止的循环。德国哲学家弗里德里希·尼采或许偶尔有些疯癫,但他在关于希腊人的问题上的确颇有见地:

102

古代最富人道主义的族群却有着残忍野蛮的特质和虎狼般吞噬天地的欲望，这着实令我们心惊胆战……希腊的雕刻家们为什么非要一遍又一遍地为战争和搏斗塑像？又为什么非要无数次重复表现鼓胀的人体、因仇恨或骄横而紧绷的肌肉，以及扭动、重伤或奄奄一息的躯体？……恐怕我们无法以足够"希腊"的方式来充分理解这一切。如果我们能以希腊的方式来理解它们，说真的，我们应该会战栗发抖。

在古希腊的故事里，从城邦之间的战争演变到与波斯的战争及后续的自相残杀，其间令人战栗的地方与值得钦佩之处一样多。艺术、哲学、科学得到蓬勃发展，然而政治纠葛、社会动荡和无止境的战争也见鬼般地齐头并进，尽管拥有共同的"希腊文物"，但他们最终还是完全未能形成一个共有的政治认同，或许也正是因为他们均具备这些"希腊文物"才产生了这种局面。通过其令人叹为观止的伟大成就，以及暴力与废墟的各个瞬间，古希腊十分清晰地向我们展现了"文明"这个概念所包含的两个极端。希腊人自身也意识到了高尚理想与严酷现实的鸿沟。毕竟，正是古希腊哲学家亚里士多德（公元前384年至公元前322年）曾经明察秋毫地说过："德行完备时，人乃万物最优；然目无法纪时，则为天下最劣。"好也罢，坏也罢，此处为您呈现的便是"希腊文物"的故事。

上一次我们与希腊人邂逅时他们尚离家甚远，还是传说中驻扎在特洛伊城外的一支意欲报仇雪恨、洗劫敌城的军队。荷马的《伊利亚特》赋予特洛伊战争英雄气拔山河般

104　的豪迈与万代不朽的美名，留给后世希腊人无尽的回味，值得他们无比敬仰和向往。我们要想读懂这些有意识地活在英雄时代影子下的希腊人，就不得不离开特洛伊这个杀伐战场而前往皮奥夏（Boeotia），踏上希腊的本土大陆。那里的乡村田野较为世俗平凡，日常生活也几乎与英雄二字毫不沾边，而且古往今来皆是如此。然而皮奥夏的风景也有其诗意所在，不过与荷马笔下的那种风格大相径庭。

> 饥饿总是与懒汉相伴，神与人皆无暇顾及游手好闲之辈……财富显示卓越，带来赞誉。无论时运如何，劳作才是更好的选择。依照我的指示，收起你那妄图占有他人所有的鲁莽之心，将其用于手头的工作，关注自己的生活。

这几行诗句取自赫西俄德（Hesiod）的《工作与时日》（*Works and Days*）。赫西俄德是继英雄时代之后新一代"接地气"的希腊"桂冠诗人"，我们不清楚他具体生活的年代，有部分人甚至质疑他的存在，但多数学者相信的确有赫西俄德这么一个人，而且认为他在皮奥夏的阿斯科拉村（Askra）附近某处拥有一片小农场并在那里工作，其所属年代就紧跟荷马之后。

　　如此便可将赫西俄德定位在公元前 700 年之后的某个时期。青铜时代崩塌后，六个世纪以来的历史黑暗期走向终结，而希腊世界则开始渐渐浮出水面，焕发着点点微光。长时期的停滞之后，一切事物均变化很快。在黑暗时代，希腊

人退回到了部落体系，然而当更加客观的文明机制回归时，
这一部落体系便又瓦解了。以金工和字母表为重头戏的新生
科技加速了这些文明进程。无论是否愿意，希腊人都已经与
铁器时代的"现代社会"重新连接起来了。

在赫西俄德的最著名诗篇《工作与时日》里，你能获
得在剧变时代里保守农户的真实呼声，他们忧郁沮丧，怨声
载道。农户们的理想幻灭了，于是质疑一切变革，谴责那些
似乎已经离经叛道的领袖们。

> 如今确实是铁器的民族了……他们的拳头即代表了
> 正义，这些家伙祸害他人的城市，完全不尊重虔诚者、
> 体面者和良善者，却对奸恶之徒刮目相看。

为了让自己的中心思想更加清楚，赫西俄德讲了一则夜
莺在鹰爪下挣扎的寓言。"傻鸟儿，你为何要大声呻吟？"
老鹰问道，"远胜于你的强者将你握于掌心，我带你去哪儿
你就得去哪儿。"不过赫西俄德也确实犹如《旧约》里的一
位先知那样大声疾呼过，他厉声斥责铁器时代这个新时代的
腐朽，并威胁说神灵的惩罚要降临。

> 不管在何处，只要商人施以回扣，错误的裁决就会
> 产生，正义女神就被拖下了水，每当此时便民怨沸
> 腾……不过对于那些一叶障目、只知凶蛮与恶行的人而
> 言，克洛诺斯（Cronos）之子、目光远大的宙斯，将会
> 送来上天的惩罚。

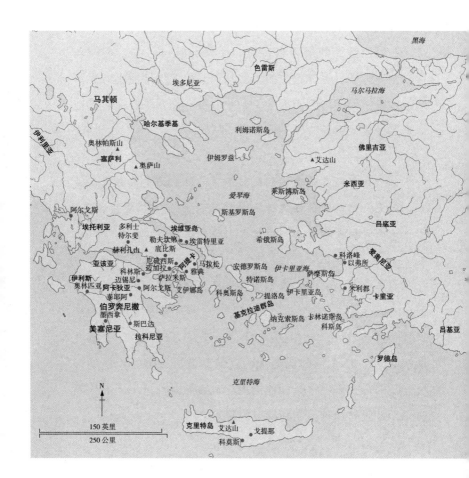

黑海

色雷斯

埃多尼亚

马其顿

哈尔基季基

马尔马拉海

奥林帕斯山

塞萨利

奥萨山

利姆诺斯岛

伊姆罗兹

佛里吉亚

艾达山

米西亚

爱琴海

莱斯博斯岛

斯基罗斯岛

伊利里亚

阿尔戈斯

埃托利亚

多利士

特尔斐

勒夫坎第

埃雷特里亚

埃维亚岛

希俄斯岛

吕底亚

科洛峰

以弗所

爱奥尼亚

赫利孔山

亚该亚

底比斯

马拉松

科林斯

厄硫西斯

迈加拉

雅典

安德罗斯岛

特诺斯岛

伊卡里亚海

萨摩斯岛

米利都

卡里亚

伊利斯

迈锡尼

萨拉米斯

科奥斯岛

阿尔戈斯

艾伊娜岛

提洛岛

伊卡里亚岛

奥林匹亚

阿卡狄亚

科斯岛

泰耶阿

墨西拿

基克拉迪群岛

纳克索斯岛

吉林诺斯岛

伯罗奔尼撒

斯巴达

美塞尼亚

拉科尼亚

吕基亚

罗德岛

克里特海

N

150 英里

250 公里

克里特岛

艾达山

戈提那

科莫斯

古希腊

1 思想与刀锋：古希腊城邦的发展勃兴

精英特权与古有权利之间的争斗将成为一项政治主题，
同时也是诗歌的常规题材，犹如"hoi oligoi"（少数人）和
"hoi polloi"（多数人）搏斗的战场。不过这场战争发生的
地点并非阿斯科拉那样的穷乡僻壤，而是在城邦里，即所谓
的"城市国家"里。在该核心区的周围地带，新的希腊正
在逐渐形成。

当散落各地的部落放弃各自为政并确认单一地点为政治
中心时，古希腊的"城市国家"便应运而生了。它们逐渐
出现于史称的"希腊古风时期"（Archaic Period）——时间
跨度从黑暗时代的终结（公元前 12 世纪）到公元前 5 世纪
早期的波斯战争。一个城邦的形成通常是由一位强力的领袖
开创的，他以个人魅力与实力消灭敌对的权力中心，并将其
转型为"城市国家"的政治中心。［雅典后来宣布忒修斯
（Theseus）为其创始国王，并发动了一场战争索要其遗骨并
送回至"家乡"。］这些新的政治中心之所以能够崭露头角，
往往正是得益于其极为有利的战略位置，比如几条贸易线路
上的狭窄关隘处，或某座石头山上防御坚固的城堡，守护着
同时又控制着山脚下的诸多小镇。而最为关键的一点是，政
治中心兼城市中心就嵌于四周的田地里，百姓们既是街道上
的公民，又是田野里的农夫。

城邦大小各有不同，大有如雅典、斯巴达、阿尔戈斯或
科林斯，拥有最多达 10000 人的群体规模以及相应的土地；
小有如贝尔比纳（Belbina），一个领土仅 8 平方公里的弹丸
小岛。平均水准的城邦有大约 1000 人，100 平方米土地。
所以说这些都是狭小而局促的地方，人们相互认识，低头不

见抬头见，鲜有什么私密可言。哪怕是最庞大、最高级的城邦也仍镌刻着小村庄的固有本性，比如对外来者的强烈偏见、浓重的面子文化、常演常新的宗族矛盾与世仇，以及一段经久不衰的集体记忆。阿尔克迈翁（Alcmaeonidae）家族作为雅典的大贵族之一，因为一场由其先人犯下的冒渎谋杀而"赚得"了"千夫所指"的外号。人们是永远不会忘却这样的恶名污点的，几个世纪以后，但凡危机来临之际，那笔旧账便又会被人翻出来，于是宗族成员就会遭到猜忌、敌视，甚至受到惩罚。

城市同样也背上了名誉的包袱并难以摆脱。意大利南部的一座希腊殖民地锡巴里斯（Sybaris）以其文雅与奢华而臭名远扬，据说他们训练战马跳着舞步进入战场。而斯巴达当然是迥然相异的，他们的作风极端严谨，对待错误十分严肃。可是斯巴达人的名声也不好，因为他们自以为是、女性放纵不检点，还蔑视那些畏缩在防御性城墙之后的对手城市。在所有恶名当中最难消去的是"Mediser"，它犹如挂在脖颈上的标签一样，专属于那些被指控与波斯帝国眉来眼去的城邦，其中最为恶名昭彰的便是阿尔戈斯和底比斯。这个标签是对"希腊文物"的终极侵犯，凡是有人迫切要对这些城邦开战的话，常常会祭出这面惯用的万能大旗。

109　　城邦内的氛围始终热情高涨，这里不仅仅是你前来买卖商品、做生意的地方，它还能让你学着做一名政治家、一个城邦生物和政治动物。你的城邦当然能够在艰难困苦之时为你提供庇护并充当集贸中心，然而城邦的意义要比这更为深远：它是某个你心有所属、给你自我认同的地方。事实上，根据亚里士多德的说法，城邦让你成为完整的人，"离群索居者不是野兽，便是神灵"。人们对城邦的爱是如此浓烈，有时候被描述为"himeros"，意为"性欲"。雅典领袖伯里克利（Pericles）葬礼上的著名演说不亚于一份献给雅典的甜蜜情书。"请日复一日地欣赏她吧，"他告诉公民同胞们，"直到对她的爱填满了你的心房为止。"

与爱相伴的便是恨。在希腊人认识世界的方式里，对立的概念处于中心地位。定义任何事物的最佳方法就是说出它的反面：冷是热的反面，黑暗是光明的反面，和平是战争的反面，雅典是斯巴达的反面。这种非黑即白、非此即彼的世界观带来一种对事物具有极度清晰性的态度，成为哲学与科学进程的基础，给希腊语世界造成了翻天覆地的革命性变化。然而这也赋予了政治嘈杂喧闹与恶意满满的开端：我们和他们，好人与坏人。受强烈的对立情绪煽动，希腊城邦并非井然有序的理性乌托邦。它们更像是实验室里被灌满燃料的一根根试管，随时都有爆炸的危险。然而，虽说国家这一政治实体可能是不稳定的混合物，但"希腊文物"的伟大天赋就在于它常常能够成功地控制住各种"爆炸"，甚至还能利用由此生成出的强劲活力。 110

在赫西俄德所著伟大诗篇《工作与时日》的最开头部分，他讲述了一个颇具启发性的寓言。故事关于女神厄里斯（Eris）或称"不和女神"（Strife），以及她与人类的纷繁纠葛。作为"司夜女神"的女儿、"义愤女神"与"忧郁女神"的姐妹，你休想听到太多赞成她的论调。然而赫西俄德告诉我们，人类中间其实有两位"不和女神"在活动，一位鼓励战斗与冲突，本质上说是具有破坏性的，而另一位则主张其对立面，即那种"对人类有益的'不和'"。

> 当劳动成果欠佳者看待其他人时，
> 当他看待勤于耕作的富人时，
> 邻里之间就产生了竞争，他也会去加紧致富。
> 这种"不和"对凡人来说是有益的。
> 陶工对陶工不满，木匠引木匠不悦，
> 乞丐嫉妒乞丐，伶人轻蔑伶人。

社会内的竞争能够充当一股活力，而这一观念将我们引领至"希腊文物"核心内最为激进的主张之一：个体是举足轻重的。此处所说的个体不仅指有钱有势者，哪怕是陶工、木匠和伶人也一样，甚至连乞丐也可算是一号人物——在同行乞丐的眼里。

111　　在古代世界史中，我们难以确定"个体"所处的地位。就目前为止，史料焦点几乎都投射在高层和强者的身上。我们往往用一种惯常的方式来看待他们，一连串国王脸谱图延续数个世纪，他们个个都是伟大的天下霸主，直到有一天被另一个更厉害的强者征服。然而，铁器时代的希腊令人惊讶之处在于，它从一开始就明显含有强大的个体话语权。好大喜功的荷马与满腹怨言的赫西俄德很快就迎来了其他人的加入，而他们也同样独具特色、不同凡响。所有人都大声疾呼着，他们都要以自己的方式被世人听见，于是便形成了一曲由个体糅合起来的杂乱音调。睿智而世故的阿基洛科斯

（Archilocus，公元前 7 世纪的雇佣兵和首批抒情诗人之一）曾经说过，"宁可扔掉你的盾牌，也不要轻易舍弃性命，因为盾牌没了还能复来"[1]。着了魔的莎孚（Sappho）[2] 渴望将自己的脑袋枕在多位女朋友的胸脯上休憩。贵族弥涅墨斯（Mimnermus）颇具讽刺精神，他生动形象地哀叹那令人厌嫌的老年生涯即将开始了。这些声音当中有一部分或许只是诗意般的人物角色——虚构的形象，然而即便如此，他们也必然是一种文化的产物，而这种文化相当珍视一个人锋芒毕露的鲜明个性。你也能从视觉艺术作品里看到某些类似的东西，比如希腊雕塑。初始之时雕塑作品严格遵循埃及艺术的保守框架，但不久后便发展出了自己的兴趣所在，渐渐探索起理想个体的骨骼、肌肉和筋腱的细节。

就如同希腊人将自身定位成有别于来自非希腊"蛮夷"世界的人一样，每一个城邦在希腊语世界里也坚守着自己的独特身份。不仅如此，在城邦之内有些人还颇有办法和手段，他们花金钱投精力设法将自己同市民同胞们区分开来，而西方文化当中的个人主义狂热正是发源于此。不同于青铜时代陡峭的金字塔阶层形态，铁器时代希腊的社会结构更为扁平单薄。换句话说，社会顶层拥有不少空间可以给予像诗人西蒙尼德斯（Simonides）所说的那些"世代的有钱人"。

112

---

① 在古希腊文化中，盾牌象征荣誉，丢弃盾牌被视作一件极其严重的"罪行"，因而这位诗人才会有此等"离经叛道"的语句。——译者注

② 古希腊女诗人，生于莱斯博斯岛（Lesbos），是一名女同性恋者。在今天，对于很多人来说莎孚就是女同性恋的象征，"Lesbian"一词即暗示了关于她的典故。——译者注

到了公元前 8 世纪，差不多所有的希腊城邦都已废黜了国王这一古代世界政治领袖的默认标配。曾经由一人掌控的威望和权力被精英们瓜分，此即"寡头政治"。寡头政治（字面意思为"由少数人统治"）将"国王"的职责分解成各个部分，如战争、司法、宗教等，从而创造出一系列公共部门职位，容那些雄心勃勃的贵族去填补。工作任期常常被赋予时间限制，由此便将"轮流任职"（Buggins's turn）这一神圣原则引入到政治中来。"今年我执政，明年轮到你。"如此这般分享战利品着实是一种相当高明的政治手腕，它鼓励精英成员携手对付共同的敌人——城邦里的民众、老百姓、愤愤不平的"赫西俄德们"。那些人随时准备要挑战贵族所宣称的"最优者王之"这一主张。

因为城邦人口规模不大，贫富差距也相对较小，所以阶级之间的争斗是一种"无效的平衡"。共同利益需要集体合作，而社会精英们往往有自行其是的本能，所有城邦都不得不跨越两者之间这条艰难的鸿沟。欧诺弥亚（Eunomia），即"法治下的秩序"，被认为是最优的。不过人们也觉得"法治下的秩序"必须依靠"dikte"，即"公正"才行。当人们遥想那个在部落社会发源并流行的"自然正义"之时，他们也许对社会分工及其奖励回报方面存在一种期盼，希望城邦内可以对此进行公平公正的分配。无须赘言，这只适用于拥有完全公民资格的男性，而外国人、奴隶、女人是被排除在外的。所以说贵族们受到来自下层百姓的持续压力，必须履行那些由一份简单明了的社会契约所提出的条件——只有让下层人民感到自己获得了公平的对待，他们才会甘愿接受统治。当下层民众感觉自己被人占了便宜，那么他们显然懂得如何让自己的呼声被世人听到。贵族弥涅墨斯时常抱怨下层社会对上层精英"冷酷无情的指责"。

上流社会仍然记得那些在阿尔戈斯被暴民乱棍打死的贵族下场，因而团结一致显然是合乎情理的策略。寡头们倘若不结成一体，便会被百姓们各个击破。然而还有暗潮汹涌的压力使这种同盟不堪重负，在阶层的"玻璃天花板"上制造了裂痕，最终让下层人士奋力打拼进了权力的内圈。你可以说这些问题均始于一个理念，它可拟人化为阿瑞忒（Arete）女神，或称"卓越女神"。在位于以弗所（Ephesus）的希腊风格图书馆的外墙立面上，阿瑞忒女神看上去更像一位恬静端庄的主妇，然而在古风时期的希腊，人们对卓越的追求则是一桩充满活力的事。所有的希腊男性，尤其是贵族男子，似乎个个被阿喀琉斯的鬼魂长期附体，即那位英勇无敌的伊利亚特战士。阿喀琉斯教了希腊人一课，据说他自己是坐在父亲的膝盖上学到的："任何事都要始终争抢第一，超越他人。荣誉是不能共享的。"

阿喀琉斯所倡导的主义属于四年一度奥林匹亚运动的核心范畴。在那里举行的活动绝无丝毫嬉戏打闹的成分，奥林匹亚是一处圣地，运动比赛都是为了纪念宙斯而举办的，它既是精神的考验又是体格的比拼。庆祝活动共五天，其中两天被拿出来用于宗教仪式，但活动的焦点仍是由竞技运动产生的。正是由于这些比赛，一份泛希腊地区的停战协议公布于众，好让希腊语世界之内各地的男性都能前来，并从中挑选出最棒的。

114

第一届奥林匹克运动会于公元前 776 年举行，首个项目是 200 米短跑，而其他项目则在随后的 1000 年里被陆续地添加进去，比如更多的跑步竞赛、拳击和摔跤、跳远和投掷竞技、骑马和战车竞赛。不过这些竞技项目的本质都在于，用点到点的狂奔来决定谁是"最强者"。对于希腊人来说，这里并没有"无关输赢，重在参与"这类表彰精神可嘉的废话，取胜才是一切。胜利是以奥林匹亚的橄榄枝作为象征的，回家后可以用它换来更多实实在在的好处。胜利的荣誉带来物质奖励和政治权力。然而对于失败者来说，比赛并无银牌或铜牌，他们所能盼来的只有嘲笑和羞辱。诗人品达（Pindar）形容他们鬼鬼祟祟地潜逃回家，被母亲和女友唾弃，"在偏僻小路里潜伏，希望躲开他们的敌人，并因自己的不幸而痛苦不堪"。

失败的风险是相当巨大的，因为竞技活动向所有前来者开放，只要是希腊男性就行。据说第一届奥林匹克运动会赛跑项目的获胜者是克洛依波斯（Koroibos），他地位低微，是一个来自伊利斯（Elis）的做面包的工人。所以说失败就不仅仅是输掉赛跑而已了，假如你是一名贵族，那么就同时有颜面扫地的风险，你可能会败给某个从穷乡僻壤来的暴发户。然而希腊人甘愿冒一冒这丢人现眼的灾难性风险，为的是可以有机会让其他人尝尝这滋味。鉴于比赛风险如此之高，有些运动员想要作弊也就不足为奇了，而其中行贿和赛跑作弊则属于比较常见的。被揭发者会遭到罚款，而这笔钱则用于制作宙斯铜像，铜像被排列在通往体育场的道路两旁。铜像点出失信者的名字并予以羞辱，以此警告他人要遵守规则。可是铜像底座的数量告诉我们，这条信息往往并不总能传达到位。

无论通过何种方式取得的胜利都会令胜利者感到十分甜蜜，而且通常还能带来炫耀的资本。例如，在奥林匹亚博物馆里陈列着一块 150 公斤的砂岩，上面刻有铭文："比波（Bybon），弗洛斯（Pholos）之子，他用单手将我抛过了头顶。"奥林匹亚的神庙里摆满了体现竞技力量、技术和勇气的纪念品，它们是用来向诸神致敬的，也同时献给比波的不朽威名和余下的弱者傻瓜蛋们。不过神庙里同时还挂有军事装备，如头盔、铠甲、盾牌和长矛，从迹象上看，其中有不少分明仍可使用。在荷马时代有色眼镜的影响下，希腊人显然看得出赛场威猛与战场骁勇之间的直接关系。可是在实际操作中，它们却是两种非常不同的事物。希腊运动员以个人为单位参加竞技，尽管如果凯旋的话也能期待一场英雄式的欢迎，但他们终究不代表城邦，而且这比赛活动也并没有集体项目。每个人都为了他自己而比拼，正如阿喀琉斯当年心里想的一样。

然而如若谈到战争的话，希腊人其实早已远离了阿喀琉斯那种个人英雄主义。科林斯和阿尔戈斯城邦在公元前 7 世纪率先倡导一种全新的而且非常有效的军事技术，并将它很快传遍了整个希腊地区。重装步兵是这套技术的基础，他们是平民军人，从城邦的市民人口中来，而不是雇佣军或专业的常备军（城邦财力有限，承担不起这两者）。重装步兵列队形成密集阵型，被称为步兵方阵。他们将圆形盾牌重叠起来，保护的是身侧队友而非自己。一个方阵致力于相互之间

116

的协同保护，用精心编排的战术动作以一个整体小心翼翼地向前迈进，每一名步兵都是强大战斗机器里的一个微小却又关键的组成部分。当两个方阵短兵相接时，《伊利亚特》所描绘的一对一的英雄般格斗就丧失了施展空间。没有人能够破坏队形，战线必须坚守住。这种推来搡去的搏斗丝毫没有英雄色彩可言，它粗暴野蛮，是一种集体群殴，参与者无法留名，犹如持刀带矛的橄榄球扭打。由此可见，虽然希腊人或许也有过天马行空的想象，憧憬着阿喀琉斯那样的人物，可是当他们在方阵中紧贴战友身旁喘着大气、挥汗如雨时，他们的双脚仍然牢牢地扎根在尘土飞扬的战场上。重装步兵的战争方式将一个城邦的武装力量最大化了，在公元前490年那场马拉松战役中，雅典部署了9000名重装步兵——几乎是当时城市人口的三分之一。

在希腊城邦的故事里，战争是不可回避的事实。柏拉图生活在几十年毁灭性城邦战争结束之后，他曾坦率地写道："和平充其量也仅是一个名头而已，每个城邦国家都受自然规律的摆布，与其他任何一个城邦都打过仗。"传说第一场城邦大战发生于埃维亚岛的利兰丁平原（Lelantine Plain），时间在公元前8世纪晚期或公元前7世纪早期的某个时候。那块地方当时就跟现在一样，是广阔而富饶的平坦耕地。在这片山脊陡峭、峡谷窄深的土地上，要找这样一块略能施展的土地实属不易。谁若是占有了它，谁就能确保独裁，并可"自给自足"。自远古以来，这片平原的富饶物产分别由卡尔基斯（Chalcis）和埃雷特里亚（Eretria）这些城市共享。然而到了公元前7世纪的某个时点，当城邦人口增长膨胀时，这种互相谅解就失灵了。卡尔基斯和埃雷特里亚开始走向了战争，但它们没有完全忘记从前的友谊。于是双方事先签署一份协议，规定都不许投掷物品，不能使用弹弓或箭矢。在前古典时代的希腊，战争是一件让人饶有兴趣的文明活动，它具有周期性，而且仪式化。对抗的时间是经由选择的，要看什么时候庄稼收割完毕。不仅如此，双方还有许多交战规则好使伤亡最小化。曾有一位学者甚至将这种战争跟对立村落间的板球比赛相提并论，这么说或许略有夸张，却也捕捉到了某种似乎一贯盛行的"君子之战"气氛。这一切与几个世纪以后降临的战争当然是截然相反的，根据历史学家修昔底德（Thucydides）① 的说法，后来的希腊人"面对对方时会变得如同野兽一般"。为城邦而战是一种特权而非义务，不过重装步兵战术的引入却使得可能参与的人数比以往更多了。一根长矛、一顶头盔、些许护甲，以及最关键的用以保护身旁战友的盾牌，如果你能把这几样东西凑齐带到战场上来的话，那么你就有资格参加一场硬仗。

"重装步兵革命"这个称呼顾名思义，它不只关乎军事战术，同时还带来了深远的政治变革，因为就像亚里士多德后来评论的那样："唯战者执权柄。"越来越多的普通市民在方阵中找到了自己的位置，他们与富裕人家肩并肩、盾牌挨盾牌地站着，当战场的长笛每每吹响时，城邦内权力分配的不公便受到质疑。

118

---

① 古希腊最著名的历史学家之一，《伯罗奔尼撒战争史》的作者，被誉为"历史科学"之父。——译者注

2 斯巴达和雅典：僵化的欧诺弥亚与城邦的抚民之术

　　鉴于持续存在的外部战争威胁和城邦内战的危险，难怪到了公元前 7 世纪末期各个城邦均提出一个关键议题：我们应被如何管理才最优？希腊人终究是希腊人，他们永远不可能达成共识。不过那些希腊人确实给出了许多试运行的方案，其中不少政治理念仍被我们沿用至今：极权主义、集体主义、僭主专制、寡头政治、民主政治——所有这一切都在那一根根城邦的"试管"里被试验了出来。希腊人似乎有意考虑任何体制，只要能实现欧诺弥亚与世外桃源的福祉就行，即"良好秩序和自给自足"。希腊人接受任何制度，唯独除了君主制。纵观整个希腊世界，王家朝廷已经过时了。国王属于历史的遗留物，或者说是给蛮族用的。然而这里有一个例外：在希腊的主体大陆上，在伯罗奔尼撒的中心地带，有一个城邦不仅拥有国王，而且还设立了两个——这还仅仅是开始，因为斯巴达是这间实验室里最为异类的一根"试管"。

2 斯巴达和雅典：僵化的欧诺弥亚与城邦的抚民之术

斯巴达是一个如镜面般完全相反的世界，你所能够预想到的一切城邦元素在这个地方一概没有。斯巴达不设单一的¹²⁰政治中心，也不建造城墙，同时缺乏值得一提的公共建筑。成文法、货币、金钱统统不存在，而且也并无一套明显华而不实的体制结构。斯巴达拥有两个王家朝廷，他们既互相依存，又互为牵制。斯巴达还设置了元老院，其成员全部超过60岁。此外还有一个公民大会，人们可以去参与投票但很少发生辩论。每年选出五位监察官，这些人你争我夺，抢着要把持这架摇晃的政治机器。斯巴达这种制度有一部分激进民主的成分，而同时又有一部分保守专制的存留，亚里士多德称之为"混合式体制"。如此看来，"混淆不清"这个词确实比较精准。斯巴达复杂的体制设计是用来挑战政治引力法则的，目标是创造并维持一个稳定的社会，而它的基础便是所有男性公民绝对地平等，即"homoioi"，或称"平等主义"。这一理念通过严格的行为准则而得以加强，它压制一切钱财与地位的外露展示，小到衣食，大到住房。这个国度将不会有"我们与他们"这个概念来威胁极权主义乌托邦的团结。在此地，凡是没有被禁止的东西，就理所当然是必须的。

这一切极端的社会工程有一条理由能够予以解释：斯巴达人相信他们已经在欧罗塔斯河（Eurotas）河谷里完成了"良好秩序与自给自足"这两项孪生目标，并准备竭尽所能地保住它们——正如他们的邻居吃了亏才长了智。斯巴达的崛起是以美塞尼亚（Messenia）为代价的，美塞尼亚的领土位于斯巴达以西60公里处，在塔格托斯山（Taygetos）的另一侧。公元前 8 世纪的某个时候，斯巴达重装步兵挥军西征，开启了一场针对邻国的战争，其过程可谓旷日持久、艰苦卓绝。他们共花费了 20 年时间，最终打败了美塞尼亚人，并将他们全部降格为"希洛人"（helots）①，即封建奴隶。

121

斯巴达社会的剧烈重构使它从一个普通城邦转变成全日制的军事训练营，在这里，个人的需求让位于集体的利益。传奇的立法者吕库古（Lycurgus）据说领导了一场在公元前 8 世纪早期酝酿起来的斯巴达文化革命，那场变革原则上聚焦于极端的平等主义、异常残酷的修行，以及如痴如狂的体格训练。斯巴达人时刻准备着竭尽一切所能保卫他们的乌托邦，无论让自己或自己的希洛奴隶付出何等代价。希洛人服侍斯巴达人，为其充当奴仆、持盾侍从、陶工、厨子、农业劳动力和生育机器。他们将粮食收成的一半交出来给那些军事精英，而对方的主要任务却是压制他们，迫使他们继续服从。希洛奴隶没有人权，被迫戴着狗皮帽，披着动物皮，担当被人嘲笑的对象。对于斯巴达诗人提尔泰奥斯（Tyrtaeus）来说，希洛人是"驮着沉重包裹的驴子"。斯巴达每年都会向这些"驴子"开战，不负责任地肆意屠杀。受训的新兵们发动针对希洛人的恐怖袭击，于夜间潜入他们的领地搞暗杀突袭，简直相当于古代版的"瓮中捉鳖"。

不过斯巴达人对待自己也相当严酷。他们在出生时就贯彻优生学，那些被认为体弱的男婴会被杀死。幸存的人则从

① 斯巴达农奴，又译"黑劳士"。——译者注

7 岁开始就被送到"阿高盖"（agoge）——空前绝后、登峰造极的少年训练营。孩子们在那里要开启一段长达 13 年的野蛮训练，为他们将来以全职战士作为终身职业做准备。在斯巴达没有亦农亦兵的人，斯巴达的步兵方阵里没有兼职的战士。战斗，是斯巴达人生死的主题。斯巴达的男性扎堆训练、并肩战斗、闲时朝夕相处，同性恋是义不容辞的任务，而斯巴达的女人们则可以自由享受在古代世界前所未闻的经济、教育和性生活的自由，这在现今世界的很多地方也从未听说。当斯巴达的男人和女人相聚到一起繁衍后代时，彼此之间的陌生感据说是靠一套离奇的婚姻仪式来加以缓解的，这些仪式活动让整整一个团队的性治疗师们一辈子有活可干。

希腊世界的旁人以一种杂糅了惊骇与着迷的复杂心情来看待这一切，不过他们倒也接受斯巴达所坚持的主张，即这种特殊的生活方式其实是"自古以来的传统"。事实上，这种在欧罗塔斯河谷里实行的"美好旧时代"自有其魅力所在，不少非斯巴达人对它如痴如醉，不过他们始终对希腊人奴役希腊人的理念怀有些许的不悦，因为此等命运通常是给蛮夷预备的。尽管斯巴达有顽固守旧的名声，但它并不比别的城邦更稳定。虽有遵古法护王道的名义，但斯巴达人从事着古代世界有史以来最为激进的政治实验之一。斯巴达人虽拥有"保持事物的一贯模样"的强烈欲望，但常常不得不胡乱修补它的传统。在人力短缺时期，斯巴达被迫允许不同等级的战士进入"平等"的行列，他们是"mothakes"，即父亲是斯巴达人而母亲是希洛奴隶的后代，还有

"neodamodais" 或称 "新人"，即那些已经通过长期服役而获得公民资格的希洛奴隶。可是即便在绝对平等的国度里，有些人还是比其他人 "更平等"。① 这些实用主义的调整举措清楚地说明斯巴达跟其他所有人一样，也在挣扎着向一个文明的真理妥协，这一真理是基本的却又未最后落定成形，不论它的外在形式如何。希腊哲学家赫拉克利特（Heraclitus）首次将其明确地表达了出来，他的教诲可以总结为两个词——"panta rhei"，即 "万物皆变"。换句话说，即使是最守旧的社会也 "不可能两次踏进同一条河流"②。

在雅典，变幻的河水正如它在斯巴达那样汹涌澎湃，不过此地的人们倒更愿意顺应时代的潮流。如同多数城邦一样，雅典很早就已摆脱了世袭国王，用寡头政治取代了君主制，由此一切便开始变得复杂了起来。希腊尽管确实有遏制炫耀财富的规定，但它们跟斯巴达的规定不可同日而语，况且很快就失效了。希腊城邦从黑暗时代里渐渐浮出水面，通过殖民和贸易的手段，开始重新与古代世界的其他地区连接起来。此时富人就不可避免地越来越富。在雅典和其他地方，企业的资金由私人财产提供而非出自公共财政的口袋，于是利润也据此做出相应的分配。"富者愈富" 的古法开始猛烈地发挥作用。

---

① 此处借鉴了乔治·奥威尔所著《动物农庄》里的一句话，"所有动物生来平等，但有些动物比其他动物更平等"。此话意为即便在打着绝对平等旗号的社会里也总有一小部分人比绝大多数人享有更多的政治和经济权益。——译者注
② 古希腊哲学家赫拉克利特的名言。——译者注

2 斯巴达和雅典：僵化的欧诺弥亚与城邦的抚民之术

在雅典，当穷人愈穷时，许多人被迫把自己连同家庭成员卖为奴隶，以此来偿还他们的债务。临近公元前 7 世纪尾声的时候，雅典的穷人险些沦为富人的"希洛奴隶"。在斯巴达，不平等的失稳效应一直以来被吕库古的社会革命所缓解中和。而在雅典，统治阶级选择了一条渐进改革的道路。有一位名叫梭伦（Solon）的政客，其生卒年代从公元前 638 年至公元前 558 年，在审慎持重的贵族改革者当中，此人是先驱。改革者们将自己拥有的特权、利益保护及各种权利一点一点缓慢地让给普通大众。在接下来的 200 年里，零敲碎打的改革最终会导致民主形式在雅典的确立。在梭伦担任执政官或称最高行政官的统治时期，债务型奴役被废除了，而且城市的阶层体系得到了彻底改善。在等级制度中，财富取代出身成为阶级地位和社群内话语权的决定性因素。梭伦既是诗人又是立法者，他以英雄般的口吻描述他自己的这一处于富人和穷人之间的无人地带的吃力不讨好的角色：

> 我做好准备，要用强大的盾牌保护双方，不许任何一方赢得不光彩。

在我们讲述的雅典故事里，像梭伦这样的改革家必然是一群良善之人，他们是目光远大的理想主义者，为信仰和原则而斗争，为民主的最终胜利铺平道路。不过当然了，事实肯定要比这几句话更加复杂。梭伦的改革确实属于"民主第一"的理想主义，但它也同样是统治阶级自身恐惧的产物。安抚大众的做法能够把内战这一沉睡中的恶魔消解于无形。对于

精英分子来说，其中的诀窍便是花费尽可能低廉的成本来
"购买"稳定，同时尽可能多地保留住真正的权力，用花边
新闻来喂给民主这头野兽，而不要被它吞噬掉。

　　然而在古希腊的政治丛林中还有其他动物在潜行徘徊，
它们的影响力也同样重大深远，丝毫不逊于那些改革家。在
今天实行民主的西方，我们看待他们的眼光并不算友善，但
在这段故事中，古希腊僭主们的分量却跟改革家们一样重
要。在如今帕特农神庙（Parthenon）的位置上曾经屹立着
另一座帕特农神庙，而且它跟我们现在所熟知的神庙在造型
上丝毫无差。首座帕特农神庙由庇西特拉图（Peisistratos）
所建，此人是古典时代早期雅典（公元前 6 世纪晚期）最
有意思的人物之一。庇西特拉图是一名僭主——该词在希腊
语里指代那些运用非法手段夺取政权的统治者，他们通过取
悦民众而非精英的方法来维护自己的权力。庇西特拉图在这
两点上皆罪名成立，然而正是在他统治的 20 年里（公元前
546 年至公元前 527 年），雅典首次晋升为古希腊居于统治
地位的城邦之一。

　　庇西特拉图显然是人见人爱的，尽管这类人在政治上跟
梭伦相差十万八千里，但严肃的执法者显然犹如老辈惜小辈
那样喜爱着他。普鲁塔克（Plutarch）后来在谈及庇西特拉
图时这样说道："他十分善于不懂装懂、不会装会，以至于
人们将许多本事算在他的名下，而非真实的拥有者。"而亚
里士多德则称他是一位"极端的民主主义者"。不过在我看
来，庇西特拉图听上去更像冒险家、投机客。我们已经听说
过许多希腊人想象的关于阿喀琉斯的英勇故事了，然而只有

126

大英雄奥德修斯的例子才真正包含了当时政治领域的唇枪舌剑。作为一个足智多谋、机敏过人的骗术家，奥德修斯对独眼巨人巧言令色，不但将其弄瞎还让他朝外界呼喊"没有人伤害我"，[①] 奥德修斯简直堪称所有成功僭主的楷模。庇西特拉图通过与"山民"结盟的方法初露头角，山民是雅典政治体制里社会下层中的最底层，庇西特拉图将他们转化成一个令人生畏的权力底盘。接着，庇西特拉图又自编自导了一次针对他自己的暴力袭击，从而成功劝说雅典人投票支持他组建一支卫队。庇西特拉图就利用这支私人民兵武装策动了他的首次政变，一举占领雅典卫城（Acropolis）并自立为王。后来雅典人最终驱逐了他，将他赶出了这座城市。但庇西特拉图并没有彻底失败，他直接从奥德修斯的剧本里借来了一步高招。他乘坐马车又驶回了那座城市，身边有一位他所能找到的身材最高大的女人。该女子全身一副女神帕拉斯·雅典娜（Pallas Athena）的装扮，她命令城市公民重新接收她那改过自新的"儿子"。此时的雅典人尽皆目瞪口呆，一脸愕然，于是遵照她的意思办了。

可是假雅典娜的这层保护并没有持续多久，庇西特拉图第二次被流放。于是他来到拉乌里翁（Laurion），距离雅典约 65 公里，那里有多座银矿被人发现。庇西特拉图花了 10 年光景变得腰缠万贯，而后在公元前 546 年重返雅典，而此

---

① 《奥德赛》中的一则故事，奥德修斯假意为独眼巨人献酒，并自称名叫"没有人"，待巨人酒醉熟睡后他便刺瞎了巨人的眼睛，于是巨人大声呼救："没有人害我，没有人害我！"洞外其他巨人听了这话都以为是玩笑，遂让奥德修斯逃脱。——译者注

次他拥有一支雇佣军撑腰，并为他做"说服"工作。

　　　接下来发生的事情并非血腥杀戮或报仇雪恨，反而是一场文艺复兴。庇西特拉图着手开展一系列公开透明的宏大项目。他美化了风景和环境，还给城内的祭仪典礼增光添彩，而那些活动对所有雅典人来说都非常重要，是联络情感、互通有无的群体集会。庇西特拉图还派人修订了首部权威版本的《伊利亚特》，对于希腊人乃至全世界来说这是一桩具有重大文化意义的事件。另外，庇西特拉图还建造了第一座帕特农神庙，我们今天能够在新的卫城博物馆（Acropolis Museum）里参观到其残骸。

　　这就是僭主尽心尽力所能办到的一切，快刀斩乱麻地解决停滞不前的贫富僵局，通过强劲的领导力来促使事务完成。在现代意义的语境下，僭主可以算作第一批政治家，他们谙熟见风使舵、利弊权衡的厚黑之术，懂得如何想方设法攫取好处，善于跟多种政治力量构筑同盟。不过就像所有王朝体制一样，继承问题这一并发症还是浮出了水面。等年老的僭主死后，谁来接管政权呢？他们不拥有君主制那种神圣不可侵犯的保护，对于许多民间自诩的"自由战士"来说，第二代或第三代的僭主正是他们合法的攻击目标。

　　在雅典，由庇西特拉图创建的王朝被哈尔摩狄奥斯（Harmodius）和阿里斯托革顿（Aristogeiton）推翻，后世几代的雅典人尊称他们为"解放者"①。此二人刺杀了庇西特

---

　　① 同时又常被人称为"弑僭者"，两人均为男性，是一对同性恋人。——译者注

拉图的儿子喜帕恰斯（Hipparchus）①。喜帕恰斯是僭主希庇亚斯（Hippias）的兄弟，但后来僭主本人也被废黜了。不过"解放者们"的个中动机饱含私心，而非出于政治考量。喜帕恰斯曾设法引诱哈尔摩狄奥斯离开他的情人阿里斯托革顿②，于是这一对相好便决心要对喜帕恰斯及其兄弟予以反击。他们擒杀了那位一厢情愿的单恋分子却没有逮住他的僭主兄弟。然而这场未遂的刺杀行动真的推倒了希庇亚斯的僭主统治，因为雅典人民最终起来反抗他日益压制的暴政，而他本人则被迫逃往波斯国王大流士（Darius）的宫廷。 128

　　雅典僭主政体覆灭之后，随着克里斯提尼（Kleisthenes）力量的崛起，梭伦改革开启的政治循环终于迎来了最后一波震动。克里斯提尼就像梭伦一样也是一位精明的贵族，贵族们意识到若要维持城邦整体的良好秩序就不得不牺牲自身阶级的特权。在公元前6世纪的最后10年里，克里斯提尼为雅典首个公认的民主制度奠定了基础。对旧贵族家庭的部落式忠诚被地缘式忠诚所取代，如今人们所居住的"德莫"（Deme）或称"行政区"给予了雅典人政治身份认同。克里斯提尼考虑得很周到，他为每一个"德莫"提供了一位神话英雄，而且他们的塑像就展示在城市广场引人注目的公共圣坛上。政府机关和司法部门的选举向所有群众候选人开放（"民主的"雅典人对彩票式随机性的喜爱总是胜过对选票箱的意识——与其挑选，不如抓阄）。"500人会议"或

---

① 与另一位古希腊天文学家同名。——译者注
② 三人均为男性，一般认为古希腊的同性恋现象比较普遍，尤其在贵族阶层当中。——译者注

"公民大会"的成员都要宣誓"依法谏言，全心为民"。克里斯提尼将他的改革称为"isonomia"，即"法律面前人人平等"。若赫西俄德在的话，想必他一定会举手赞成的。

公元前 487 年引入的"陶片放逐法"也要归功于克里斯提尼。假如你"挣得"了 6000 枚刻有你名字的陶片，那么就会被雅典驱逐流放，为期 10 年。这套制度意在防止像庇西特拉图那样的僭主卷土重来，可是它很快就沦落成了一把政治武器，可以对准任何一位锋芒太露的人。与这种"拔尖综合征"相冲突的始作俑者似乎一直都是民主之父本人——克里斯提尼。

时至公元前 5 世纪开端，希腊城邦就如同加拉帕戈斯群岛（Galapagos Islands，又称科隆群岛）上的达尔文雀鸟一样，均已进化出了他们自己与众不同的特色。他们统统都是希腊人，但也都拥有各自的独特属性，需要某种灭顶之灾般的外部威胁才能迫使这批同类团结到一起。

3 波斯战争

　　自黑暗时代以来的数世纪里，希腊人缓慢地往回摸索文明的曙光。而在东方，强大的帝国已如走马灯般你方唱罢我登场。亚述人、巴比伦人、米底人（Medes），他们均拥有属于自己的辉煌时代，却也轮番被其他帝国新星盖过了光芒。到了希腊庇西特拉图改革时期，在东方居于统治地位的130是波斯人。波斯帝国是一头庞然巨兽，它幅员1300万平方公里，地跨三大洲，疆域东至阿富汗，西至土耳其西海岸，南到利比亚，北达马其顿。它由居鲁士大帝（Cyrus the Great）于公元前6世纪中期打造，成为古代世界有史以来最强大的帝国。在波斯帝国的边缘，小亚细亚海岸的希腊殖民者已经"缝补"上了十多个城邦国家，而在即将到来的数个世纪里，这些"针线"会让波斯人和希腊人的命运纠缠在一起。

　　像薛西斯和大流士这样的波斯雄主理所当然拥有领土资源来为他们的"世界帝国"正名，不过令他们如此不可一世的原因倒并非只是手上握有的庞大资源，波斯帝国并不像

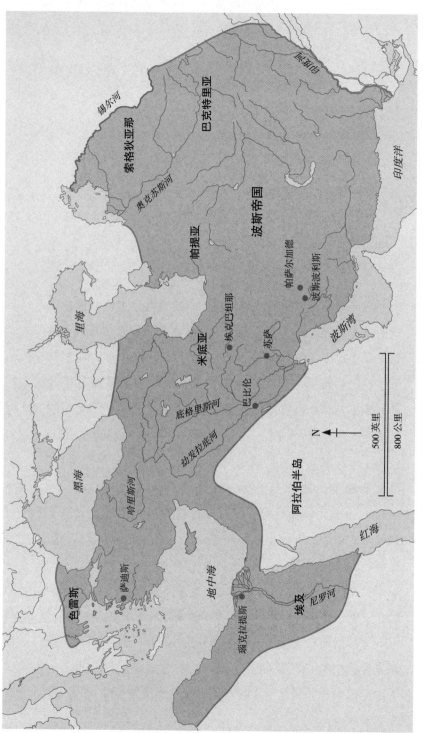

公元前约 500 年的波斯帝国

旧式的近东强国那样总是按老路在国内来回征讨以保证每一块地方都不出差池，这个国家不太在意那些帝国版图上难以到达的部分，只要当地人安分守己，钦差和信使能在皇家御道上往来无阻就行。波斯帝国早已学会了不因小事而大动干戈，与其在广大疆域上强加一个中央集权政府，倒不如敞开胸怀拥抱臣民在文化和政治上的多样性。宏伟壮丽的新首都波斯波利斯（Persepolis）是诠释这种象征的最佳地点，全国没有一处可与之相比。该城位于今天伊朗的西部，大流士在那里建立了他的新城，其材料源自帝国各地，使用的工匠也是来自全体臣民。为了强调这一点，通往可容纳10000多 132
人的皇家大殿的阶梯两侧围墙上饰有做工精细的浮雕，展现皇家领土内从各方前来的代表；在其中央部分则描绘了伟大君主本人端坐于一个巨大宝座上，被臣民中的领袖们抬到半空中。

　　大流士要建立一个全新且强大的意识形态，要体现绝对的王权以支持他的统治。他霸占了传统的琐罗亚斯德教（Zoroastrian）当中善良（rta）与邪恶（drauga）的道德观念，将任何反对他神授统治权的事物统统归为后者。不管在何处发现了"邪恶"都要将其彻底铲除，这便是他的任务和使命。不过波斯国王倒远非疯狂追逐权力的独裁者。为了达到宣传目的，后来的雅典作家们会将波斯战争描绘成希腊自由和东方黑暗的一对一的决斗。然而事实上，这种说法简直离谱得没边。只要支付税金并履行兵役，波斯帝国的各个组成部分基本上是完全自治的，甚至还有希腊作家因此而深受感动，赞扬波斯朝廷对待臣民的开明态度。人称"历史之父"的希罗多德曾这样说过：

> 虽然它（波斯帝国）体量庞大，却是由居鲁士（国王）一人的意志来统治的。他让臣民们倍感荣幸，他还关心体谅黎民，将其视如己出。而百姓们也反过来如同儿子对父亲那般遵从敬仰居鲁士。

133　　公元前 540 年，传说中富得流油的吕底亚（Lydian）国王克里萨斯（Croesus）被波斯击败，从此小亚细亚西部的希腊城市（史称"爱奥尼亚诸城"）便成了这个"不插手"帝国的一部分。在随后的故事里，希腊人与波斯人的关系会被彻底改变，成为一种对暴政入侵的全面抵抗。事实上，即便是著名的爱奥尼亚叛乱也并非像后世历史学家们希望我们接受的那样黑白分明，许多希腊人选择作壁上观，有的甚至还站在了波斯人一边。从波斯波利斯发现的史料显示，曾经有大量的希腊自由民在当地受雇，甚至在波斯军队里——那支最终企图入侵希腊的武装力量——也同样充斥着希腊人。大多数希腊城邦国在同新邻居和睦相处的问题上似乎并没有什么困难，那些城邦内被赶下台的政客，或胸怀远大抱负的统治者（如被废黜的雅典僭主希庇亚斯）都时常会东行拜谒波斯国王，向他寻求人身庇护和军事援助，或以常驻的希腊问题专家这一身份提供高价的"咨询服务"。

　　波斯并没有立即同这帮莫名其妙的穷酸邻居计较。不过毫无疑问的是，帝国的逻辑最终还是包含开疆扩土的企图。到最后还是希腊人率先挑衅，给波斯人西征提供了正当理由。几乎是必然的，有一位僭主，成为希腊世界的一副催化剂，正是他点燃了东西方文明之间第一次伟大战争。此人的名字叫阿里斯塔格拉斯（Aristagoras），是米利都（Miletus）城邦的僭主，该城属于小亚细亚地区向波斯大帝纳贡的爱奥尼亚诸城之一。阿里斯塔格拉斯跟所有僭主一样不太安分且野心勃勃，公元前499年他走出了第一步棋，主动向波斯帝国请缨，为其吞并纳克索斯（Naxos）这座希腊岛屿。然而他的计划失败，迫于龙颜大怒的威胁，此时的阿里斯塔格拉斯决定孤注一掷，竟在爱奥尼亚诸城煽动造反。于是这条帝国的走狗摇身一变居然成了泛希腊世界的自由战士，并前往希腊本土为其计划寻求军事支持。一贯保守谨慎的斯巴达人回绝了阿里斯塔格拉斯，但他在雅典比较走运，这座城市随时都愿意给巧舌如簧的煽动家们提供一个场合来听听他们的说辞。

134

　　阿里斯塔格拉斯第一步先勾起雅典人的贪欲，告诉他们有一笔横财就在东方，唾手可得。随后阿里斯塔格拉斯又祭出"希腊文物"这面大旗，将自己的投机主义包装在"泛希腊圣战"的外衣之下。雅典人觉得这听起来不错，于是派遣了25艘战舰去支援此次叛乱。"这些战船，"希罗多德说，"对希腊人也好，对野蛮人也罢，皆是万恶之源。"希腊人在爱奥尼亚叛乱中击败了对手，其间还焚毁了一座波斯的主要城市萨迪斯（Sardis）。大流士为了力保帝国安全，同时惩罚那些希腊本土城市，于公元前494年首度入侵希腊，不过在马其顿和色雷斯（Thrace）初尝胜果之后就被对方抵挡了回去。

公元前 490 年，波斯舰队再次扬帆起航直奔希腊。他们
于雅典东侧 40 公里处易于隐蔽的马拉松浅滩登陆。波斯人
在马拉松平原上遇到一支由 9000 名雅典人和 1000 名普拉提
亚人（Plataean）混编而成的重装步兵部队。尽管双方力量
悬殊，但希腊人还是击溃了波斯大军，促使其败退而归。希
腊得到了拯救，而雅典人（忽略普拉提亚人曾出过的力）
则永远不会让任何竞争对手忘却此事。马拉松一役之后，雅
典一位名叫地米斯托克利（Themistocles）的将领费尽唇舌
最终令同胞们相信波斯迟早还会卷土重来，而此时人们在拉
乌里翁新发现了数座银矿，于是这笔收入便被转而投入到一
项"三桨座战船"的建造计划中，以应对山雨欲来的威胁。

后来的情况证明了地米斯托克利是正确的。虽然波斯人
耗费了 10 多年才重整旗鼓，而当他们果真找上门来时却是
一支 15 万人的大军，外加由 600 艘战船组成的舰队。新上
台的波斯国王薛西斯想要一劳永逸地解决这群傲慢无礼的希
腊人，并以此向新的臣民们彰显自己的英武神勇。他统帅三
军，御驾亲征。工程人员在博斯普鲁斯海峡上建造了一座巨
型浮桥，由此薛西斯得以从亚洲跨越到欧洲，而其侧翼则由
1 万人的精锐部队——皇家御林"长生军"（immortals）①
负责保护。这场与波斯的再度交锋将会卷入更多的希腊城
邦，其中最引人注目的就是斯巴达。在塞莫皮莱
（Thermopylae）狭窄的关隘处②，300 名斯巴达重装步兵在

① 波斯最强大的一支部队，既担任皇家卫队，又是常规军中最精锐的武
装。——译者注
② 即著名的"温泉关"。——译者注

135

国王列奥尼达（Leonidas）的指挥下执行一场自杀性任务，他们要让波斯人陷入困境，坚守的时间越长越好，而与此同时其余的希腊人则设法各自组织起来。由于内奸出卖，斯巴达人最终被击溃，但在荣誉名人堂里将会有列奥尼达的一席之地。他在大难临头时仍能谈笑风生，鼓励将士们好好享受一顿早餐，因为晚餐要到地府里去吃了。[另有 700 名泰斯庇斯人（Thespians）、400 名底比斯人以及为斯巴达主人持盾的希洛奴隶也同样去地府吃晚饭了，而在重述这段光荣的惜败时，这些人往往被忽视。]

136

　　斯巴达人将不会是唯一做出牺牲的希腊人。强大的波斯巨兽向前一路挺进，雅典人撤离了自己的城市，不得不眼睁睁地看着波斯人将雅典卫城付之一炬。不过波斯的陆军指挥官和海军将领再一次低估了希腊人的抵抗决心。在萨拉米斯岛（Salamis）附近的一场大海战中，地米斯托克利意识到希腊战船航速太慢，动作也过于笨拙，无法在开阔的水面上正面应对装备先进的波斯舰队，所以他转而决定将船只变为固定静止的作战平台，并在甲板上载满了士兵，他们同敌人近身肉搏。波斯人对此等战术毫无准备，彻底吃了败仗，悻悻而退。薛西斯感受到这完全是一场"公关灾难"，于是便打道回府了，但把军队留下继续作战。这场战争余下的收尾工作于次年宣告完成：斯巴达国王保萨尼亚斯（Pausanias）率领一支庞大的希腊军队于公元前 479 年在普拉塔亚（Plataea）歼灭了波斯陆军，诛杀了对手的指挥官马铎尼斯（Mardonius）。波斯军队在一片慌乱中四散退去，再也没有杀回希腊本土来，不过敌对的行动在色雷斯和爱琴海区域一直在零星进行着，直到公元前 449 年双方才最终迎来和平。

波斯战争成就了希腊——英勇抵抗并最终战胜地区性霸主的故事明白无误地证明"希腊文物"已孕育出一个与众不同且总体上卓越杰出的人类群体。雅典始终是希腊时代精神最兼容并蓄的"扩声器"，文学和艺术在这里百花齐放，尽情宣泄与表现，不吝笔墨地具体明确了"希腊性"代表什么（以及不代表什么）。埃斯库罗斯（Aeschylus）创作出第一部希腊悲剧《波斯人》，该作品标志着重铸的"希腊"文化与造就它的近东文化之间一次关键性决裂。希腊亏欠东方的这笔账将不再被承认，就像他们坚持认为女神雅典娜是从宙斯脑袋里完整蹦出来的一样①，希腊不欠任何人任何东西。雅典的美德，如自由、理性、文明和阳刚气质，如今与臆想中的东方式粗蛮对比呈现，而后者则以波斯为代表，通常被描绘成娘娘腔、惧内、奸诈和怯懦。在希腊人与生俱来的极端思维定式下，"东方"渐渐地代表了一切希腊所不代表的事物，成了一种被人轻蔑鄙视、揶揄取笑的反面形象。

---

① 根据古希腊神话，雅典娜是宙斯之女，而且是从宙斯脑袋里直接蹦出来的。——译者注

4 雅典的黄金时代与希腊的衰落凋零

波斯战争的结束并未丝毫缓解城邦间的对抗，这是"希腊文物"永恒不变的动力。你或许会认为对希腊人而言此时此刻正是构筑某种政治经济联盟的大好时机，从而形成盟邦关系或联邦国家，缔造一个"希腊合众国"。然而这一切都没有发生，雅典和斯巴达这两个居于统治地位的城邦相互试探了一阵子，最后还是带上各自的盟友与对方分道扬镳，两者各行其是了长达一代人的时间甚至更久。待下次再相逢时，雅典与斯巴达会在一场毁灭性的战争中拼命地相互残杀，最终葬送掉各自拥有的一切。这便是伯罗奔尼撒战争。138

其实，斯巴达和雅典已经各自进化成了截然不同的社会，以至于双方都无法理解彼此。斯巴达对雅典式的民主抱有戒心，害怕这种制度会把自由的病毒传染给他们的希洛奴隶，因而斯巴达人并没有抓住战后契机的愿望，据说在波斯战争结束之后"斯巴达沉睡了"。而雅典则完全不同，胜利的喜讯让人们的肾上腺素飙升，极大地刺激了这个国度。它开始在民主、文化和帝国建设方面施行前所未有的激进试验。

在波斯战争期间，雅典人曾有过大胆之举。他们主动放弃自己的城市，将其拱手让给波斯人。老人、妇女和儿童都被疏散到萨拉米斯岛和其他安全的地方，在那里人们望着自己的城市变为一片火海。鉴于城市对公民的人身安全和身份认同所具有的向心作用，弃城的做法几乎相当于一只蜗牛放弃了它的壳。不过，那种为战后雅典提供源源动力的大无畏精神也许正是在这千钧一发之际催生而来的。弃城行为让雅典人发现，一座城市不仅只包含那些围墙和房屋而已。于是乎，雅典便化作了一个理念，成为一座"心中之城"。

139   在雅典，政治从来不会太远离事物的表象。当雅典城被疏散一空时，三桨座战船正泊于比雷埃夫斯港（Piraeus），适龄人员投入战斗，纷纷坐上了划桨的长凳上。他们从那座港口出发，前去面对萨拉米斯湾的敌军。在一排排长凳上，最富的公民与最穷的公民（即"thetes"）并肩而坐，"少数人"与"多数人"是血汗同胞。就这样，波斯战争在萨拉米斯这块地方演变成了一场人民战争，而事后那些"thetes"则希望这一段经历被世人铭记。就像重装步兵革命一样，"thetes"转型成为英勇的城市保卫者，而这种改变在雅典则有着深远的政治影响，它再次证明了亚里士多德的格言："唯战者执权柄。"

战后雅典呈现出来的一派景象是全世界有史以来所见证过的最为激烈的政府试验之一。公元前5世纪中期，城市不再由单一的独裁者统治，甚至如其他国家那样有限的贵族制或精英制也不复存在，而是由全部公民本体来统治，不管是老的少的，还是富的穷的。不可否认，凡是女性、16岁以下儿童，以及无法证明双亲都来自雅典本地的人确实都不包括在内。虽说如此，但这仍是一项非凡的进步，跳出了别国组织政事的窠臼。不出所料，只要一谈到民主，精英们果然满腹牢骚。首先，民主给予百姓的权力实在过多。那些一贯谨慎小心、步步为营、立志将来管理国家的人却要对那些粗枝大叶、思前不顾后的家伙负责。这种制度怎么可能是正确合理的呢？此等担忧后来被亚里士多德明确地阐述了出来，他论证提出，如果在法治缺位的情况下，民主可能直接导致暴政。在他的知名论著《政治学》中，亚里士多德将普通公民本体比作性情多变的暴君，其不切实际的幻想往往是由一群寡廉鲜耻、口若悬河的政客所煽动的。亚里士多德明确定义，由无知暴民和权术家结成的罪恶联盟将是保守派永恒的噩梦。

　　在某些重要方面，雅典的民主可以说几乎换汤不换药。虽然如今受教育的精英需要就他们的行为向普通公民本体负责，但他们仍旧继续把持着多数国家行政机关。尽管改革已经获得了通过，它规定如果普通公民服务于法庭或集会的话就可以获得以日而计的报酬，但这并不足以维持生活。在参与政治程序方面，许多穷苦人还是被排除在外了，因为他们不得不去工作。同理也适用于那些在田里干活并且因住得太远而无法每天进城来的雅典公民。雅典式民主的真相就是，它让富人们牢牢控制了权力的杠杆。说到底，民主政治毕竟是要求具备一套专业技巧的，而通常只有那些受过昂贵教育的公民才拥有那类技巧。在未来持续进行的阶层冲突中，演讲术、法律训练和诡辩术（翻云覆雨、颠倒黑白，可以为任何论点辩护的能力）将依然是富人选择的武器。

　　尽管有这一切隐性的不平等，但毫无疑问的是民主促使

140

141 了知识和文化的长足进展。公元前 5 世纪后半叶被称为古典希腊的黄金时代并非没有根据的。在雅典，艺术和文学、哲学与科学都在蓬勃发展。民主不仅允许而且积极鼓励雅典城邦的公民们对社会和体制赖以建立的基础提出质疑。像柏拉图和亚里士多德这样的哲学家（尽管他们同情反民主思想）只有在民主的制度下才会产生。另外，戏剧的发展也只有在一个"言论自由"被写入法律且观众自身亦可参政议政的环境下才能兴旺繁荣。

民主制度极大地丰富了雅典市民的生活，可与此同时其他人却付出了高昂的代价。奴隶制恰好诞生于美索不达米亚地区首批城市出现之时，但到了公元前 5 世纪正是雅典人首次将其从理性的角度正当化了。民主国家居然会鼓励人们无视他人的自由并从中谋利，这在我们看来似乎是矛盾的，但这是对古代世界民主制度理论基础的根本性误解。就像斯巴达武士社会正因有希洛奴隶才得以存在一样，雅典民主也唯有在奴隶制的条件下才能维持。对于亚里士多德和其他雅典知识分子来说这一点是不言自明的，少数人的自由只能建立在对多数人的奴役上。

这并非什么高深的理论知识点，而是一种清楚明白的经济现实。激进的民主制度是成本高昂的，需要资金支付给穷困市民，好让他们暂时放下手头工作，到集会和法庭行使民主权利。可是即便有奴隶干活，雅典周边的土地除了种植橄榄树之外也别无他用。事实上，城内全部的粮食几乎都不得不依赖进口，这使雅典在军事封锁面前会十分脆弱。于是解决的办法就是针对其他城邦的奴隶制，对希腊盟友的经济、

142

政治和军事奴役为雅典的自由提供了保证。

原先的反波斯同盟——提洛同盟（Delian League）缔结于公元前 478 年。这是一个由 173 个城邦组成的联盟，它由雅典来领导，但斯巴达不是成员国。在协议签字时，联盟成员们将一块块铁锭抛入爱琴海里，以此代表永恒的同盟关系。事后回头再看这隆重的仪式，其中许多人有理由懊悔不已。甚至在波斯威胁散去之后，雅典人依然将他们束缚在当初的誓言里。战胜波斯人并没有保证自由，反而令他们降格并被牢牢地困在受奴役的状态中。更为苦涩的讽刺在于，他们的征服者并非什么抹着香气的东方国王，而是在雅典的希腊战友。

雅典人更喜欢劝说盟友为协同防御贡献资金，而不是战船或士兵。这是一桩浮士德式的交易——盟友支付得越多，雅典人在军事上就会变得越强。不消多少时日，将没有一个同盟国能够装备并组织起针对雅典的抵抗。他们被迫采用雅典的货币制度和度量衡。当雅典人在盟友的领土上建立新殖民地时，同盟国的人口被稀释了；当雅典的卫戍部队随即进驻过来时，同盟国的自主权便受到了侵害。同盟国的政府虽然在名义上是独立的，但其中充斥着亲雅典的内奸。雅典的利益高于自己人的利益，而卖国贼们却视之平常，无动于衷。有些历史学家辩称，雅典在全希腊推进了民主，但这里的人民不能自由做出决定，所以这简直是一种奇怪的民主。越过红线的"盟友"很快就会品尝到雅典"三桨座战船外交"的威力。民主制度的先辈们居然会用武力胁迫、商业禁运、政治劝诱、谋杀、劫掠和饥饿的手段来保证这初生的帝国免遭毁损。雅典市民享受的民主自由何其珍贵，绝不容许任何事物威胁到它。

143

大西洋

阿加特　马西利亚

安提波里斯

奥尔比亚

恩波里亚

阿拉利亚

奥尔比亚

塔洛斯

卡拉里斯　希波尼翁

尼亚波塞

苏尔奇

梅达马

墨西拿

诺拉

希墨腊

塔尔提索斯　卡泰亚

Hippa　帕诺尔摩斯

加迪斯　马拉卡

Diarrhytos　塞利纳斯

廷吉斯　塞克西

伊科锡温

（今译比塞大）

摩提亚

阿克拉伽斯

利索斯　卡尔佩

伊季尔季利

希坡　由提卡

萨拉　阿布德拉

约尔　锡尔塔

迦太基

卢萨迪尔

哈德鲁梅

莱普提斯　塔普索斯

伊比沙岛

Tacape

（今译加贝斯）

奥亚

塞卜拉泰

希腊

希腊殖民地

腓尼基

腓尼基殖民地

N

1000 英里

1600 公里

希腊人与腓尼基人的殖民地

塔内斯

奥尔比亚

Panticapaion（今译刻赤）

塔索斯
法纳戈里亚

费奥多西亚

切索尼斯
提拉斯
狄俄斯库里

达契亚人
伊斯特洛斯
托米斯
黑海
斐西斯

卡拉迪斯

里亚人
奥德索斯城
锡诺普
科提奥拉
达特拉比宗

色雷斯人
Mezambria（今译内塞伯尔）
阿波罗尼亚
阿米苏斯
Cerasus

利苏斯（Lissus）
赫拉克勒亚
（今译吉雷松）

拜占庭
皮瑞索斯
迦克墩

埃比达姆诺斯
阿德拉
马洛尼亚
艾诺斯
Cius（今译盖姆利克）
波斯帝国

阿布
昔齐库斯

阿波罗尼亚
萨索斯岛
塞斯托斯

兰普萨库斯

巴里亚
芒德
托罗涅
阿拜多斯
吕底亚

罗顿
安那克托里安
福西亚

（Locii）
底比斯
希俄斯岛

雅典
埃雷特里亚
士麦那
劲发拉底河

伊利斯
科林斯
米利都
西戴
塔索斯

斯巴达
纳克索斯
法塞利斯
塞利纳斯
马洛斯
西伦德里斯

希腊
罗德岛
索里
萨拉米斯
艾尔瓦德岛

帕福斯
基提翁
比布鲁斯

海
赛达

腓
尼
基
提尔

阿波罗尼亚

昔兰尼

巴卡
耶路撒冷

斯珀里亚

瑞克拉提斯
孟菲斯

埃及

尼罗河

公元前 427 年，雅典的"盟友"米蒂利尼（Mytilene）做出了一次反抗，他们在伯罗奔尼撒战争的关键时刻企图叛变投向斯巴达一边，于是便发生了雅典霸权政策当中最为臭名昭著的残忍案例。起义刚刚被镇压之后，雅典民粹主义政治家克里昂（Cleon，从事皮匠工作，但本性犹如屠夫）就提议要将那里的男女老幼统统杀掉，一个也不留。这项议案得到了通过，于是一艘战船被派遣了出去，携带着屠杀的命令。第二天，辩论又重启，雅典人一如往常那样善变，判定只有事件元凶才应该被处死（不过名单上有 1000 人，看来雅典人把元凶的范围划得也太宽了点儿）。于是乎，第二艘船奉着新的指令受遣而去。历史学家修昔底德将这第二条船的场景描绘得栩栩如生，据说米蒂利尼的使节们焦急非常，给雅典划桨手送来橄榄油和葡萄酒，好让他们一路保持前进，以便赶上那第一条船。后来他们恰好及时到达，米蒂利尼的百姓们得到了拯救。仁慈的做法有其自身的宣传效果，这则戏剧性的故事传遍了爱琴海和希腊本土，充当了又一次着重的提醒，它警告任何按捺不住想要离开同盟的城邦将会有怎样的灾难等待着他们。这一插曲犹如支付到位的最后一笔按揭，让提洛同盟完成了由共同防御联盟到雅典保护组织的转型。

为什么雅典人会在维护联盟的问题上显得如此残暴？答案在于激进民主的本质，它依赖于贫富之间脆弱的共识。为了能让所有人都坐到一起，并且个个满意，民主政府只得控制其他人的资源。

在公元前 5 世纪后半叶的大部分岁月里，雅典与古希腊另一强国斯巴达战火不断，冲突的破坏性与日俱增，使雅典深陷其中，而且越来越看不到胜利的曙光。公元前460年，波斯战争仅过去了20年后，第一次伯罗奔尼撒战争就爆发了，雅典拖着提洛同盟的其余邦国对抗由斯巴达、底比斯和其他城邦组成的敌对联盟——伯罗奔尼撒联盟。对雅典人贪得无厌的怀疑已然广为流传，而斯巴达却恰如大公无私的源头，以希腊自由守护者的形象出现。这种效果的确很成功，至少一开始是这样。第一场战争大约于公元前445年以某种平局收场，但在公元前431年战火再度燃起，持续至公元前404年，斯巴达获得最终胜利。不过在这一过程中，那种城邦间"乡村板球比赛"式的战争文化被彻底抛弃了。正如我们所见到的，依据历史学家修昔底德的说法，希腊人变得"如野兽般对待彼此"。事实的真相是双方越来越只为自己的利益而战。公元前423年发生了一个透露实情的小插曲，其时斯巴达和雅典均因人员和资源的重大损失而精疲力竭，于是双方签订了和平协议。而就在此之前不久，小镇赛翁尼（Skione）做出了一个不幸的决定，从雅典阵营转投到斯巴达一方。于是前来寻仇的雅典人占领了赛翁尼并将其全部人口屠杀殆尽，而斯巴达人只是站在一边袖手旁观。

斯巴达人的解放者角色扮演得特别糟糕，他们野蛮专横的行为渐渐让盟友对其不再抱有幻想，而原先的那份好感也很快烟消云散了。赫拉克勒亚（Heraclea）殖民地就是一个十分恰当的例子。这块殖民地是在公元前426年由希腊中部特剌喀斯（Trachis）的斯巴达人建立的。"赫拉克勒亚"起先是一条极好的宣传计策。斯巴达的国王曾自称是赫拉克勒

147

亚的后人，而他们又用这位希腊英雄的名字来命名这块新的定居点。它成了一处避难所，接纳所有受到雅典侵犯的人。一开始殖民地相当成功，来自希腊四面八方的人们蜂拥而至，然而斯巴达总督傲慢而严厉的做派很快就令殖民地居民对其敬而远之，结果赫拉克勒亚成了一步大臭棋。问题的症结在于斯巴达人排外且只关注内部的思想倾向，它使斯巴达人完全不适合接纳同胞的"希腊性"。

缺乏资源和人力是斯巴达无法迅速结束战争的又一大障碍，这是政治体制不再适应所面临需求的结果。对纯种斯巴达人身份的界定，以及进而在谁能担当军队核心成员这一问题上的严格排他性，都导致了战斗人员的严重短缺。公元前425 年斯巴达被迫坐上了谈判桌，而其原因只是雅典人"令人震惊"地俘虏了区区 120 名斯巴达核心武士阶层的战士，即"Spartiates"。这一事实说明了斯巴达人员短缺的问题已经演变到了何等严重的程度。尽管更多富有远见的将领们通过招募希洛奴隶入伍的办法来应对这一问题，但斯巴达政府仍然怀有深深的疑虑，竭尽所能地抵制任何在政治上给予他们权利的行为。

斯巴达的将领们痛苦地意识到自己缺乏本土的斯巴达重装步兵，所以常常在如何部署军队的问题上十分谨慎，因为他们很清楚己方是无法承受重大损失的。事实上，在战争中的很多时候斯巴达遵循着一种毫不积极、最终亦不太有效的战略，他们每年都会入侵阿提卡（Attica）并执行一项焦土政策，意图饿死雅典人。此外，缺乏资金也是一大严重阻碍，使得斯巴达无法对雅典赢得一场决定性的胜利。他们曾尝试通过向盟友提高税收的办法来弥补赤字，但最终还是被迫去更远的地方找钱。斯巴达或许原本是以解放希腊的名义跟雅典打仗的，但这并没有妨碍他们在公元前5世纪20年代的时候向波斯国王伸手要钱，而后者还仍然统治着小亚细亚西部的大量希腊同胞。所有希腊城邦加起来的财富都远不如强大的波斯帝国所拥有的资源，而伟大的国王及其朝臣们只不过是想花点儿钱鼓励希腊人窝里斗罢了。

149

伯罗奔尼撒战争延续了将近60年，中间曾被几次徒劳又无诚意的和平协议打断。在雅典，民主制度长期依赖的公民政治共识原本就十分脆弱，因战争的沉重打击而变得极其不稳定。事实上，在公元前5世纪的大部分时间里，民主雅典内部大众与精英之间存在的政治紧张态势一直是让城市受益的动力源泉。然而，这同一句话却并不适用于那个世纪的最后几年，激进的民主制度常常伴有对失败的严酷惩罚以及迁怒于他人的倾向，它对公民接受集体责任或个人责任方面从未有过什么帮助。

伯罗奔尼撒战争使雅典人心情沮丧、愿望落空、灾祸四起，但这一切只不过是将那种倾向性放大了而已。每一场败仗都会照例重复上演一次推卸责任的把戏。不过到头来，这种互相揭丑的行为会被贵族精英的图谋所取代，民主制度会让位于他们的寡头政治。当盟友拒绝纳贡，而人民又日益要求贵族扛起战争经费的重担时，精英们的怒火便与日俱增。

公元前411年，一支由400名雅典富人组成的队伍把握住了乱世之秋的时机，发动了一场寡头政变。虽然他们成功夺取了政权，但没过多久，寡头们自己就在诸多关键问题上

150

呈现分化局面。有些人赞成与斯巴达和解，该立场很显然受其自身利益的支配，因为他们觉得和平更易于保持政治优势。而另一些人则将联合波斯看作一种打败斯巴达的手段。分歧最严重的问题是关于雅典城邦的"边界"究竟应该划到哪里。虽然领导层内的强硬派承诺要将权力交给一个更为庞大的 5000 人集体手里，但是他们似乎并没有真正执行的意图。新统治群体中的温和派则反对他们，并支持所有能够用战马和盾牌服务国家的人，换句话说，富裕的精英阶层和重装步兵阶层都应该被纳入权力分配体系。

民众对 400 人政府的支持迅速瓦解，而他们的统治也随之让位于一个更宽泛的寡头政治，它由 5000 名较为富有的公民组成。反民主的雅典历史学家修昔底德将其精心包装成为"少数人与多数人的调和"，然而事实的真相是它依然褫夺了最底层人民的民主权利，即那些在萨拉米斯海战中三桨座战船划桨手的后代。不过这 5000 人很快就走上了之前 400 人的老路：在战争期间，雅典极度依赖那些划桨手，几乎不可能将他们排斥在外，尽管那些有钱人费尽了心机，用增加报酬的提议收买他们以换取宪法赋予其的权利。

151　　　雅典民主制度的回归导致了政治混战的新一轮搏杀，这严重损害了城市的作战能力。某场海战结束后，由于天气恶劣，雅典将领不得不将幸存者和死者的尸体都留在水面上。尽管他们其实已赢得了一场关键性胜利，但后来许多将领仍"顺利"地遭到了起诉。这种自掘坟墓的行为显然属于一场共同谋划好的政治角力，以重申人民群众的政治力量。于是雅典不得不继续战斗，但已缺少了一部分最富经验和能力的指挥官。在民主雅典，短视的内部绩效评估又一次战胜了长远的战略目标。

另一个关键性的事件发生于公元前 407 年，当时波斯国王大流士二世决定要给这场看似无止境的混战画上句号，因为在广袤的疆域内还有许多别的严重叛乱和战争亟待处理。他把儿子居鲁士①派往小亚细亚，给一贯谨慎作战的斯巴达人注入一点活力。斯巴达人得到了波斯的增援，而雅典却已自我剪除了最优秀的指挥官，看来最终的解决办法已近在尺咫。收官大战于公元前 405 年在达达尼尔海峡（Dardanelles）的羊河（Goat river）河口进行，狡猾的斯巴达将军吕山德（Lysander）给出了最后一击，他诱骗雅典舰队进入圈套，并将其摧毁于海滩上。阿哥斯波塔米战役（The battle of Aigospotamoi）是对雅典人的致命打击，丧失了赫勒斯滂海峡（Hellespont）就意味着失去了来自黑海的粮食供应，而雅典人严重依赖于此。面临饥荒的窘境，雅典别无选择，只得于公元前 404 年宣布投降。这是一场破坏力极其深远的战争，因雅典内部的政治动荡、饥荒局面和波斯介入而终结，波斯国王认定结束这一切才最符合他的利益。当雅典围墙被斯巴达人推倒时，妓女们吹奏着长笛，而真正传令发声的却是一位蛮夷的国王。

152

和平的条件是苛刻的。除了保留 12 条船之外，整支雅典舰队都必须解除武装。雅典帝国在希腊地区的剩余领土也

---

① 此处的居鲁士是指大流士二世之子"小居鲁士"，而非居鲁士大帝。——译者注

全部丧失，而城邦则被迫加入伯罗奔尼撒同盟，置于斯巴达的领导之下。一个由"30 僭主"（Thirty Tyrants）组成的反动寡头政权被任命，连同一支斯巴达卫戍部队提供保护。就在 80 年之前，波斯军队占领了该城，而如今却是希腊同胞的武装。有些敌人甚至认为这样的惩罚依然太过仁慈，他们赞成将城市完全毁掉。

伯罗奔尼撒战争使希腊陷入一场自己人反对自己人的无情斗争之中，最后把所有参与者的理念和信条均腐蚀掉了，到头来却是由一位外国国王、一个波斯蛮夷在幕后操纵，而希腊人则在民主、自由和正义的旗帜下相互残杀。从长期来看，这场战争没有真正的赢家。斯巴达人表面上也许是胜者，但胜利本身渐渐显得越来越空洞。在战争期间，珍贵的道德资本让斯巴达在一开始非常受益，但很快就在无效且粗暴的领导下白白浪费了。而无敌战士的名声也因无法在战场上发起致命攻势而遭到损害。与此同时，斯巴达日益渴望确保波斯支持的意图也让他们看起来羸弱不堪，而其"希腊解放者"的自我封号则显得荒唐可笑。不过，在这一切的沉沦当中，斯巴达"反唯物"的武士信条也许是被腐蚀得最为严重的。波斯付出的银币或许为斯巴达人赢得了胜利，但也改变了"平等主义者们"看待世界的方式。吉利普斯（Gylippus）在西西里岛缔造了针对雅典人的关键性胜利，却被人揭露是贪污犯，因为在他家屋顶上发现有一批藏匿好的波斯"弓箭手"（波斯钱币上印的象征图案）。

斯巴达在战争结束后经历了一段扩张期，但结果证明这是一道虚幻的曙光。不出数年，斯巴达昔日的盟友和敌人——雅典、科林斯、底比斯、阿尔戈斯和波斯——结成了联盟，共同对付斯巴达，掀起了科林斯战争（Corinthian War），这场战争从公元前395年打到公元前387年。斯巴达之所以最终以胜者的面貌出现，是因为波斯国王日益担忧雅典在未来会复兴，因而于半途中改变了站队。对斯巴达而言这是一场"皮洛士式的胜利"（Pyrrhic victory）①，它仅仅标志着一段严重衰退期的开端，而这正是由国内长期的结构性缺陷所导致的。城邦的人力资源是以排他性的武士阶层为基础的，而斯巴达的野心已经超出了其脆弱的限度。斯巴达人的晚婚传统导致了低出生率，而他们又对女性继承财产和选择夫婿持有非常自由的态度，这一切都有累积效应。越来越多的财产似乎落入了女继承人之手，结果到了公元前4世纪时，斯巴达有五分之二的土地掌握在女人手里。这一事态对斯巴达武士阶层产生了灾难性的影响，因为他们需要拥有足够的土地来产出粮食盈余从而支付他们繁杂的开销，而武士阶层自身的地位就依赖于此。穷困的武士被迫跌入下等阶层，结果他们的人数便衰减了，而各个社会位置上的固化藩篱又使得向上进入武士阶层的流动性实际为零。凡此种种，都"恰到好处"地导致了自我灭绝。随着斯巴达武士阶层人数的萎缩，斯巴达的战斗能力也急剧下降。公元前371年的留克特拉战役（battle of Leuctra）是一道分水岭。当时斯巴达被一支底比斯军队打得落花流水。700名斯巴达武士当

154

---

① 古希腊伊庇鲁斯王国的国王皮洛士曾率军与罗马军队激战，付出惨重代价打败对方。由此"皮洛士式的胜利"便成为一种代名词，形容那些损失惨重、得不偿失的胜利。——译者注

中阵亡了 400 人。鉴于全部的战斗力量也仅为约 1000 名斯巴达武士，这次挫败可谓致命一击。底比斯的指挥官伊巴密浓达（Epaminondas）随即入侵了伯罗奔尼撒并解放了美塞尼亚的希洛奴隶，永久地摧毁了斯巴达赖以生存的经济基础。

在雅典，"30 僭主"的残暴统治很快就被推翻，但这并没有给困扰这座城市的政治紧张局势画上句号。回归的民主派着手进行秋后算账，专门针对那些涉嫌曾与"30 僭主"合作过的人，其中最为有名的受害者便是雅典的明星学者——久负盛名的哲学家苏格拉底。公元前 399 年，他被推上了审判台，罪名是亵渎神灵和腐化雅典青年，而这些指控与其人尽皆知的反民主思想有很大关系。他主张，多数人的观点并不能产生正确的政策，只有靠真才实学和专业能力才行，而这些本领只有少数人才拥有。颇具讽刺意味的是，这位哲学家还被指控宣扬诡辩术——在许多雅典人眼里这被视为民主制度难以令人接受的副产品。此类思维训练或许能教授年轻人在知识方面的灵活性和雄辩的口才，但也会鼓励他们在正义与真理面前萌发一种愤世嫉俗和虚无主义的态度。根据陪审团半数以上成员做出的多数裁决，苏格拉底被宣布有罪并处以死刑，他自己喝下一杯毒堇汁，安详地死去了。

长达 90 载的冲突让希腊人从战火与生存中学会做一名唯利是图者。当自己的城市陷入危机时，许多人如今已变得有奶便是娘，谁付钱就为谁卖命。雅典贵族色诺芬（Xenophon）[①] 既

---

① 古希腊伟大的历史学家，苏格拉底的弟子。——译者注

是一名军人又是一位作家，其生卒年约为公元前 430 年至公元前 354 年。他曾经报名为波斯王子居鲁士而战斗，而此人正在试图篡夺其兄长阿尔塔薛西斯二世于公元前 404 年从大流士二世那里继承而来的王位。当色诺芬一行人深入波斯帝国的土地时，他们的"雇主"居鲁士已被人所杀，而且希腊将领们也在一次和平会议上惨遭屠戮。于是 10000 名深陷困境的希腊雇佣兵面临着即将到来的毁灭，他们调转方向往西回撤，在敌对的波斯人、亚美尼亚人和其他当地人中间杀出一条血路，最终成功回到希腊。

　　这"10000 人"的丰功伟绩在色诺芬的著作《长征记》(Anabasis) 里有所反映，经由一番妙笔生花，主人公们均披上了荷马时代的光辉。（故事由一位名叫"色诺芬"的雅典人领衔主演，他博学睿智，临阵自若。）然而事实上那是一段并不光彩的辛酸历程，10000 名背井离乡的雇佣兵败逃 156
于穷乡僻壤之间，靠四处劫掠为生，还争论着是不是可以用绑架当地部落女子的办法来建立新的殖民地。最后当他们终于好不容易回来时，充满敌意的斯巴达人犹如神经过敏一般，威胁着要永久驱逐他们。

　　由于雅典的政治经济资本处于低潮，不仅是士兵将自己卖给出价最高的买主，就连人才也开始渐渐流失了。许多知识阶层的精英、艺术家以及手工匠人纷纷追随金钱和权势而去：有些人前往位于意大利和西西里岛的希腊城邦，那里的富裕贵族正准备斥重金打造门面来自抬身价；还有些人则去了波斯总督们的官府，在那里总是能混碗饭吃；除此之外还另有一个去处——北方正崛起的财富与权力中心，怀才不遇的希腊人或许能在那里找到自己的位置和出人头地的机会。

马其顿王国位于希腊北部,长久以来一直被视为野蛮而停滞的国度。然而公元前 4 世纪前半叶,在国王腓力二世(Philip II)的英明领导下,马其顿已逐渐取代波斯成为希腊城邦于混战中向外求助御敌的"权力掮客"。就是在这个地方,一群雅典最睿智的学界明星纷纷云集至腓力的宫廷,其中就有哲学家亚里士多德。他在公元前 4 世纪 40 年代晚期的时候成了马其顿学院(Macedonian Academy)的掌门人和腓力之子亚历山大的私人教师。亚里士多德就像当时许多希腊人一样,仍然满腔悔恨地回首公元前 5 世纪那白白浪费的时代契机。他写道:"只要希腊人能够建立起一个理想国,或促成单一的政治体制,那么他们将统治全世界。"

这"只要"二字依然是古希腊一个大大的问号。雅典的民主也好,斯巴达的武士精神也罢,它们都无法将希腊人融进单一的理想国。不过有一种更为古老的体制没有逃过亚里士多德的慧眼,而公元前 4 世纪的希腊作家和思想家们也同时意识到了这个在他们故乡已经绝迹数几百年的政治制度,它为希腊的某些近邻提供了令人艳羡的凝聚力和稳定性。在历代国王的治理下,马其顿和波斯均已成为列强,而与此同时希腊城邦却仍陷于社会团体间的暴力纷争和无休止的混战之中。伯罗奔尼撒战争不仅打破了人们关于寡头制或民主制能够打造首善之邦的信仰,还让很多希腊人重新评估政治自由相对个体安全而言的优缺点。看来王政即将隆重回归,而且还会由一位最为出色、最具魅力的国王来领导。希腊,更确切地说是"希腊性",将最终统治世界。

希腊古风时期的女像祭品，具有可活动的臀部和膝关节，年代约为公元前 6 世纪晚期或公元前 5 世纪早期。（*Tim Kirby 拍摄*）

古来斯（Kouros，站立的裸体青年）。这尊 2.1 米高的雕像被发掘于雅典圣门，其年代为公元前约 600 年。青年雕像在古风希腊时期通常被用作祭祀或葬礼的纪念物，而且常常跟阿波罗神的圣殿有关。这些雕像清晰地展现了希腊雕塑在古风时期对人体和解剖的兴趣和关注，并已经能够因其而有别于近东地区的类似作品了。（*Tim Kirby 拍摄*）

希腊雅典的帕特农神庙，建造于公元前 447 年至公元前 438 年间，神庙献给该城的守护神雅典娜。其后帕特农神庙经历了丰富的宗教历程，在公元 6 世纪时转变为一座基督教教堂，又于 15 世纪 60 年代改作清真寺。（©*Radius Images/ Corbis*）

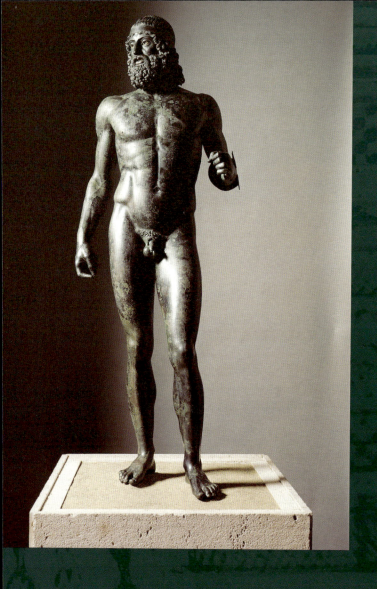

里亚切青铜像 A：一位武士的塑像（约公元前 445 年）。1972 年两尊真人大小的青铜武士像在意大利南部的雷焦卡拉布里亚（Reggio Calabria）海岸被人发现，是现存的那个时期的稀世珍品。当时希腊雕塑正逐渐对人体的"现实主义"肖像描绘产生兴趣，雕像的双眼镶嵌有骨头和玻璃，而牙齿是银制的，嘴唇和乳头都是铜制的。这些很可能是神庙献祭组织的一部分，也许被当作战利品运往罗马。

(*Erich Lessing/ akg-images*)

雅典"弑僭者"哈尔摩狄奥斯与阿里斯托革顿的雕像，他们于公元前 514 年刺杀了僭主喜帕恰斯。二人均付出了生命的代价，但作为民主之发轫，他们是举足轻重的早期先贤。这残存的雕像是罗马人的复制品，被发现于皇帝哈德良设在蒂沃利（Tivoli）的皇宫之内。公元前 478 年雅典人在萨拉米斯战胜波斯人之后旋即委托匠人模仿打造了这一组雕像，而原作在此两年前就已经被波斯国王薛西斯当作战利品掠走了。

（©Mimmo Jodice/ CORBIS）

（上）一口青铜大锅上的狮鹫头颅像（公元前 7 世纪）。青铜大锅置于三脚架或圆锥形支架上，是公元前 8 世纪至公元前 6 世纪间希腊圣殿里最为昂贵的祭品。浇铸而成的青铜狮鹫头颅常常用来装饰大锅的边缘，曾在奥林匹亚的宙斯神庙里被大量发现。（*Tim Kirby 拍摄*）

（左）几何图案风格的狄甫隆（Dipylon）骨灰坛，出自雅典的凯拉米克斯（Kerameikos）墓地（约公元前 750 年）。骨灰坛以几何线条和图案装饰，描绘了葬礼过程和人们对亡故者的悼念情景。此坛与其他类似的坛罐均出自同一个以狄甫隆墓地命名的作坊，而坛罐就是在那里被发现的。它们本身被用作墓地的标识和为死者祭酒的容器。
（©Gustavo Tomsich/ CORBIS）

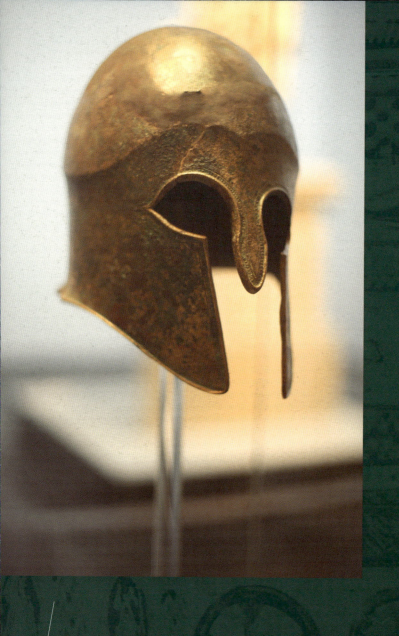

科林斯人的青铜头盔。武器和铠甲常被当作供品用于奥林匹亚圣殿里的献祭。
（*Tim Kirby* 拍摄）

斯巴达废墟遗址。（©CORBIS）

雅典凯拉米克斯（Kerameikos）墓地的纪念墓碑。凯拉米克斯是该城的制陶工业区，亦是一处重要的公众墓地。富有的雅典家庭沿着圣道修筑的陵墓一个比一个宏伟壮观。然而在公元前317年，一道敕令禁止继续修建如此铺张招摇的殡葬纪念建筑，仅允许用小规格的石柱或刻字的方形石料作为墓碑。（*Tim Kirby 拍摄*）

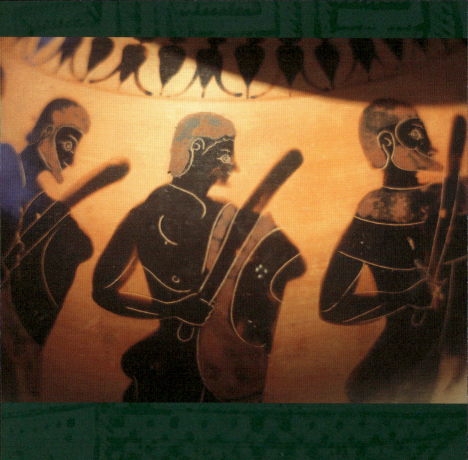

该作品被人认为描绘了雅典僭主庇西特拉图（约公元前 605 年至公元前 527 年）手持棍棒的侍卫。在一次狡猾的阴谋活动中，庇西特拉图设计让其本人及座驾的骡子遭受攻击，并横冲直撞地闯入雅典的"agora"（即"集市"），好让百姓们目睹敌人要加害于他。于是人们投票支持庇西特拉图使用私人卫队。该队伍由持棍棒的公民组成，庇西特拉图借助这支武装成功拿下了雅典卫城并在公元前 560 年至公元前 559 年之间短暂掌权。（Tim Kirby 拍摄）

葡萄酒搅拌钵的碎片，描绘了独眼巨人波吕斐摩斯（Cyclops Polyphemus）被奥德修斯及其同伙戳瞎眼睛的一幕（公元前 7 世纪）。在荷马所著的《奥德赛》一书中，狡黠的奥德修斯拯救同伴免于被独眼巨人吞食。奥德修斯和伙伴们被独眼巨人困于洞穴里，他给巨人献上脱水浓缩的葡萄酒并告诉他自己的名字叫作"没有人"。待波吕斐摩斯沉醉昏迷之后，奥德修斯跟伙伴们用一根头部削尖的木棍戳瞎了巨人的独眼。于是巨人设法向其同伴呼救，称"没有人"加害他，可是巨人的同伴都以为波吕斐摩斯是在跟他们开玩笑。次日早晨，已瞎的巨人在放羊吃草之前检查羊群，而紧紧抱住绵羊下腹的奥德修斯及其同伴则从巨人的眼皮子底下瞒天过海，成功地逃出了洞穴。（Tim Kirby 拍摄）

海神波塞冬神庙，位于希腊阿提卡的苏尼翁海岬（Cape Sounion），年代约为公元前440年。相传雅典国王埃勾斯（Aegeus）误以为他的儿子忒修斯被牛头怪弥诺陶洛斯所害，于是便跳崖自杀，而苏尼翁海岬则正是这位国王殉难的地方，这片海域因而被叫作爱琴海（Aegean Sea）。（*Tim Kirby 拍摄*）

波斯波利斯的万国门。大约从公元前 550 年至公元前 330 年间，波斯波利斯是波斯阿契美
尼德王朝形式上的首都，该城于末年被亚历山大大帝及其军队洗劫一空，随后被付之一炬。

（©Michele Falzone/ JAI/ CORBIS）

大理石雕像，所刻人物被认为是斯巴达国王列奥尼达一世。（©John Hios/ akg-images）

人物的细节特写，据推测该人物是一位预言者。作品出自位于奥林匹亚的宙斯神庙（兴建于公元前 472 年至公元前 456 年）东墙，属于广角图景的一部分，整件作品刻画了一场珀罗普斯（Pelops）与俄诺玛诺斯（Oinomaos）之间的马车比赛，相传该比赛在奥林匹亚举行。曾有预言曰，比萨（Pisa）国王俄诺玛诺斯将被其女婿所杀。于是俄诺玛诺斯下令，只有在马车比赛中战胜他的人才能够迎娶他的女儿希波达弥亚（Hippodameia）。俄诺玛诺斯驱驰着一队绝世宝马，因而自信满满，以为不可被战胜。在数名追求者皆失败身亡之后，珀罗普斯来到了比萨。开赛之前狡黠的珀罗普斯花钱贿赂了俄诺玛诺斯的御夫，让其往马车的车轴销里涂蜡，结果车轮在比赛过程中掉落了下来，俄诺玛诺斯当场殒命。于是珀罗普斯娶到了希波达弥亚并成为比萨国王。（*Tim Kirby 拍摄*）

位于科林斯的阿波罗神庙，年代约为公元前 6 世纪中期。（*Tim Kirby 拍摄*）

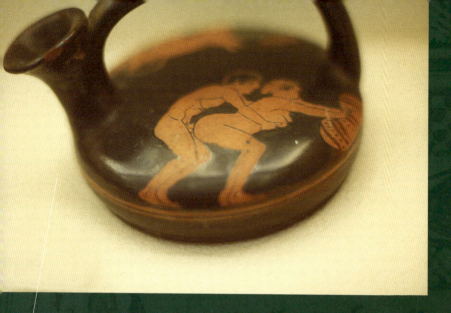

交媾男女。(*Tim Kirby* 拍摄)

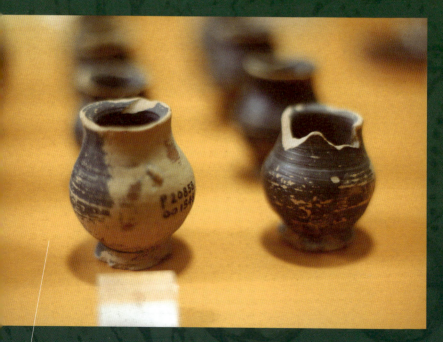

所谓的"毒参罐"。毒参(学名为 Conium Maculatum)原产于欧洲和地中海地区,富含神经毒素毒芹碱,能够中断中枢神经系统的运作。成人只需摄入6片到8片新鲜叶子就会因呼吸衰竭而死。(*Tim Kirby* 拍摄)

第四章

王政岁月：
亚历山大与希腊化时期

1 王者归来：马其顿的崛起

人们很容易将文明视作一种累加过程，认为它虽不无困难与曲折，但本质上是稳步渐进的。然而实际上，文明前行的历程坎坷蹒跚，到处是死胡同。光辉的变革岁月之后常常紧跟着衰退期，而有一些起初看似倒退或甚至更糟的年代却往往只不过是沿途披荆斩棘的必要过程，好让更强劲的新理念最终得以推进历史。

时至公元前4世纪早期，高能量的政治试验已将希腊变为古代世界的文化震源，而这种试验本身也已沦落至彼此揭丑、冷嘲热讽和慵懒疲惫的地步。日渐清晰的是，不管结果有多好，希腊人都令人不可思议地未能妥善利用，所以也就无法输出他们聪明才智所产出的成果。在北方蛮夷的国度，城邦的概念是陌生的，而"王政"这个被希腊人认为早已遗留在远古英雄时代的政府形式却仍旧在那块土地上居于统治地位。然而正是一位来自此地的人，才将全部或至少部分"希腊文物"塑造成了一个全球性的品牌。

希腊正遭受着权力真空之苦，斯巴达和底比斯这两个与雅典敌对的城邦正在相互厮杀，而毁灭性的伯罗奔尼撒战争和科林斯战争的主要受益者则始终都是希腊的宿敌波斯。由于希腊前所未有的虚弱和分裂，对很多古希腊人来说审视祖先们那雄心勃勃的泛希腊美梦的残骸时是黯然反省的一刻。

伯罗奔尼撒战争的耻辱性失败，外加随后自我毁灭式的政治纷争，导致雅典知识阶层中的很多人重新思考城邦这一概念。他们的问题如同城邦本身一样古老，即怎样在多元化的社会成分中间实现秩序和稳定。漫长而又痛苦的经历表明，希腊城内最具破坏力的元素是人们在政治或意识形态方面"僵持不下"的争论，它已然沦为社会团体之间恐怖的暴力冲突。公元前 427 年在科西拉岛 [Corcyra，今天的科孚岛（Corfu）]，民主派和寡头们自相残杀，我们通过阅读修昔底德对此事的史料记录，不难看出为什么这种"僵持不下"的状况会投射出如此黑暗的阴影。

> 如今死亡已无处不在，在此等状况下人们往往会超越底线。父亲杀死自己的儿子，受害者被拖出神庙，有的甚至就在圣坛上自我了断。那些死在狄奥尼修斯（Dionysius）神庙的人实际上已把那里堵得水泄不通。

苏格拉底的学生、哲学家柏拉图在《理想国》一书中试图起码在理论上建立一个完美的国家，以抵御那些长期以来猛烈冲击希腊城邦的政治风暴。在上下求索的过程中，柏拉图（生卒年约为公元前 428 年至公元前 348 年）创作了有史以来影响最为深远的哲学著作之一。柏拉图对社会的不稳定性感到恐惧，于是他便抨击民主制度，因为这种体制优先考虑平等和自由，而不把优秀领导力所需的知识与经验放在首位。极端民主制深深地困扰着柏拉图，以至于这位古代世界的智囊开始挖苦嘲笑，形容民主制度是"一种人见人爱的政府形式，它无法无天、混杂无序，将某种所谓的'平等'分配给高低贵贱各色人等"。

柏拉图的宏伟抱负就是要通过建立一个理想社会将城市从僵持的泥潭中拯救出来。这种社会建筑在正义、理性和秩序之上，同时又繁荣强盛，足以抵御外来之敌。柏拉图的理想国度将会由一批受过最高等教育和哲学训练的人来领导，因为只有他们才具备充分的学识来洞悉真假、辨明善恶。在这一幅完美国家愿景的核心，屹立着一位哲人国王，这个理想化人物经受过长年的严格训练，能够将最高天赋与完美教育结合在一起。他被单独赋以统治之位，不渴望权力，却理解肩负领导重担的责任。尽管柏拉图本人经常在其作品里警告我们现实与理论之间的差别，但他显然也看到了，对于培养成功的统治者而言，一门哲学教育至少是其中必不可少的组成部分。柏拉图执着于此念，遂于公元前 386 年在雅典创办了"柏拉图学院"，专门为那些胸怀大志的政治家而开设。柏拉图还被卷入当时独裁者特意开展的再教育活动中，而其结果则可谓好坏参半。西西里岛叙拉古王国（Syracuse）的迪奥（Dion）是年轻僭主狄奥尼修斯的首相兼叔叔，柏拉图应他之邀，为狄奥尼修斯建言献策。经多次拜访叙拉古之后柏拉图才发现，实践跟理论比起来究竟有多么地困难。狄奥尼修斯不仅傲慢放纵，而且年已二十七八

164

岁，完全不是一张白纸了。他对那位爱挑刺的叔叔迪奥日渐不满，同时还特别喜欢赢得这位博学导师的赞同，可他却根本不努力也不屑于将老师传授的任何知识付诸实践。柏拉图的"理想国"是一个乌托邦，其精英的纯粹性完全与希腊所处的时代格格不入，与公元前4世纪初喧嚣杂乱的政治环境脱节。不少现代评论家将柏拉图的主要动机视为一种政治上的逃避主义，而非真正的改革愿望。

对整个城邦概念的质疑仍在继续，它不仅局限于柏拉图及其同行们所在的精英知识分子象牙塔内。色诺芬是一位简单得多的人，他在现实中寻找完美统治者的影子，而不是企图在人类社会这座实验室里检验自己的理论。对色诺芬和其他像他那样的人而言，导致希腊城邦长期陷入瘫痪的政治不稳定性其实早已有解决的方案，其存在的历史几乎跟城邦本身同样悠久。尽管王政制度始终处于休眠状态，但北方和东方最强大的邻国马其顿和波斯就是君主制。在西西里岛和意大利南部的许多希腊城邦也被独裁者统治着，其中有一部分人即便尚未有王室头衔，但也早已具备了王家的外部特征。

色诺芬创作了《居鲁士的教育》（*Cyropaedia*），这是一部对波斯帝国缔造者居鲁士的赞歌。色诺芬将其作为一种探索王政优点的方法。生活于公元前6世纪的居鲁士或许早已仙逝，但色诺芬显然认为他的个人品质有其同时代的价值和历史关联性。根据色诺芬的说法，居鲁士更像是人民的仆人而非暴君。他不依靠军权或神权来统治，而是仰赖自身的善举和美德。依色诺芬所述，理想的统治者"带头贯彻国家指派的任务，而且服从命令听指挥。他不以自身喜好为行事准则，唯法律马首是瞻"。色诺芬的另一部著作是关于其好友斯巴达国王阿格西劳斯（Agesilaus）的，其中也涵盖了诸如体恤黎民、乐善好施、鞠躬尽瘁等类似主题。

> 家庭的成员觉得他格外慷慨，身边的伙伴认为他亲密非常。凡是衷心服务的人，他铭刻于心；凡是遭受不公的人，他拔刀相助；对于凡是并肩作战而身犯险境者，他是仅次于诸神的救星。

时代的确业已变迁，虽然波斯战争仅过去一个世纪，伯罗奔尼撒战争也只结束了几十年，但如今我们居然发现一位雅典人正从宿敌波斯和斯巴达身上寻找理想的领导模式。过去宝贵的半个世纪里充斥着政治冲突和自我毁灭，经历了这段岁月之后，独裁政治——其君主足够开明，得以满足全国的各种需求——的确定性看起来比那些更能凸显民意的政府的不安全性要好。

统治希腊城邦的寡头政权和民主政权看来都几乎没有从伯罗奔尼撒战争中吸取什么教训，战争和冲突仍旧在希腊各地蔓延。民主派和寡头们均不假思索地设法将非希腊的强大邻国拉入自己的冲突之内，而事实上此举往往只会延长这场虚耗的纷争，而不是缩短它。况且这些希腊城邦长期不和，谁都想在敌人面前设法占得优势，而今他们又有了另一个除波斯之外的异国势力可以找来帮忙。

希腊北部边界地区的马其顿王国传统上更像是城邦的受害者而非侵略者，其广袤的森林是雅典舰队所需木材的现成

资源，因而长期以来始终是帝国觊觎的目标。至于马其顿人
究竟有多少希腊成分，这一直是个悬而未决的争议性问题，
而希腊人则会根据自身与该王国的当前政治关系来调整他们
在此问题上的立场。公元前5世纪中期，马其顿国王亚历山
大一世因醉心于希腊文化而赢得了"希腊友人"的称号，
亦被称为"希腊爱慕者"。他甚至还在德尔斐（Delphi）和
奥林匹亚举办的希腊运动比赛中赢得过几次胜利。我们知
道，马其顿的语言属于希腊方言，而其王室成员也常常需要
167 接受希腊文学和艺术的严格教育。然而不管马其顿人变得多
么有文化、有修养，他们在许多希腊人眼里始终与北方蛮夷
相差无几。对于马其顿国王腓力二世，即亚历山大大帝的父
亲，有一位雅典演说家在政治上对其公开怀有敌意，他肆无
忌惮地说：

> 他非但不是希腊人、跟希腊无关，而且甚至不是一
> 位有资格被冠以赞许的蛮族。此人只不过是一个无耻的
> 麻烦制造者，他来自马其顿，而那个地方直到今天仍然
> 连一个为人正派的奴隶也买不到。

就连"希腊爱慕者"亚历山大一世也不得不在证明他
的希腊身份之后方可参加竞技比赛。

然而，那些将马其顿算作粗鄙蛮夷之国的人却回避着一
个令人不悦的事实，即马其顿也属于希腊的一部分。它并非
雅典式的希腊，或斯巴达、阿尔戈斯和科林斯那样的希腊，
而是一种更为古老的希腊，早已存在于北方土地上并延续至

此。进入公元前 4 世纪的马其顿犹如退回到那个尚未出现由公民领导城邦的希腊，就好像复归了荷马史诗所描述的部落式武士社会。尽管希腊的文学、艺术和建筑早已传播到了马其顿，但古典希腊至关重要的政治制度并没有在马其顿占据统治地位。这并不是一个属于政客和演说家的文明，而是铁面独裁者的天地。无比高尚的公民权概念还不如族群的忠诚以及部落间的交易来得重要。城邦对于马其顿来说是一个陌生事物，这个王国由几个强大的部落组成，受一位国君统治，但常常并不稳定。国王身边围绕着侍卫，而人们在对他进行评价的时候，军事上的勇猛跟政治上的敏锐同等重要。 168
马其顿人擅长打猎、骑马和搏斗，是一个好战的民族。军队受王权控制，同时也是国家统一和民族团结的象征。显而易见，这是一种"伟人主义"的文化。

　　亚历山大大帝的父亲腓力二世是领导马其顿实现辉煌崛起的国王，他的统治时期为自公元前 359 年至公元前 336 年，其间这个国家从偏远的荒蛮之邦变为了地区性霸主。在此过程中，腓力二世将希腊重新凝聚了起来，使之成为一个令人望而生畏的可怕帝国。他作为国王的第一步棋就是重建马其顿军队，他到全国各地发表慷慨激昂、鼓舞士气的集会演讲，激励军队和人民团结成一股绳，并从"上马其顿地区"和"下马其顿地区"征募士兵。所谓"上马其顿地区"类似于欧洲 15 世纪那种贵族封地，是山地小国王和小王子们的世界，仅有片片松林与山涧清风而已。这就是"北方"，位于"橄榄线"之外，远离希腊那个"市民与重装步兵"的世界。不过谈到战争的残酷现实，马其顿人则确实

迈入了属于他们自己的辉煌时代。腓力本人为重装步兵引入
了长达 6 米的萨里沙长矛（sarissa），从而彻底革新了他们
的战斗模式。据一位目击者称，步兵方阵（另一项马其顿
发明）全体配备长矛之后，嗖嗖地挥舞之时就犹如大豪猪
的刚毛一般。

马其顿长期饱受希腊城邦干涉内政之苦，其中做得最明
显的就是底比斯和雅典。然而在公元前 4 世纪 50 年代的时
169 候，马其顿变得强大而且团结起来，它的影响力开始遍及北
部希腊。腓力的军队运用诸如步兵密集方阵这些全新的战
术，横扫多支希腊军队，向世人证明他们是不可抵挡的力
量。希腊人喜欢邀请更强大的外国力量来对付自己的敌人，
而腓力则从中极大地受益。马其顿国王非常精明，懂得如何
将"分而治之"的好牌打出最佳的效果。在公元前 355 年
至公元前 346 年之间，第三次神圣战争（Third Sacred War）
在以底比斯为首的希腊城邦联盟和来自希腊中部的佛西斯人
（Phocians）之间打响。冲突的焦点是佛西斯人拒绝支付一
笔可能在圣土范围内种植庄稼的巨额赔偿。此项处罚是由德
尔斐①近邻同盟（Delphic Amphictionic League）强加给他们
的。这是一个自古有之的委员小组，由不同的希腊城邦组
成，负责照看、保护最著名的阿波罗神殿以及履行其他职
责。佛西斯人将这种惩戒性的罚款正确地解读为底比斯迫害
行动的一部分。与此同时他们还做出了反应，洗劫了神谕圣
殿，擅自将神灵的巨额财富用于战争行动。此时腓力应邀前

---

① 德尔斐是泛希腊圣地，属于所有希腊城邦的圣土。——译者注

来相助，但等到希腊人——特别是雅典人和斯巴达人——意识到他们闯下了何等大祸时，一切都已经太晚了。到公元前346 年，腓力已将北部希腊、伊利里亚（Illyria）、色雷斯和伊庇鲁斯（Epirus）的大片土地都纳入自己的掌控之中，有的国家则与其结盟。不仅如此，他还征服了希腊北部资源富饶的塞萨利（Thessaly）地区。此时的马其顿异常强大，以至于雅典人和其他希腊人都对其束手无策，只得加入马其顿的联盟。腓力已然粉墨登场。

　　有些观察家察觉出了腓力对城邦自治权及其政治体制所　　　170 形成的威胁。雅典政治家和演说家狄摩西尼（Demosthenes，公元前 384 年至公元前 322 年）曾警告大家不要对那位北方国王采取任何缓和局势的行为，而且还主张应当抵抗北方"蛮夷"，哪怕这意味着要与东方的"蛮夷"——波斯结成同盟。在狄摩西尼看来，"自我感觉太良好"、"居安不思危"的心理状态才是公民同胞们面临的最大威胁。

　　　　大伙暂且想象一下，当这个朝廷建立起来之时，你们每个人都会归家，或急切或悠闲，心情想必并不沉重，不会左顾右盼，也不关心会遇上朋友还是敌人，巨人还是矮子，强者还是弱者，毫不顾虑任何类型的邂逅。为什么会这样呢？因为你们心里明白，而且因为信任国家而非常确信，统统认为没有人会抓捕、虐待或毒打自己。

　　狄摩西尼企图告诫雅典人他们所面临的危险，以最大胆直率的方式将腓力的威胁坦白道出。

亲爱的公民同胞们，你们首先要明白，腓力已经向我国宣战了，他已撕毁了和平协议。腓力敌视整个雅典及其领土，要与我们对抗到底——请允许我斗胆多说一句，他是在与雅典的诸神开战。（愿诸神将腓力从地球上抹去！）此时此刻他正在拼命策划反对的东西不是别物，正是我国的体制。腓力一心想要推翻它，除此之外世上再也没有什么东西令他如此关注了。

171　　狄摩西尼耸人听闻的斥责说明他时刻关心腓力对雅典所构成的威胁，不过这种所作所为也凸显了他自己的孤陋寡闻，他跟那些同胞一样落伍。狄摩西尼和诋毁者们共有的问题是他们错误理解了雅典对腓力的重要性。雅典并非无足轻重的，它仍是希腊最强大的城邦之一，但已经与公元前5世纪的巅峰期相去甚远。作为一名雅典人，狄摩西尼根本无法想象他的城市居然不在腓力治国大略的核心范围之内。雅典正躺在过去的功劳簿上坐吃山空，其他所有人对此都心知肚明，唯独雅典人自己还蒙在鼓里。

　　腓力二世并不受城邦狭隘的思想观念及其僵化的意识形态所牵累，他完全能够持一种更广阔且灵活的世界观，而这种实用主义则意味着他愿意接受任何一种政府形式，只要它对马其顿有利就行。腓力也明白，极端的民主制使雅典再也无法当机立断地果断行事。雅典将领只担任十人小组中的一个①，任期

----

① 古希腊制度设置"十将军委员会"，每年从十个部落中各挑选一位将军以组成最高军事机构。——译者注

仅为一年，而且还很容易受到政治干预的影响。鉴于此事实，据说腓力曾有过这样的讽刺评价："恭喜雅典人每年都能发掘出十个将军，我到现在才找到一个。"

城邦的狭隘心理意味着几大主要的希腊城邦均普遍无法理解为什么那些对他们而言至关重要的东西居然不是腓力优先考虑的事务。与此同时，诸城邦也没有看透腓力其实在利用他们自我膨胀的优越感。不过一旦腓力被"请"进希腊，那么他就不准备离开了。在统御希腊的第二阶段"战役"里，他将会运用相同的策略，而这一次则是将自己与"泛希腊主义"这个古希腊的伟大"圣杯"① 相提并论。

在希腊有一种观点认为，只有再度向本地区的共同敌人波斯发动一场大讨伐才能终结这纠缠了一个多世纪的灾难性混战。这种想法的声势日益高涨，雅典政治家伊苏克拉底（Isocrates）就站在这场泛希腊复兴运动的前沿，他和其他一些人花费了 40 年时间呼吁希腊竞争各方携起手来发动一场史上首次明确针对"东方"的"十字军东征"。然而在胜任此役的有力人选当中，无论是斯巴达的阿格西劳斯，还是斐赖（Pherae）的亚历山大，或是叙拉古的狄奥尼修斯，没有一个人站出来接受这一挑战，于是伊苏克拉底便转而求助下一位次优人选——腓力。伊苏克拉底认为腓力正是强力推动泛希腊主义未竟事业的合适人选（而且其希腊成分尚也足够）。腓力和他的马其顿王国已取得了长足进步，从北方

---

① "圣杯"的概念源于基督教，相传是耶稣与其门徒使用过的杯子，后世人们相信只要找到这只杯子并喝下用其盛过的水便可起死回生，"圣杯"由此逐渐成为一种文化符号被人引用。——译者注

的乡巴佬变成希腊世界的主宰。希腊人虽早已明白他们的问题何在，但完全不知道应当如何去解决它。这是一个天大的悖论，所谓成也萧何败也萧何，正是城邦这个让希腊人伟大的事物却也害得他们虚弱分化。唯有一位在城邦内部没有利害冲突并且始终置身事外的蛮族"国王"才能将他们团结起来。

可是腓力本人的算盘永远不会跟伊苏克拉底同步。腓力是一位自豪的马其顿国王，他真正的兴趣在于利用泛希腊主义来巩固自身在希腊及其之外地区的政治权力。希腊人或许173 认为他们比腓力高明得多，但事实上是腓力将他们玩弄于股掌之间。公元前 338 年，腓力在喀罗尼亚（Chaeronea）战役中完胜雅典和底比斯联军，令人感到不祥的是，唯有在兵戎相见之后，马其顿主导的泛希腊同盟（Pan-Hellenic League）才形成。雅典市民害怕腓力前来围城，然而他并没有那么做，腓力未采取进一步摧毁希腊的行动。因为这没有必要，战争已经证明了任何抵抗马其顿铁蹄的行为都是徒劳的。现在腓力要用联盟的方式来征服希腊，而不是再舞刀弄枪了。翌年，腓力创立了科林斯同盟（League of Corinth）。这是一个不包括斯巴达的希腊城邦联盟，其潜在目标是发动一场针对波斯的联合战争。该联盟同时也保证成员国的和平、自由和自治权——尽管在现实中这是由马其顿的军事力量来兑现的。联盟成员在"地峡运动会"（Isthmian games）的举办地宣誓，公元前 481 年各大城邦曾经在这个地方立誓反抗波斯国王薛西斯。科林斯同盟虽为一个明显的和平象征，但事实上它仅仅是马其顿控制希腊的一种手段而已，类似于提洛同盟的模式。泛希腊梦想演变成了服务于马其顿统治的特洛伊木马。然而腓力还未来得及发起任何针对波斯的远征就在公元前 336 年遇刺身亡了。凶犯并不是挥舞匕首的民主派人士，也不属于为自由而奋起抗争的寡头，那人只是一名心怀私怨的马其顿精神病患。由此可见希腊城邦已经沦落到了何等虚弱无力的地步。

2　亚历山大之谜

　　假如希腊人认为腓力二世的遇刺预示着马其顿霸权的终结，那么他们将会大失所望。待腓力之子、继任者亚历山大年至 31 岁时，他已经从一个在小国马其顿备受争议的国王变成大帝国的主宰，其统御的疆域囊括希腊、土耳其、埃及、叙利亚、伊朗、阿富汗和巴基斯坦。可是一个人怎么可能在如此短暂的时间内成就此等伟业呢？亚历山大果真是盖世雄主吗？还是仅仅如圣奥古斯丁（St Augustine）在《上帝之城》里所描述的那样，纯粹是"一个妄图洗劫全世界的小流氓"？

　　腓力曾确保儿子接受了彻底完整的经典希腊教育，并让其师从柏拉图最得意的门生亚里士多德——此人与其老恩师一样讨厌雅典的极端民主制（尽管他确实也赞成少数服从多数的决策方式，只要其过程是严格把控的就行）。亚里士多德已经有过为独裁者服务的经历，他曾在小亚细亚某位小僭主的宫廷里待过一段时间，甚至还把自己的女儿嫁给了该宫廷中的某人。不过公元前 343 年前来马其顿却是他向上迈入"职业联赛"的一步，而且此举还确保了他前程似锦。
虽然亚里士多德与其希腊同胞一样鄙视蛮夷，但他也明白腓
力身上有着某种特别的东西。亚里士多德的批评者们会恶毒 175
地讥讽他正在把自己送入一幢"烂泥"房子里。不过对于
亚里士多德这样一位敏锐的政治学徒来说，如今真正的权势
位于北方，前往那里绝对是难以抵御的诱惑。至于腓力这
边，他挑定的教师人选简直无与伦比。亚里士多德学识渊
博，无人能及，他广泛涉猎哲学、政治、诗歌、音乐、天
文、医药、科学和自然历史。

令人颇感沮丧的是，我们几乎不了解这位即将成名的哲
学家与他青出于蓝而胜于蓝的学生之间是怎样的一种关系。
亚里士多德似乎在这个问题上缄口莫言。他后来观察到，年
轻人都普遍"不是政治学的合适听众；没有生活经验；因
为他们做事依然跟着感觉走，所以听了也白听"。世人一直
推测，诸如此类的观点其实是亚里士多德自传式的暗示，他
所讲的其实正是当年自己教授亚历山大的那段岁月。不过亚
历山大也确实在某些学习领域花费了苦功，据说他酷爱荷马
创作的《伊利亚特》。亚里士多德为这部史诗特别编修了一
册诗歌课本，亚历山大将其置于自己的枕下，同一把匕首放
在一起。

纵观这位马其顿国王短暂的一生，《伊利亚特》起到
了激发灵感、鼓舞精神和指引内心的作用。亚历山大的自
我认同和个人野心是由荷马时代的价值观来定位的。他自
觉地以"酷爱荣誉"的英雄主义品质标准来生活，急切
想要赢得名望与荣誉。对希腊人而言，把自己的生活建筑

在《伊利亚特》这部作品上似乎是一个无药可救的时代
性错误。在多数人眼里，这一则500年前的古老故事实在也
太过时了一点儿。狄摩西尼嘲笑亚历山大是笨头笨脑的小丑
和土里土气的蠢蛋，认准其为从北方蛮夷之地来的乡下二傻
子。其实狄摩西尼所言也不无道理，但亚历山大与狄摩西尼
这类人之间的文化分歧揭示了宝贵的国体对于一个掌握万民
命运的人来说是何等地微不足道。这个国度从未被城邦染指
过，生杀大权均掌握在独裁君主手中，他由一群勇士伙伴贴
身服侍，而国家的权威也极大地依赖国王个人的勇武。对于
生活在这样一片土地上的年轻君主来说，《伊利亚特》这本
书想必引起了强烈的共鸣。

亚历山大所接受的昂贵教育意味着当涉及"希腊文物"
时他能够将所有高谈阔论都付诸实践，然而亚历山大对
"希腊文物"所衍生出来的政治体制没有任何实际的投入。
在"希腊性"的核心范畴内，那些精彩的戏剧、杰出的哲
学论著、美轮美奂的艺术和建筑之所以会存在，正是由于那
个不可或缺的政治有机体，即"城邦"。然而对于亚历山大
来说，无论他多么精通希腊文化，"城邦"却是一个从根本
上来说性质不同的概念。终其一生，亚历山大将会建立许多
座城市，但对于多数希腊人来说那无非就是些砖瓦土泥罢
了——因为它们压缩了公共责任与自由的关键原则，尽管在
程度上各有不同。亚历山大所接受的教育使他成为一个危险
人物，因为就像腓力一样，亚历山大懂得"城邦"和"泛
希腊主义"这些概念对希腊人而言有多么重要。他仿效父
亲的做法，宣布支持这些理念，而待实现自己的政治目标之

后便将它们抛弃。亚历山大残忍地占有了"希腊性"并将其扭曲以满足自身的独裁需要，却同时将它的发明者——希腊人抛诸脑后。亚历山大的一系列征服让希腊的胜利席卷了已知世界的大片地区，然而这些军事捷报也代表了历史的转折点，即希腊城邦从此失去了对"希腊性"的控制权。

经由一番针对其他"希望种子"的常规清洗，亚历山大确保自己承袭了王位，随后便将注意力又转回到希腊，因为强大的底比斯城邦已经起兵叛乱了。如果说此时尚有哪个希腊城邦怀疑 20 岁的亚历山大的气魄和胆识的话，那么底比斯人遭受的残酷待遇肯定会令这一问号烟消云散。底比斯的城市被彻底摧毁，除宗教场所的辖区以及诗人品达的房子之外，其余悉数变为农田。许多居民惨遭屠戮，30000 名幸存者沦为奴隶。这种残酷的清洗是在科林斯同盟的权威下执行的，该联盟曾推举亚历山大为领袖盟主。此番行动将不会是亚历山大最后一次高举"泛希腊主义"大旗来压制希腊人的政治自由。亚历山大所施放的恐怖让他获得了希腊的完全服从，至少暂时如此。亚历山大决定留下一位马其顿副官担任"不挂名"的总督以"照看希腊人的自由"，而此事也印证了他的确蔑视各大城邦辛苦赢得的解放。随着希腊在他的控制之下团结成为整体，亚历山大便能够主张对泛希腊"圣战"的遗产继承，并将其作为一段"十年荣光"期的发起平台，即五年战胜波斯，成为"亚洲之王"，而后五年则追寻个人荣耀，将自己带到已知世界的尽头。可以说，这是一个由"闪电战"创立起来的帝国。

亚历山大与泛希腊主义的逢场作戏是短暂的，另一种

178

"希腊性"才令亚历山大心醉神迷，即那个早已远去的、属于荷马时代的传奇岁月。公元前334年，亚历山大穿越达达尼尔海峡的危险水域从欧洲进入亚洲，首次与波斯军队交锋。当时他身穿一套金光闪闪的铠甲，为皇家三桨座战船掌舵，确保自己是第一个踏上亚洲土地的人。待他真的夺得头筹时，亚历山大奋力地将长矛插入土里，恰如《伊利亚特》一书中希腊远征军抵达特洛伊时英雄普罗忒西拉奥斯（Protesilaus）曾做过的那样。尽管亚历山大对"泛希腊"赞美有加，但在他心中怀揣着的则更多的是特洛伊战争而非波斯战争，这一点自远征伊始就非常明显。

亚历山大初到亚洲时希腊人所受到的待遇也进一步揭示了他对泛希腊美梦实际上缺乏兴趣。雅典舰队在战争的第一个冬天就被派遣回家，而在亚历山大的陆军当中希腊人也可谓凤毛麟角，除非是需要专业技术的时候，比如在建筑工程方面。此外，亚历山大的亲密伙伴或资深下属里也几乎没有什么希腊人。希腊人仅仅让亚历山大讨伐波斯师出有名，同时还提供了一支运送他军队渡海的舰队而已。除此之外，他们只是亚历山大卷起的滚滚洪流之中头一个可被轻易舍弃的东西。

亚历山大于公元前334年5月在格拉尼库斯河战役中击溃波斯军队，随后安排筹划了一项针对小亚细亚西部的政治解决方案。这个地区拥有许多希腊居民，他们的自由一直以来都是泛希腊事业的一项重要议题。可是即便这项重组工作也只不过凸显了亚历山大在全部重大政治决策背后所隐藏的那种如钢铁般强硬的实用主义。亚历山大宣布民主制度复辟，旧有的法律重新生效。该地区传统上一直实行寡头政治，他这么做的目的则意在暗中破坏该区域希腊城市里的亲波斯政权，而绝不是出于任何意识形态的理由。亚历山大同时还保留了波斯人早先建立的帝国总督体制，只不过往位子上安插亲信而已，这一点对我们来说也非常具有启示意义。

亚历山大征讨波斯的真实动机可以从一封信函里找到蛛丝马迹，它可能是写给波斯国王大流士的，并以惯常的那套泛希腊说辞开头：

> 你的先人曾侵犯过我们马其顿和希腊余部，造成极大伤害，而我们此前却从未对贵国做过任何不法之事。而今我已受命为希腊人的统帅，对波斯人还以惩罚合乎天理。我现在已经跨入亚洲，而你们才是侵略者。

不过信件的最后一段却是不祥之语，犹如一份证词表明 180
了亚历山大真实的野心所在。

> 将来你无论何时与我对话，都请称呼我"亚洲之王"。千万不要以平等的身份写信给我，我是你一切的主宰，请陈情自己的恳求。

王政制强调个人品质，提供了灵活性与实用主义。然而无论是拥有几千张嘴发声的民主城邦，还是略有节制的寡头政体，它们均无法以类似王政的方式做到那两点。王政制富有魅力并具备多变的可能性，而亚历山大则将其淋漓尽致地展现了出来。他从未真正鼓吹过什么高尚的事业或意识形态，亚历山大只是为了宣扬自己个人罢了。正如荷马时代的英雄那样，亚历山大的目标是赢得尽可能多的战争、尽可能高的声誉，征服尽可能广泛的领地。这就是为什么《伊利亚特》这本书会在这位年轻的国王身上产生如此强大的影响。

纵观亚历山大短暂而一流的事业，他严格模仿着英雄时代两位最著名的人物，即传说中力大无比的赫拉克勒斯和《伊利亚特》里最耀眼的战士阿喀琉斯。亚历山大拥有近水楼台之便，能够同时宣布与两者的家族联系。他还宣扬自己与两位著名先辈一样也是神灵的儿子——对他而言，这位神灵非众神之王宙斯莫属了。于是在古代美索不达米亚和近东地区的市镇里到处流传着亚历山大"上天亲戚"的故事。有人说亚历山大的母亲奥林匹亚丝（Olympias）在新婚之夜肚子被天上的闪电击中然后就怀孕了，而其他人则在私底下说其实是腓力本人在熟睡的妻子身边发现了一条伸长的蛇。诸如此类的传言被进一步添油加醋，暗示腓力早已监视自己的妻子，而且见证了他"儿子"是从神灵处受孕而得来的。后来故事越传越玄乎，说宙斯为了惩罚腓力的窥阴癖行为，遂让他在战场上瞎掉了那只冒犯神灵的眼睛——然而当神灵在对其妻施孕的时候，那只眼珠子居然没有冒犯到神灵。此外，还有谣言说亚历山大实际上是马其顿宫廷鸟园里的一只具有灵性的布谷鸟。诸如此类的故事将成为奠定"亚历山大传奇"的基石，亚历山大深知一则好的故事会有多么强大的力量。

2 亚历山大之谜

他穿越亚洲的长征由一系列精心安排的事件突出强调，使之看起来完全像是在跟随有名望的先辈的脚步。首先，待穿越赫勒斯滂海峡进入亚洲之后，亚历山大直奔特洛伊那座传奇城市。然而特洛伊的荣光岁月早已远去，如今只是一块不起眼的地方。它停滞不前，只是仰赖着过去的辉煌历史。如此一座古代的遗产中心，对于注重自我形象的帝王来说，其昔日的荣耀即意味着它将是至关重要的驻足点。亚历山大脱下所有衣物，将全身抹上圣油，然后跑步前往阿喀琉斯的墓碑，并于上面安放了一个花环。他的恋人海菲斯提恩（Hephaistion）也同样向阿喀琉斯的伴侣帕特洛克罗斯（Patroclus）的墓碑敬献花圈。在一座供奉宙斯的圣坛上，亚历山大向另一位"祖先"、特洛伊传奇国王普里阿摩斯（Priams）献祭、祈祷，并紧接着将他自己的铠甲献于女神雅典娜。向来富有"进取心"的祭司们随后赐给了亚历山大一副盾牌和几件武器，据说可能是特洛伊战争年代遗留下来的物品，而后被祭司们"顺便发现"了——阿喀琉斯之母阿佛洛狄忒曾赐予其子神圣铠甲，而亚历山大此举则明显是对此事件的效仿。于是，亚历山大就随身带上了这一小部分象征特洛伊历史和神权的器物，于东行的途中当作额外的保险。

在亚历山大征服波斯帝国的古代文献当中充斥着诸如此类的小插曲。又有一次，当亚历山大在巴基斯坦北部作战时，他横下心来决意要夺取一座名为奥诺斯（Aornus）的特别难接近的山峰。其上有敌军躲藏，几乎无法攻取。但亚历山大宣称这并非普通的山顶避难所，而是伟大的希腊英雄赫

马其顿

佩拉

色雷斯

黑海

伊庇鲁斯

比提尼亚

赫拉斯
(即"希腊")

特洛阿德

亚历山德里亚

戈尔迪乌姆

斯巴达

萨迪斯

安卡拉

亚美尼亚

以弗所

拉丁姆的亚历山德里亚

哈里斯河

米利都

哈利卡尔那索斯

333

克里特岛

西藏

克桑托斯

索里

塔苏斯

伊苏斯

331

法塞利斯

地中海

塔普萨卡斯

高加米拉

阿贝拉

昔兰尼

塞浦路斯岛

332

331

叙利亚

亚述

324

亚历山德里亚

提尔

幼发拉底河

俄庇斯

331

锡瓦

332

耶路撒冷

巴比伦

加沙

孟菲斯

巴比伦尼

亚历山德里

埃及

阿拉伯半岛

尼罗河

N

红海

500 英里

800 公里

亚历山大征服的地区

图例

马其顿王国
亚历山大征服的地区
附庸国
承认马其顿领导权的希腊部分

亚历山大的进军路线
其将军们的进军路线
陆路
水路
330 日期（公元前）

亚历山德里亚尼斯查塔
（Alexandria Eschata）

奥克苏斯河

329

马拉坎达
329
诺蒂卡
索格狄亚那
索格狄亚山
亚历山德里亚（马尔吉兰）
科瑞尼斯山
330
奥述的亚历山德里亚
（Alexandria ad Oxum）
亚历山德里亚（巴克特拉）

扎德拉卡塔
哈卡托普勒斯
（Hacatompylus）
Susia
帕提亚
巴克特里亚
329
亚历山德里亚（帕洛帕米萨达）
326
奥诺斯
亚历山德里亚（以奥莫萨，
Iomoussa）
里海隘口

Peucelaotis
（今译恰尔萨达）塔克西拉
亚历山德里亚（阿里亚）
亚历山德里亚
普罗弗萨西亚）
亚历山德里亚（比塞弗勒斯）
亚历山德里亚（尼西亚）
326
上印度
330

克拉特鲁斯
帕萨尔加德
波斯波利斯
亚历山德里亚
（卡尔马尼亚）
326
亚历山德里亚
（阿拉霍西亚）
克拉特鲁斯
卡尔马尼亚
亚历山德里亚欧比安
（Alexandria Opiana）
亚历山德里亚索格狄亚那
326
30
斯
毛拉隘口
下印度
印度河
印度

普拉
格德罗西亚
Sindimana
（今译塞万赫沙利夫）
325
帕蒂亚拉

Harmoxia
（今译阿巴斯港）
尼阿库斯路线
325
亚历山德里亚
（奥雷塔，Oreitae）

拉克勒斯本人都未能攻占的地方。赫拉克勒斯失败了不止一次，而是前后共两回。托勒密（Ptolemy）接着解释说亚历山大有一种想要超过赫拉克勒斯的"渴望"。于是经过一番激烈战斗之后，两股700人的队伍趁着夜色以近乎疯狂的冒险行动最终爬上了最高峰，而亚历山大则理所当然地是第一个抵达峰顶的人。

亚历山大自觉的英雄主义怪诞行为并非总能与他所处的公元前4世纪轻易相容。他的某些壮举充其量也只能令他看起来犹如肤浅的口技艺人，说得难听点简直活像个蛮族的精神病患。典型的事例是他对待镇守加沙（Gaza）的波斯总督巴提斯（Batis）的方式。当亚历山大包围该城之后，巴提斯很不明智，他犹犹豫豫不肯献城。待加沙一旦陷落之后，亚历山大将这位仍然活得好好的巴提斯拴在自己马车后面，然后拖着他绕城墙奔驰。此举当然是隐喻了当年阿喀琉斯在特洛伊城墙外残忍虐待赫克托的尸体，只不过巴提斯是一名投降的肥胖宦官，而不是什么伟大的战士。原本意欲强化亚历山大与阿喀琉斯之间联系的那层用意也已经沦为拙劣的模仿而已。

亚历山大不会只采用某个单一的荷马时代英雄形象，纵观其开创伟业的过程，作为大部分已知世界的征服者，亚历山大扮演了一组由不同角色组成的集合体，令人眼花缭乱，其中有希腊解放者、埃及法老和波斯独裁者。而在亚历山大身上至关重要的一点其实并不是他对理想的投入，而是他的背离。角色转换的意义要比单纯的自我意识丰富得多，尽管后者当然也有其作用。政治理念对希腊人而言是性命攸关

185

的，但亚历山大不会受制于这些东西，他更倾向走一条"拿来主义"的路子。在伟大的东行途中会发现形形色色的风俗与传统，如果有助于进一步达成目标的话，那么亚历山大就会接受并采用它们。

埃及是当时世界上历史最悠久的文明中心，而当亚历山大抵达那里时，这种"丢一物而拾一物"的狂热转换表现得淋漓尽致。在过去的两个世纪里波斯人一直控制着埃及，并且因其苛捐杂税和高压做派而非常不受埃及人欢迎。于是亚历山大便利用埃及人对波斯人的反感，再一次充当了解放者的角色。他非常精明，知道应当争取那个曾为法老有效管理国家的祭司阶层。而波斯人是琐罗亚斯德教徒，他们认为其他神灵都是魔鬼，不尊重埃及人的神灵和风俗，由此将埃及祭司们孤立了起来。亚历山大前往埃及的古都孟菲斯，向古埃及的牛神亚皮斯（Apis）献祭，以图赢得那些能量巨大的祭司的垂青。这一招果然奏效了，亚历山大旋即被冠以上埃及兼下埃及法老的称号，不过我们难以得知祭司们这一"好客之举"究竟有多少是出于亚历山大的虔诚举止，而又有多少是缘于他所带来的那支显然不可战胜的庞大武装。186

日久之后，遍布埃及大大小小的神庙都将亚历山大称作"法老"。上埃及地区卢克索的一座神庙里存有一处浅浮雕，上面描绘了亚历山大以法老的身份向本土神灵米恩神（Min）献礼致敬的场景。亚历山大同时还被人当作荷鲁斯神（Horus）来崇拜，即一位人间神灵，是创造宇宙之神阿蒙（Amun）的儿子。再后来，亚历山大率领军队前往偏远的利比亚锡瓦（Siwa）绿洲，它位于开罗西南方约600公里处。这是一次穿越无水沙漠的危险旅行，亚历山大及其整支部队在凶险恶劣的环境里无望地迷路了，几乎就要干渴而死。然而对于亚历山大而言，此行获得的奖赏却值得一冒风险。锡瓦是传说中阿蒙神谕的所在地，于公元前 6 世纪由法老雅赫摩斯（Amasis）所建。当亚历山大来到神庙门前时，他遇见一位高级祭司。这位祭司将亚历山大带入神庙之内，而马其顿的同行伙伴们则被告知要在外守候。

187　　　亚历山大刚一入内便目睹了一场古代仪式。祭司们手捧一个圣物——一艘镀金小船，而阿蒙神就在其中，两旁悬挂着银杯。接着处女们吟唱起赞美诗，一名神庙仆人从井中收集来圣水，供奉给阿蒙神。然后亚历山大走近神谕，上前问了三个问题。第一个问题是他有没有惩罚了所有杀害他父亲的凶手。对此阿蒙神只是顺口回答：阿蒙神才是亚历山大的父亲，而不是腓力。随后亚历山大如往常那样询问自己会不会统治全世界，答案是肯定的。最后他问道，当自己抵达寰宇之滨、穷及世界尽头之时应当敬奉哪位神灵，而对此问题的回答显然是海神波塞冬。

　　　亚历山大的问题尽管包含于家族责任和宗教虔诚之中，但它们还是让我们一度领略到了他力拔山河的气概与无穷无尽的雄心。不过亚历山大对锡瓦和埃及其他重要宗教中心的拜访行动也显露出他很愿意沉浸于外邦的宗教和文化当中，并以此来巩固自己的统治。这是只有王政制才能承受得起的一种自由，因为对于希腊人来说，被人崇拜成世间神灵的做法无论在政治上还是在文化和宗教上都是无法接受的。而亚历山大却能够按照自己的路子来。

2 亚历山大之谜

数年之后，公元前331年秋，亚历山大在位于今天伊拉克境内的尼尼微附近打了一场名为高加米拉（Gaugamela）的战役，并取得了决定性的胜利。随后国王大流士遇害，犹如猛犸象般的波斯帝国实际上已经落入亚历山大的手中。在此地，他适应新环境的非凡能力也强烈地显现了出来。大流士战败的次年，宏伟壮丽的波斯国都波斯波利斯便惨遭野蛮的毁灭。这一事件确实令人惊骇，但从很多方面来看波斯这个国度也已是一条前途暗淡的死胡同。亚历山大需要搞一个"壮举"，好让几百万的新臣民明白反对他会有什么后果。有些资料来源甚至解释说，这场针对古代天下第一城的史诗级大毁灭只不过是一场玩过火了的醉汉闹剧。就波斯的《琐罗亚斯德教圣书》而言，亚历山大是毁灭之魔阿什莫克（Ashemok）的邪恶侍从。无论这场充满"汪达尔人作风"①的文物破坏行为背后所隐含的深层因素到底是什么，亚历山大接下来的举动却显示了他愿意友好接纳波斯的传统和习俗，正如他已经适应了希腊和埃及的传统一样。

毫不奇怪，波斯人所强调的王权神授和世界帝国的概念最吸引亚历山大。久而久之，他采用了许多波斯王宫的机构配置和意识形态。他的马其顿老兵们对这一切深恶痛绝，尤其是在亚历山大面前伏地跪拜的仪式。亚历山大父亲的忠实副官克雷塔斯（Cleitus）在酒后逞一时之勇，斗胆提醒亚历山大不要忘本，结果不可避免地以流血收场，克雷塔斯被杀

188

---

① 汪达尔人为罗马时代的一支蛮族，曾在北非建立基地，后于公元455年攻入罗马城，并肆意破坏文物珍品。——译者注

死。随后一场谋害大帝性命的阴谋被揭露了出来，在一波大
搜捕和斩立决行动的遇难者当中，就有一位被"安插"在
马其顿军中负责记录亚历山大伟大征途的历史学家卡利斯提
尼斯（Callisthenes）。

189 然而我们也不必冲动地将亚历山大归类为诸如柯兹上校
（Colonel Kurtz）那样的人物，亚历山大并没有在异国他乡
丧失自我而"变成本地人"。马其顿的老兵们属于过去的历
史，假如亚历山大想要继续做"亚洲之王"的话，未来就
寄托在这群不相干的民众身上，是他们构成了亚历山大幅员
广袤的新帝国。因此，亚历山大便兴办了马其顿人和波斯人
之间"犹如统一教会风格"的集体婚礼，而且波斯人也被
提拔进入亚历山大的最高管理层。亚历山大是一名真正的独
裁者，当他对短期问题施行特别方案时，常常会不顾制度和
先例，很快就继续前进。然而这样是根本无法打造一个不朽
帝国的，更别说持久延续的文明。"戈尔迪之结"（Gordian
knot）的故事将亚历山大的这一面展露无遗，没有任何事例
比它更能说明问题。公元前 333 年，亚历山大在小亚细亚古
城戈尔迪乌姆（Gordium）驻军不前，在那里他遇到了一架
由绳子牵着马轭的神圣战车。据说没有人能够解开这个
"戈尔迪之结"，而凡是解开此结的人则注定将夺取整个亚
洲。亚历山大试图去解，然而失败了。于是他拔出宝剑，将
绳子一刀两断。这就是亚历山大典型的作风：果断、冲动、
夸张，最终却不着要点。没错，亚历山大总是喜欢抄捷径。

  大凡严肃认真的帝国缔造者都会构建同盟、打造外交和
政治联系，通过促进贸易和文化交流的方式来为新生文明打

下根基。换句话说，他们让政治、外交和商业紧跟在武力征服之后。不过亚历山大对征服世界这件事怀着旋风般的个人追求，无暇顾及这些陈词滥调。他打造了一个惊人庞大的帝国，但它异常地脆弱。如今在亚历山大的世界里唯一永恒不变的就是他本人了。亚历山大已经创造了一个以自己为万物中心的世界，该体系完全依赖于传说中他天神般的才能。假如没有了他，整个世界都会崩塌，然而这也差不多就是七年之后所发生的情景。在此之前他继续不断地、漫无目的地为了征服而征服，将自己带到阿富汗，而后又抵达今天巴基斯坦的位置。精疲力竭的部队在喜马拉雅山南部的黑发西斯河〔Hyphasis，今天称为比阿斯河（Beas）〕发生哗变，于是亚历山大不得不班师回朝。 190

　　亚历山大返回到波斯，在那里度过了人生的最后一年。他企图用暴力和强迫联姻的办法给这个倔强的王国带来秩序与稳定，好让他着手准备入侵阿拉伯地区。然而亚历山大对个人成就和征服世界的追求总归是要在某个时候、某个地点终结的。没错，公元前 323 年 6 月 10 日，亚历山大死于巴比伦，时年 32 岁，他并非马革裹尸殒命沙场，而很可能是死于蚊虫叮咬。一位观测天象的巴比伦年代史编纂者言简意赅地记录了国王的逝世："国王驾崩，今日多云。"

　　这份声明如此简洁，何等冷漠。它似乎与我们所熟知的亚历山大的恢宏遗产并不相称，这一点着实令人好奇。毕竟，从亚历山大的身上，我们获得了"伟人"理论首个活生生的完整案例。这一榜样被人模仿承袭了数千年，从恺撒到拿破仑再到希特勒。亚历山大大帝对古代世界的影响任凭 191

你如何评价都不为过。他是第一个真正意义上的标志性历史
形象。你只需徜徉于任何古典历史博物馆的雕刻藏品里，或
翻阅任何希腊罗马艺术的书籍，便能够理解对于那些步其后
尘的王公贵族、军阀草莽来说亚历山大是怎样的一个伟岸偶
像。在一幅幅画像里，无论是希腊小国王，还是阿富汗年轻
君主，或是罗马皇帝，你总能时常从中遇到同一张脸，它年
轻得几乎如孩童一般，长着蓬乱的头发，但一双眼睛坚毅而
审慎。我们不难看透君王们的这种献媚行为，其背后的缘由
其实非常简单，因为亚历山大为那些后来者改变了一切。

　　当亚历山大一路披荆斩棘，闯入神话与传说的国度时，
你会像那些忠实追随他的马其顿老兵一样，很难避免被这位
魅力非凡、半神半人的国王卷入洪流之中。然而我们应当抵
制这一传奇，因为这场征途如同他本人一样荒诞离奇，是一
次焦躁不安的个人索求，追寻着某种极限来定义自我。这一
切对心理学家来说或许是富饶的乐土，但从历史的角度来看
充满着堂吉诃德的意味，它转瞬即逝，实质上是脆弱不
堪的。

　　假如你身处公元前 323 年的巴比伦，那么亚历山大的遗
产似乎远远没有那么清晰可靠。在历史上，魅力非凡的征服
者前已有古人，后亦有来者，而他们的丰功伟业在死后皆会
迅速化为尘埃。其实，亚历山大身后那些"凡人"的成就
192 与其本人的丰功伟业一样都是不朽的遗产。他的继承者们正
是以一种亚历山大从未有过的方式意识到了自身的局限性，
从而渐渐成为希腊化时代的奠基人和真正的英雄。

3 希腊化时代：收拾残局

亚历山大死后，剩下的各位大小将军和亲信们注定成了为这位任性主子善后的人。继承问题是相当复杂的，亚历山大刚一驾崩大伙便召集会面。营帐内摆着已故英雄的空王座，而将军和亲信们则争论起下一步该如何是好。据说他们谈话时模仿亚历山大的嗓音，甚至还学他手托脑袋的姿势。依照某处资料的说法，"他们感觉好像有某位神灵正引导着他们那么做似的"。然而政治现实则远没有那么传奇神化。亚历山大没有留下直接继承人，尽管巴克特里亚（Bactrian）公主肚子里怀着一个未出生的儿子，而且亚历山大本人也有一个同父异母的兄长腓力，但这腹中胎儿有一半蛮夷血统，而他那位哥哥则是半个疯子。于是乎，凡是手中握有足够兵权的人就纷纷开始你争我夺，同时还虔诚地宣称自己只是托管权力而已，等待将来合法的继承人出现为止。

在亚历山大临终卧榻前，众人问他想把天下社稷传位给谁。亚历山大隐晦地答道："给最强者。"随后，作为一个垂死之人，他以令人惊叹的智慧预测道，"所有挚友都将为

我的葬礼献上一场比赛"。亚历山大一语成谶，接下来的 13
年是充满阴谋诡计、明争暗斗并血流成河的 13 年，其间亚
历山大的儿子和兄弟均被杀害。鏖战多年并经历了四场大会
战之后，亚历山大短暂的帝国分裂成四块幅员辽阔的领土部
分，沿着古代世界的地球板块分摊。希腊和马其顿被亚历山
大派驻在当地的总督安提帕特（Antipater）之子卡山德
（Cassander）占据；小亚细亚西部和北部由他原来的侍卫利
西马科斯（Lysimachus）统治；亚历山大儿时的伙伴、思维
最为缜密的将军托勒密得到了埃及；最后，步兵指挥官兼原
总督塞琉古（Seleucus）坐拥了以叙利亚为中心的庞大王
国，从小亚细亚东部延伸至巴基斯坦北部。

　　这些继承者没过多久均自立为王，他们的权威始终在亚
历山大伟岸的影子之下，第一代继承君王常常需要仰仗自己
与亚历山大的这层联系。托勒密甚至还假装是亚历山大私生
子的同父异母兄弟，居然能把事情做到了此等地步。这些国
王自觉模仿先王的做法并不令人感到奇怪。正如亚历山大那
样，他们也发展了一种荷马式的外表配置，将自己置身于一
群贵族中间，由他们充当晚宴来宾和伙伴，以及贴身侍卫、
左右亲信、幕僚智囊和隐秘刺客。君主们将会以荷马时代的
化身出现，发挥古老的英雄美德，比如战场上的个人能力和
勇气、军事领导力和战功以及分配战利品的权力，而这一切
也都将作为希腊统治的核心方面展现给世人。

　　由亚历山大领导的无休止征伐基本上停止了，但继承者
们相互之间还有仗要打，而且打得单调乏味、墨守成规。塞
琉古与相邻的托勒密王朝持续不和，公元前 217 年在巴勒斯

194

坦爆发的拉菲亚战役（battle of Raphia）将双方紧张的关系推向了顶峰。这是希腊化时期精心筹备的最大规模战争之一，托勒密军队总共有 70000 名步兵、6000 名骑兵和 73 头战象（亚历山大在入侵印度次大陆期间带回来的恐怖武器），而塞琉古的军队规模则稍小些，共 62000 名步兵和 5000 名骑兵，但战象更多（103 头）。有些希腊化国王在模仿大帝方面要比其他人更接近原型，其中就有一位极端狂热的安条克三世（Antiochus III，公元前 241 年至公元前 187 年），他立志要光复高祖父塞琉古一世曾经拥有的所有广大领土。一场隆重的"重走亚历山大之路"运动将安条克三世的事业带入高潮，引领安条克与麾下将士踏上横扫中亚的征途。他们攻陷了米堤亚（Media）、帕提亚（Parthia）、巴克特里亚，最终穿越兴都库什山脉（Hindu Kush）进入印度北部。尽管安条克如亚历山大那样宣布自己为"大帝"，但 195 他这场伟大的"再征服"只不过是梦幻泡影罢了。待他率军离开之后，这些东方的国度又很快自行其是了。

这些继承者并不仅仅是对强大的亚历山大的苍白模仿，他们不得不做得更多。虽然表面上装腔作势，但这些王国其实一个个都风雨飘摇。它们通常依靠一支雇佣兵大军的协助，由一小撮马其顿或希腊殖民者统治着人数庞大得多的原住民。除了要处理当地叛乱之外，他们还不得不持续应对其他王国的进攻威胁，以及家族内部成员或周围亲信的蓄意暗杀。暂且不去奢谈什么繁荣发展，就算是仅仅为了求得生存，他们也必须具备奥德修斯的狡猾技能，而不是阿喀琉斯的英雄色彩本领。国王们不得不去做那些亚历山大本人不愿

伊庇鲁斯

马其顿

泰里斯的高卢人

佩拉

安菲波利斯

黑海

博斯普尔王国

埃托利亚同盟

拜占庭
迦克墩
赫拉克勒亚

帕夫拉戈尼亚

锡诺普

亚该亚同盟

珀加蒙

比提尼亚

科尔基斯王国

斯巴达

萨迪斯
以弗所

吕底亚

加拉提亚

本都

达特拉比宗

伊

属埃及

米利都

卡里亚

佛里吉亚

哈里斯河

亚美尼亚

哈利卡尔那苏斯

克里特岛

吕基亚

西戴

西里西亚

塔苏斯

埃德萨

地中海

塞浦路斯岛

安提俄克

萨拉米斯

叙利亚

亚述

昔兰尼加

提尔

大马士革

幼发拉底河

底格里斯河

亚历山大港

巴勒斯坦

加沙

耶路撒冷

巴比伦

孟菲斯

托勒密王国

埃及

阿拉伯半岛

N

尼罗河

红海

500 英里

800 公里

公元前约 275 年的希腊化诸王国

里海

咸海

奥克苏斯河

马拉坎达

诺蒂卡

索格狄亚那

巴克特拉

苏希亚

巴克特里亚

喀布尔

那

帕提亚帝国

赫拉特

塞琉古王国

德兰癸亚那

坎大哈

孔雀王朝

波斯波利斯

波斯

卡尔马尼亚

阿拉霍西亚

毛拉隘口

印度河

格德罗西亚

波斯湾

印度洋

做或不能做的事情，比如伏案处理乏味的治国事务、征收税金、迎客送客，以及建立王朝机制。而他们所成就的功业也远比任何传说要实在得多。这不是用萨里沙长矛的蛮力完成的征服，而是依靠经济机遇和文化魅力的软实力。

颇具讽刺意味的是，在这些"蛮夷"国王的军火库里，除了庞大的军队和成堆的金钱之外最为有效的武器竟然是希腊文化。在古老的故乡，像狄摩西尼这类希腊人或许不会将他们视为正宗的同胞，希腊人和马其顿人之间的细微差别在雅典似乎十分重要，但在尼罗河三角洲、叙利亚山区、巴克特里亚沙漠或兴都库什山脉，这种差别却相当地模糊。亚历山大确实征服了世界，然而是这些继承者才将其希腊化了。希腊语是在他们的统御之下才得以成为一门强势语言的，遍布范围从北非的昔兰尼（Cyrene）到阿富汗的奥克苏斯河（Oxus）以及印度西北部的旁遮普。其国威所到之处，商业和文化也很快接踵而至。恰如英国后来缔造的"英语世界"，继承国王们也开创了一个"希腊语世界"，史称"希腊化共通语社群"。不管你从事什么样的职业，政治也好、文艺也罢，抑或是进出口生意，只要想在治国精英阶层里谋得一席之地，那么你的首要任务就是要学会读写希腊语。事实上，在埃及的希腊化君主当中唯一一个学习当地埃及语的就只有著名的末代君主克利奥帕特拉（Cleopatra）。你只要掌握了希腊语，就可能成为"cosmopolitan"，即一位"世界公民"。在任何一处上演埃斯库罗斯作品或引用柏拉图名言的地方，你都能如鱼得水、应对自如。

就这些继承国王来说，这一过程与任何有意识的传教式热情并没有什么关系。这些人都是坚韧不拔的战士，而非希腊化福音的传道者。他们没有将索福克勒斯（Sophocles）的戏剧或亚里士多德的论著视作安抚当地躁动臣民的方法，因为他们自有减免税款和派兵镇压的手段来达到此目的。在希腊化君主当中，有些思想深邃者对希腊文化表露了兴趣，由此便涉及一个更加雄心勃勃且包罗万象的浩大工程，即为新生的国家创造一个意识形态上的存在理由，并通过自我授权来统治这片辛苦得来的土地。这一愿景在亚历山大港得到了淋漓尽致的体现，没有一处地方能够与之匹敌。亚历山大在埃及的继承者托勒密是所有后任当中最睿智的一个，而亚历山大港就是他的伟大杰作。

199

亚历山大港的建造其实并非托勒密所倡议的，而是那位城市冠名者的想法。公元前 331 年亚历山大在前往锡瓦途中经过此地时，宣布要在埃及北部海岸建造一座以他名字命名的大都市。对亚历山大而言，以自己之名兴建城市已经是家常便饭了。早在 16 岁那年，亚历山大第一次领兵打仗，建立了他的第一座城，即位于色雷斯的亚历山卓波利斯（Alexandrupolis）。从小亚细亚到现今的巴基斯坦，后来有至少 15 座由他建立起来的"亚历山大港"。不过只有埃及的"亚历山大港"才会注定成为地中海最富饶、人口最密集的城市之一，能与迦太基和罗马比肩，而且还将是理念和学识的中心，它渐渐地让雅典黯然失色。与此地位相称的是，亚历山大本人的防腐尸体（托勒密明智地将其抢夺到手）也正是在这座"亚历山大港"被置于一具金棺材里供人瞻仰。

亚 历 山 大 亲 自 同 他 的 希 腊 建 筑 师 狄 诺 克 莱 特 斯

（Deinocrates）一道详细勘察未来的城址，标出集市、庙宇和城墙线的位置。最受宠信的预言家亚里斯坦德（Aristander）推算出这座新城将得到"最丰富、最有用的资源，成为哺乳各民族百姓的母亲"。亚里斯坦德的后半部分预测不久之后就得到了应验，但"最丰富、最有用的资源"这一条则需要亚历山大那

200 位精明强干的副官托勒密来介入。当亚历山大决定在埃及的地中海沿岸建造新城时，他似乎忘记了实际问题，比如新城的居民们将喝哪里的水。最邻近的淡水水源就是尼罗河，但除了引水入城之外也别无他法。于是托勒密将这一任务委派给自己的兄弟、军队统帅墨涅拉俄斯（Menelaus）。此人挖掘了一条 20 公里长的运河将尼罗河的淡水从斯凯迪亚（Schedia）引流到新城的城门口，又在城市赖以形成的基石内部开凿出一个由拱形水渠组成的地下网络来为居民供水。托勒密解决了亚历山大的城市饮水问题，借此再次展现出他万无一失的办事能力，将亚历山大时常萌生的理想化白日梦变为现实。饮水系统反映了尼罗河每年常规的水情，逢 8 月和 9 月暴发洪水，多出来的水资源流经运河进入蓄水池，为城市里的水井灌满来年所需。不过这也给托勒密的工程师们提出了挑战，水量太大的话，水可能会从城市底部泛溢出来。因此，他们又修建了一座水坝以及水闸系统来调整控制水流。传统的水位计被置于其内，以监测水位，防止洪水泛滥。亚历山大港通常被世人认为是亚历山大本人的眼光，但实际上是托勒密把它变成了活生生的现实。托勒密及其他希腊化统治者们将亚历山大遗产的意义具体化、实务化，从而也为他们各自的政权奠定了基础。

3 希腊化时代：收拾残局

托勒密对亚历山大港的愿景极具雄心，新建之城不仅要充当王室国都的角色，而且还将是展现希腊艺术、科学和文学的世界性中心。这一决策背后更多的是政治权衡的考虑而非自发的兴趣爱好。托勒密判断，希腊文化之都的地位长久以来为民主制的雅典带来活力，而它也同样能为自己初创的政权赋予法统、威望和荣耀。亚历山大港同时还有助于回避一个颇为尴尬的老问题，即希腊化国王们的形象看上去太过"真实"，丝毫不加掩饰，俨然以一副外国独裁者的模样统治着愤愤不平的广大百姓及一片由武力征服的领土。因此托勒密刻意兴建一座"似乎不太自然"的希腊城市，其内拥有大量希腊人口，他们都从希腊语世界的四面八方移民而来（据说城市建立后有超过 15 万希腊人紧随而至）。该举措使得这座城市成为希腊化世界里最有名的，从而确保了至少这一小块埃及角落看上去犹如希腊人自古以来的固有领土。托勒密几乎对关心广大的埃及臣民毫无兴趣，只要他们缴税且不造反就行。

这座新城的核心地标是两处非凡的文化设施：大图书馆与大博物馆，它们均细致地模仿柏拉图学院（Plato's Academy）和亚里士多德的吕克昂学园（Aristotle's Lyceum）。大博物馆不太像我们今天的博物馆，而更像是美国那种设立于财力雄厚的知名大学内部的研究中心。博物馆包含了研究藏品区和访客住宿区，另外还有公共餐厅以及供学者们交流的舒适场所。然而，一个关键的不同之处在于它的宗教属性，大博物馆首先是一座献给艺术与文艺女神缪斯的圣殿，其掌门人的职位始终由祭司来担任。

为了给新的研究机构配备人员，托勒密开展了一项非同寻常的招募活动，以网罗希腊语世界的天才。托勒密就像历史上新设学术机构的富有的赞助人一样，他首先瞄准那些虽小有名气但尚未大红大紫的对象。托勒密试图雇用雅典的吕克昂学园掌门人泰奥弗拉斯托斯（Theophrastus），但计划失败。不过对方推荐了自己的一位知名学徒德米特里·法莱雷奥斯（Demetrius of Phaleron）来为托勒密出谋划策，帮助其创立这一项雄心勃勃的宏大事业。德米特里此前曾有一段略微坎坷的经历，此时正需要一个全新的开始。早在公元前317年，一段重大政治危机过后，马其顿王子卡山德在叛乱的雅典人身上强加了一个以德米特里为首的政权。在德米特里虔诚的纯哲学领导理念的指导下，雅典基本上已变成一座实验室，用来试验其最著名子民柏拉图和亚里士多德的政治理念。毫无悬念，这最终是一场凄惨的失败。在大讲堂上听起来不错的东西很快便暴露为无趣、沉闷、停滞并且行不通的体制系统。十年之后，德米特里这位马其顿人支持的哲学家国王被驱赶下台。雅典人已领教了这种"让疯子运营精神病院"的灾难性后果，于是在城内禁止设立新的哲学院校。

203　　另有些人非常乐意前往亚历山大港，寻求远高于别处的生活水准——优厚的免税工资、高质量且免费的食宿条件，以及一位强有力的国王，即便他不采纳你的意见也会礼貌地倾听。总而言之，对于那些习惯于勉强糊口并且历来被人忽视的群体而言，这是一套极具吸引力的条件组合。虽然博物馆后来很快就走上了通常的老路，比如常驻学者之间尖酸刻薄的暗斗和重度酗酒的恶习，以及研究过于晦涩的课题，不过学者们在某些更世俗的事务中有时候确实也能为他们的君王献计献策。

继任的国王们缺乏亚历山大那种随时随地流露出来的气吞山河般的自信，他们的行事风格没有那么凸显英雄气概，常常试图利用知识分子所著的政治论述来巩固自己的王位，而那些儒士则尽皆为了博得名誉和宠信才云集到宫廷来。当时希腊化世界的政治哲学宣扬王政的关键要素是"精英教育"、"社会责任"和"贵族服务"。德米特里主动献殷勤，亲自为托勒密撰写了这样一部作品，而对方甚至就王室继承的事宜向他征求意见。（此事最终似乎并没有为德米特里带来多少好处。托勒密二世于公元前283年继承王位，德米特里随即就被流放至上埃及地区，在那里他死于蛇咬。）

对于许多来自旧希腊世界的知识分子而言，亚历山大港代表了一处热情好客的理想避难所，能够让他们远离那垂死濒亡的故乡。异族的占领和暴虐的政治闹剧令很多人对城邦制度彻底不抱幻想，而托勒密不但提供了一流的设施和友好舒适的物质条件，还为那些蜂拥而至的哲学家、艺术家、诗人、地理学家和科学家"松了绑"，免除了他们的政治责任，而原先在城邦内的话，这些东西都是作为一位知识公民通常需要背负的。亚历山大港，以及其他如小亚细亚的帕加马（Pergamon）和安提俄克（Antioch）这样的新创国家，在表面上也许同希腊政体颇为相似——它们均拥有投票权、基层人口组织、行政选举、地方议会和公民集会，但这些往往只不过为了粉饰门面而存在。高级别的地方长官通常由国

204

王任命，而且任何对其独裁政府的反对行为都是绝不被容许的。其实这些新设的城市地标是一种潮流的回归，它的模板源于古老得多的伟大皇城，如近东地区的巴比伦、尼尼微、马里和乌鲁克。在亚历山大港新形成的知识阶层不再背负政治责任的重担，从而可以继续为学问本身而上下求索。

亚历山大港并非纯粹的、死气沉沉的专制主义丰碑，它不是某种斯大林主义美梦的古代具象等价物。事实上，这座城市生机勃勃、活力四射，俨然一片世界性大都会的环境。正如我们在本书中所看到的那样，商业贸易和货物流通不仅交换了物品而且传播了技艺和理念，它们始终是文明的伟大引擎。亚历山大港以其一系列令人叹为观止的深水港而迅速成为地中海世界的主要贸易枢纽之一。它重点出口莎草纸、玻璃器皿、谷物粮食、医疗药品、香水香料及特色珠宝。而205 诸如索马里大象、昔兰尼马匹、努比亚黄金、迦太基珠宝和特产、塞浦路斯铜和木材以及西班牙白银这样的商品，则仅仅属于输入该城的一部分货物而已。商业活动同时还引来了多种族的人口，包括希腊人、马其顿人以及一个庞大的犹太社群，此外还有当地的埃及人。在这样一个大熔炉里，思想观念的交流注定会繁荣兴旺起来。

托勒密和与之齐名的继承者托勒密二世以多种极富创意的方式小心谨慎地杂糅着这座混合城市及其潜在不稳定的族群组合，其中最为雄心勃勃的措施就是创造并推广埃及－希腊混合神灵"塞拉皮斯"（Sarapis）。该神灵拥有雄厚的埃及血统背景，家族谱系里有牛神和冥界神奥西里斯（Osiris）。然而除此之外，在其他任何方面塞拉皮斯其实都代表了希腊知识分子心中理想的埃及神灵所应当拥有的一切，因为他本来就是希腊知识分子的发明。宙斯模样的人形外表（希腊人不似埃及人，他们对长着动物脑袋的神灵非常反感），有大胡子和卷发，头顶一个盛谷物的量碗（此为丰收富饶的象征）。这番扮相显然是瞄准希腊受众群的。塞拉皮斯的塑像由希腊宫廷御用雕刻家布雷亚克斯（Bryaxis）创作完成，而其设定的"治愈功效"也被人不知廉耻地编造了出来，并由托勒密的哲学团队来推广鼓吹。一向听话的德米特里甚至还宣称这位神灵已经保佑他不会瞎掉。

　　尽管精心筹备，但民众对塞拉皮斯的信仰在这座原生城市里生发得依然缓慢。王室官员急切想要取悦国王，都争先恐后地表示自己对塞拉皮斯的敬爱，然而埃及人对此并无多大兴趣。鉴于该信仰其实并非为他们而发明的，因此倒也可以理解，但就连希腊人亦是如此。除了"着了魔"的学术圈和宫廷圈之外，其余希腊人经过了许久才开始渐渐对塞拉皮斯产生好感，也许他们是因为这种迪斯尼式的人为宣传攻势而心生反感吧。到了最后，历届托勒密国王浩大的宗教投入终于产生了回报，而其中托勒密三世所花费的心血无人能及。他兴建了萨拉贝姆神庙（Sarapeum），这是一处雄伟的新庙宇和祭仪中心，于亚历山大港的中心位置敬奉着这位神灵。到了公元4世纪，一群基督徒暴民将其捣毁，而在此之前该神灵与该神庙则早已成为亚历山大港的标志和缩影。

　　亚历山大港的图书馆也是一项宏伟的事业，在其巅峰期曾收藏图书约49万卷，这对于古代世界而言可谓天文数字。时值兵祸连绵的凶险岁月，人们总感觉希腊的知识成果将会失传，而大图书馆则意在充当挪亚方舟的角色，正如那座博物馆发挥着为希腊知识群体提供安全庇护港的功能。而埃及法老时代的学问却不属于传承的一部分，托勒密跟许多前人和来者一样，虽然一开始对新王国所蕴藏的千年古老文化毕恭毕敬，但随后便基本上无视它了。对于在那里工作的人来说，获得所有的已知作品才是他们追寻的"圣杯"。这里就类似于某种"超级版权"图书馆，学者们为希腊文学编纂典籍，有效地创造了传承至今的希腊文学标准范式。就是在 207 这个地方，犹太《圣经》或称基督教《旧约》被翻译成希腊文。图书经纪人对雅典和罗德岛的各大书坊进行筛选梳理。托勒密三世曾做过一件想必会令任何藏书迷都倍感暖心的举动，他曾下令将码头上卸载的书籍全部扣留并悉数进行拷贝，复件会被送回，而原件则被纳入大图书馆。不久之后，各大图书馆都学会了拒绝出借他们的藏品，因为托勒密王朝的君主们实在教人不太放心，他们收到稀世绝版之后往往赖着不还，情愿放弃押金，不管数额总计有多大。

学者们不仅能接触到图书馆海量的馆藏，而且还能进入解剖室、实验室、动植物园以及一座天文观测台。他们在医学方面亦有所突破，赫罗菲拉斯（Herophilus）识别出了大脑与神经系统以及心脏功能与血液循环系统之间的联系，而埃拉西斯特拉图斯（Eristratos）则研究了消化系统和营养作用。亚历山大港的希罗（Hero of Alexandria）是大图书馆自己的"列奥纳多·达芬奇"，因发明创造良多而久负盛名，其中有水力学、注射器和机器人。他将自己丰富的发明创造描述记录于多部作品里，包括《气体力学》（*Pneumatica*）。

这部著作记载了使用压缩空气来吹奏小号的雕塑，以及用于气泵的单向阀，还有一套神庙安装的大门——当圣坛火起之时门会打开，而待火一熄灭便自动关闭起来。希罗最伟大的发明是蒸汽机，这是被他当作小玩意儿捣鼓出来的东西，而这项智力练习的真正价值要一直等到工业革命时期才被世人完全领悟。

阿基米德正是在亚历山大港的图书馆里发明了他的"阿基米德螺旋泵"，而此物至今仍在被人使用。欧几里得也是在这里发现了几何学定律，而阿利斯塔克（Aristarchus）则估测出了太阳和月亮的体积大小。不过在所有这些为图书馆增添魅力的天才智囊里，有一人脱颖而出，那就是昔兰尼的埃拉托色尼（Eratosthenes）。此人兼数学家、诗人、地理学家、天文学家和运动健将于一身，远远超越了自身所处的时代，堪称文艺复兴的鼻祖。埃拉托色尼的成绩单令人叹为观止，他曾以超凡的精度计算出地球的周长（而在那个时代多数人尚以为世界是平的）并且得出一年有 365 又 1/4 天，由此也成了闰年之父。埃拉托色尼的另一项最重要的发现是，他认定所有大洋皆连成一片，因而从理论上来说环游非洲海岸是可行的，而且还能够从西边的西班牙一路航行至东边的印度。当然了，我们可以毫不惊讶地猜想到，在埃拉托色尼绘制的著名地图里，居于绝对中心位置的肯定是亚历山大港了。²⁰⁸

有一部分古代世界最为著名的雕塑作品皆可追溯到这一时期，包括"断臂维纳斯"、"拉奥孔与儿子们"（Laocoön and His Sons）和"希腊胜利女神像"（Winged Victory）。当时的艺术风格与技艺的进步主要受两大因素驱使：托勒密王室的赞助和对已知世界的拓展。来自东方的灵感令人耳目一新，希腊风格的雕刻家掌握了要求最高的"布艺雕刻"绝技，由此一来古典希腊的正统艺术便被打入了冷宫。大理石**209**是表现人体外型的完美媒介，亚历山大港的雕塑家们巧妙加工他们的作品，完美捕捉肌肉和血管的鼓胀以及肌腱的紧绷，其细节栩栩如生、不同凡响。这样的作品同时向我们展示了亚历山大港的艺术家们是如何与解剖学家紧密合作的，他们共同拓展了人们对身体的认知及其如何运作的理解。新的技术不断涌现，例如苏格拉底半身像上的大理石被精细打磨以突出其脸部和皮肤的光洁之美。希腊化时代的雕塑在表现力方面远远胜过了古典希腊的同类作品，它超越了对雕刻事物的简单再现，而深入到了情感世界。"垂死的高卢人"（The Dying Gaul）——幸存的罗马仿制品——从凯尔特战士蓬乱的头发和胡须细节，到他脸上痛苦的表情，其栩栩如生的逼真之感简直会打乱观者的心绪。

在托勒密治下，知识取代武力成为荣誉和权势的显性单位。战争仍然不得不打，但知识授予了人们巨大的权威，因为它给创始者以力量来定义自己和周围的世界。托勒密的想法是，图书馆应当作为希腊文明和知识的新震源而屹立于世，并将亚历山大港——当然还包括托勒密自己——置于这个崭新希腊化世界的核心。大图书馆最为不同凡响之处或许在于它向任何识字的人开放，民主这种东西在托勒密治下的亚历山大港也许算不上什么值得重视的力量，但它在大图书馆的知识海洋里真真切切地顺利运行着。

3 希腊化时代：收拾残局

希腊化国王们往往会以超凡的独创性和决然的勇气来巩
固自己对异族臣民及潜在敌对环境的统治，而这一点并非只
有在托勒密王朝主政的埃及才能见到。希腊化王国当中最吸
引眼球的执着与坚持也许位于遥远的东方，在巴克特里亚①
那块中亚地区，其范围延伸至我们今天所知的阿富汗、塔吉
克斯坦、乌兹别克斯坦和土库曼斯坦。巴克特里亚地区首个
文明出现于公元前第三个千年的晚期，我们对这一世界知之
甚少，但了解当地人熟练运用灌溉技术，还建造过令人刮目
相看的宏伟建筑，并能够制作精美的陶器和珠宝首饰，总之
这里的人们具备一切青铜时代的印记。有部分人相信巴克特
里亚是印欧部落起源的地方，部落民后来才迁徙至伊朗西南
部和印度西北部。此外，印欧语系也是所有欧洲语言的共同
始祖。这个神秘的世界被世人遗忘，最近才被考古学家们发
现，而在语言、文化和血统方面它都让现代的西方人受益
良多。

自印欧人以来，巴克特里亚的中亚地理位置使其成为千
百年来东西方之间的踏脚石，而希腊－巴克特里亚王国则创
造出了几乎如教科书般的古代文化融合。公元前 6 世纪，波
斯帝国居鲁士大帝征服巴克特里亚，使之成为帝国幅员辽阔
的最东端地带。公元前 331 年，亚历山大在高加米拉战役中
击败波斯国王大流士三世，在而后的混乱时局中大流士被其 211
巴克特里亚的 "satrap" （即总督）拜苏（Bessus）所杀。
拜苏随后篡夺了波斯王位并返回家乡巴克特里亚，在那里他

---

① 即中国史书里所称的"大夏"。——译者注

275

组织起激烈的反抗运动以抵御亚历山大的军队。历时两年鏖战，巴克特里亚终于屈服，被并入亚历山大的领土之内。遵照波斯对弑君者的传统惩罚，亚历山大下令割掉拜苏的双耳和鼻子。

在亚历山大死后的领土瓜分当中，东部帝国被交到步兵统领塞琉古手上，而巴克特里亚则成为其疆域的一部分。这一东方的希腊化分支演变为塞琉古帝国，但巴克特里亚于公元前245年前后宣布独立，脱离了这个过度扩张的东方国家。地处伊朗的帕提亚帝国（Parthian Empire）切断了巴克特里亚与希腊的直接陆上联系，于是巴克特里亚便走上了一条独立的发展道路，但这条道路仍然可被视作希腊化的文明进程。巴克特里亚人开辟了多条通往托勒密王朝统治的埃及的海上贸易路线，同时还与中国取得了联络。在中国西南部地区曾发现有形如希腊士兵的小雕像，而巴克特里亚的钱币也被考证含有中国出口的合金。这个独立的希腊–巴克特里亚王国是被苦心经营的希腊化成果，同时也是该地区最为繁荣的国度。它普遍城市化，并富有希腊风情。希腊语是这一地区的主流语言，而逐步进化的巴克特里亚语——直到最近才被破译——则始终使用希腊字母，直至公元8世纪消亡为止。

德米特里一世（Demetrius I）是巴克特里亚希腊化王国的佛教徒君主，他的统治时期为公元前约200年至公元前约180年。德米特里一世曾大举开疆扩土，征服了部分阿富汗和巴基斯坦地区以及伊朗东部，缔造出一个崭新并延续了两个世纪的希腊化印度王国，这个王国直到公元10年才灭亡。

212

此王国还统治了印度次大陆的北部和西北部，由不同的王朝执政，它们之间你争我夺，常常兵戎相见。这片地区尽管在政治上极不团结，在文化和宗教方面却博采众长、百花齐放。希腊语和印度诸部语言彼此兼容并蓄，而出自古希腊宗教、琐罗亚斯德教、印度教和佛教的各种理念也能相互共存。希腊风格的佛教艺术在如此一座文化大熔炉里得以进化发展，这已然成为极具说服力的典型案例，证明希腊化世界的分支已经变得多么成功且富有活力。佛陀石像精美绝伦，蕴含自然主义风格，这项艺术传统由此开启并统治了中亚艺术将近1000年。佛陀形象就如同在跟今天的世人对话一般，那股共鸣感是如此强烈，而这部分要归功于古希腊的艺术风格，它在勾勒对象个体时既强调理想化又兼顾写实化。

在希腊化诸王国当中，巴克特里亚和位于印度的诸王国是其中存续时间最长、经济最繁荣、文化最璀璨的希腊化前哨站。那个年代是古典风格的多元文化主义最辉煌的巅峰期。的确，它确实是依靠大量的武力来实现的，但如同托勒密的帝国一样，印度的希腊化世界也是由一条条文明赖以建立的纽带联结而成的，它们比军事蛮力更加经久不衰，譬如贸易交流、划地建城，以及创造敬神的方式，其中包括自己的神灵和别人的神灵。巴克特里亚人还与位于印度次大陆和中国的诸多亚洲文明建立联系，他们同印度的希腊人一起传播并发展了希腊文化，其扩散的方式给予了相对短命的王国一种持久的影响力，而在千山万水之外独自发展的故乡同胞可能对此毫不知情，也辨认不出来。

亚历山大的"伟人主义"并不能确保一个王国或一份

213

基业永续留存，然而这个道理并非人人都懂。纵观希腊化世界存在的三个世纪，其间充斥着各路军阀草莽、形形色色的投机冒险家，以及那些效仿亚历山大的狂热信徒。同托勒密王朝或希腊德米特里的国王们不同，这些人往往更倾向于打一枪换一个地方，其身后不留下什么实质的印记，留下的唯有被焚毁的城郭、被劫掠的神庙和墓穴而已。在这些"迷你版"的亚历山大当中，伊庇鲁斯国王皮洛士也许是最强者。伊庇鲁斯是一个希腊化小国，大致位于今天的阿尔巴尼亚，存续期在公元前 3 世纪的前 25 年之内。皮洛士作为一名年轻人，拥有着一段极其跌宕起伏的人生经历，包括数次被废黜却又数次夺回王位，还在埃及宫廷充当过一段时间的人质，另外也"客串"过马其顿国王。凡此种种的经历均反映出他那永不安分的野心，以及那个时代兵荒马乱的不确定性。

公元前 280 年，一个黄金般的机会从天而降砸到皮洛士头上。当时富裕的"大希腊地区"（Magna Graecia，意大利南部地区，由希腊移居者殖民）有多座城市正遭受罗马的恐吓威胁，而在此之前的一个世纪里，罗马以非比寻常之势在半岛上扩张了自己的实力。此时的皮洛士也早已有虎将威名，希腊城市恰好正在四处寻找救世主，遂寄了一份邀请函给他。不过皮洛士这个人也以不知疲倦的捣乱者身份而为人熟知，所以其他希腊化国王都急切地想赶走这位瘟神，于是纷纷热情资助他所需的人马、战象、舰船和资金来送他上路。

皮洛士率领 3 万人和 30 头战象登陆意大利，迅速形成一股强大的冲击力量。皮洛士自诩亚历山大的继承者，多次成功重演大帝的战略战术。公元前279年，皮洛士于赫拉克勒亚对阵罗马人，在两回合战役中皮洛士对大象的运用（首度在西方实施）证明了其在沙场上的决定性效果，战象在罗马骑兵当中掀起了恐慌和混乱。跟亚历山大一样，皮洛士是非常杰出的自我宣传家，而且也效仿前辈的做法，于队伍中随行带了几位作家，让他们负责编制"官方"的战争记录。此外，皮洛士还亲自执笔创作过几部作品。通过传奇、演讲、露天剧和肖像画的巧妙组合，他成功地将自己宣传为希腊人反抗蛮夷的救世主，而这里所指的蛮夷即罗马人。与此同时，罗马人这边则正努力编造着一段史诗般的过去，其辉煌程度需与他们如今统御意大利的局面相符相称。当年特洛伊战争进入尾声时，城市最终落入希腊人之手，难民们纷纷逃离家乡，而罗马人遂开始宣称自己曾是特洛伊难民的祖先。然而这种设定对皮洛士而言简直完美，他借用了这一观点，宣扬这是两支传奇力量再次横刀立马对阵决战，215以此率领麾下的意大利裔希腊人参战。皮洛士号称要通过征服特洛伊后代的方式来追随那位著名先辈、希腊英雄阿喀琉斯的足迹。（没错，又来了一位阿喀琉斯的后辈！）在此期间皮洛士铸造的银币就跟亚历山大当年的一样，均印有赫拉克勒斯和阿喀琉斯的画像。

在赫拉克勒亚大捷之后，皮洛士率兵直指罗马城，前线的距离之近令人惊叹。罗马元老院几乎就要同意皮洛士的和平条件，可他们在最后关头显示出了目空一切的坚韧，后来这座城市也因此而声名鹊起。罗马人拒绝了皮洛士的要求，投票决定继续打下去。随后皮洛士在阿斯库路姆

（Ausculum）再次战胜罗马兵团，然而据说其伤亡损失之巨大使皮洛士抛下一句名言："像这样再赢一次，我们就输定了。"这句话也为他赢得了善于嘲讽的不朽名声。鉴于军队实力严重削弱，皮洛士别无选择只能撤军。

尽管遭受了这场灾难性的"皮洛士式胜利"，但这位精力过剩的国王在地中海中部地区仍有未竟的事业。效仿亚历山大的冒险家们（或雇佣兵）都拥有一个得天独厚的优势，那就是常常会天上掉馅饼。其时，西西里岛上的希腊城市被迦太基人步步紧逼，后者在军事上和在政治上均早已染指了这座岛屿。西西里岛特别吸引人，因为皮洛士的妻子恰好是岛上最重要城邦叙拉古老国王阿加托克利斯（Agathocles）的女儿。这就意味着当城邦羸弱不堪并政治分化时，皮洛士的儿子便拥有该城及周边领土的合法继承权。如此一来，皮洛士就能在西西里最富饶、最具权势的城邦内摄政，或许还能够运用其资源来完全夺占这座人口稠密、资源丰富的岛屿。这对于巴尔干穷困小国的国王而言是极具诱惑的提案，而那些在西西里岛上向皮洛士求救的希腊人则正在玩火自焚。

皮洛士于公元前 278 年夏季首次登陆西西里岛，其部队规模虽然非常有限，但岛上的反迦太基城邦组织很快就为他送来了兵将、钱粮与给养。皮洛士在叙拉古刚一露面就令一支颇具实力的迦太基舰队放弃了对港口的封锁，于是他率军胜利开入该城，由此得以获取一支拥有 3 万名步兵、2500名骑兵的劲旅以应对眼前即将来临的战事。但皮洛士很快就发现，西西里岛上的迦太基军队并没有给他带来与罗马军团相同的严峻挑战。

皮洛士再次展现出自己是一名卓有成效的宣传家。他很快就履行了希腊同胞解放者的职责，欲将迦太基蛮夷永远地逐出西西里岛。皮洛士依照传统古法起誓，一旦攻占厄律克斯（Eryx）要塞这个迦太基重要的战略枢纽和宗教中心，就要为赫拉克勒斯杀生祭祀。该要塞内敬奉阿施塔特的神庙以　217
圣妓而闻名，此举设计出来似乎果真要将皮洛士跟亚历山大进行对比，因为当年亚历山大占领提尔城之后的所作所为与之完全相同。这一切都契合得异常完美，迦太基原本就曾是提尔的殖民地，而迦太基人也长久以来被怀有敌意的希腊作家称为西方的波斯人。

不过对于任何一支军队而言，无论其自身有多么强大，厄律克斯始终是一个令人生畏的挑战。该要塞距离下方海岸平地750米，直窜入云霄，几乎无法攻取。其外部轮廓呈三角形，两侧均为地势险峻的悬崖峭壁，而四面八方均有巨大的防御城墙保护着。皮洛士别无选择只有从西南方向进攻，但即便如此也仍是一项艰巨的任务。他先用攻城机械和投石机来削弱城市防御，一开始皮洛士遭遇激烈的反抗，但他最终还是取得了胜利。皮洛士一如既往地进行自我形象宣传，确保自己身披华丽铠甲第一个翻过城墙。此亦为对亚历山大事迹的模仿，当年亚历山大在史瓦特河谷（Swat valley）攀登上了那座位于奥诺斯山上的险峻要塞。待战事尘埃落定之后，皮洛士举行了敬献给赫拉克勒斯的杀生祭祀活动，其排场足够盛大隆重。

然而就像皮洛士往常那样，煮熟的鸭子又要飞走了。他日益加剧的傲慢姿态令西西里的希腊联盟怀疑他的真实动机，而岛上其他地方的迦太基人的反抗也愈发强烈，眼看局

218　势已陷入长期的围剿和消耗战，而像皮洛士这样从不安分的沽名钓誉者是不可能对此保持长久兴趣的。公元前 276 年，皮洛士决定返回意大利。在那里，走投无路的希腊城邦正一个接一个地落入罗马军团的手心，它们正准备敞开双臂欢迎皮洛士的到来。不过这一次罗马人早已有了应对措施，皮洛士不会再重复此前在战争中赢得过的辉煌胜利。罗马人还同时与迦太基人有效结盟并获得援助，后者也希望一劳永逸地解决这个反复无常的麻烦制造者。次年，皮洛士将永远离开意大利海岸。

　　皮洛士的事业，前景如此美好，最终实现的却寥寥无几。这说明时代业已变迁，个人光凭魅力、勇气、战术天赋、无限雄心和一本《伊利亚特》已经无法再征服世界了。这是一个崭新的时代，国家的稳步建设仰赖于领导人的长期决心和心血投入，而不是宏大的梦想和空虚的承诺。对于那些亚历山大的狂热追随者来说，如今的问题在于退出历史舞台只有两种方式：要么像亚历山大那样过早地死去，而他至少还留下了完美无瑕的英雄遗产；要么就会最终被打败。总之平平静静地功成身退是不可能的，如若你拖得太久甚至可能会同时遭受这两种命运。自皮洛士离开意大利三年之后，他在希腊围攻一座城池之时迎来了耻辱性的终结。他被屋顶上一位老妇人扔下的砖瓦击晕，随后被敌军战士砍下了脑袋。

219　　　即便是从不屈服的皮洛士也已经意识到了地中海世界新的政治现实。当他最后一次乘船驶离西西里岛时，据说他曾断言这个岛屿从此注定将成为迦太基和罗马之间的角斗场。皮洛士或许已经属于昨天，但他眼光敏锐，足以窥见些许未来。

西西里的厄律克斯山。（*Chris O'Donnell 拍摄*）

（上）埃及锡瓦的阿蒙神庙。

（©VascoPlanet, http://www.vascoplanet.com）

（左）描绘亚历山大造访阿喀琉斯之墓的臆想画作，由休伯特·罗伯特（Hubert Robert）于公元 18 世纪创作。

（©Bonhams, London, UK/ The Bridgeman Art Library）

阿尔布雷希·阿尔特多费尔（Albrecht Altdorfer）创作的《伊苏斯之战》，堪称文艺复兴时期对古代世界最伟大的视觉解读之一。亚历山大大帝于伊苏斯（公元前333年）获得了一场决定性胜利，击败了波斯国王大流士三世的军队。

(Giraudon/ The Bridgeman Art Library)

叙利亚阿帕米亚（Apamea）的主街道。阿帕米亚位于奥龙特斯河谷的右岸，经由历届希腊化塞琉古国王的统治成为一座举足轻重的城市。号称"胜利者"的塞琉古一世在约公元前300年时将阿帕米亚扩建并加固防御，以他爱妻的名字为其重新命名。国王将其军备所需均储存在此地，包括30000头母马、300头种马和500头大象。这座城市居于东方贸易网的战略要冲，在希腊化时期和罗马时代曾经盛极一时。（Tim Kirby 拍摄）

赫尔曼·蒂尔施（Hermann Thiersch）创作的《亚历山大灯塔》（*Pharos of Alexandria*，1909 年）。灯塔由托勒密二世下令建造，并于公元前 280 年至公元前 247 年间修建，是古代世界最高的人造建筑之一（推测其高度为 120 米至 140 米）。灯塔由巨型石块垒砌而成，塔身的下部为方截面及中心体，中部呈八角形，顶部则是圆截面。塔顶有一面镜子，在白天反射阳光；夜晚则在塔顶点燃一个火炬。

（©Bettmann/ CORBIS）

亚历山大大帝的雕像，年代为公元前 200 年至公元前 100 年，据说来自亚历山大港。（©*The Trustees of the British Museum*）

作者在埃及亚历山大港图书馆内开展工作，这里是对古代亚历山大港图书馆的一项完美的、富含现代意义的重新诠释。（*Chris O'Donnell* 拍摄）

在阿富汗贝格拉姆发现的希腊罗马风格玻璃花瓶，出自亚历山大港（约公元前1世纪）。即便在希腊化世界解体之后，商业贸易也确保了一条条经济和文化的纽带仍然在这片亚历山大及继任者曾统治过的广袤而多元的大地上存续了下来。

四德拉克马银币（Silver tetradrachm），印有巴克特里亚国王德米特里亚国王德米特里一世（统治时期为约公元前 200 年至公元前 185 年）。在钱币的一面，国王头戴象皮式样的头饰，而另一面则是手持棍棒的赫拉克勒斯。该头饰是亚历山大大帝征服印度的传统象征物，它同赫拉克勒斯的图案共同表现了在这片希腊化世界的边陲地带，伟大国君的影响力作为皇家权威的来源，在其死后很久依然十分强大。

皮洛士的半身像。（©Araldo de Luca/ CORBIS）

作者与意大利考古学家皮耶尔弗兰切斯科·韦基奥博士（Dr Pierfrancesco Vecchio）
在西西里岛的厄律克斯城墙处。（Chris O'Donnell 拍摄）

第五章

罗马共和国的兴衰起伏

1　早期罗马：异军突起

罗马的崛起是古代世界最令人耳熟能详的故事之一。生
机勃勃的共和国经转型成为迄今为止世界上最伟大的威严帝
国，而现代西方世界的基石也随之建立了起来。然而，与此
前的强大文明相比，究竟是什么东西令罗马人如此与众不
同？其中一条线索就隐藏在"文明"二字之中。该词源自
拉丁语"civis"，意为"公民"——它不是希腊语或古迦太
基语，也并非波斯语或古埃及语，更无可能是亚述语、阿卡
德语、苏美尔语、赫梯语，总之它不属于任何一种我们之前
所遇文明的母语。古罗马定义了"文明"这一词语，因为他
们成就了此前无人能及的事：创造了一个向外输出的文明。

文明不完全等同于文化，文化显然可以输出。继亚历山
大大帝之后，希腊化国王们已经向我们展示并证明了如何开
发自己的国际魅力。图书馆、戏剧院、体育场、博物馆，这
些希腊"特有"的构件让每一个操希腊语的人都成了"都
会客"，即"世界公民"。不过在即将来临的数个世纪里，
做一位罗马公民将会胜过做"世界公民"。

224　　罗马人大体上往往乐于将文化舞台让位给希腊人，因为他们自己正在努力争取某些棘手得多的事物，比如文明社会的政治、科学，也许还包括艺术。在亚历山大大帝之后，希腊人几乎没有机会对政治进行应用实践，唯有理论而已。而这一时期的罗马共和国却在政治上频繁活跃，而且其活动常常十分激烈。罗马设有元老院、竞选讲坛、法庭。假如这一切仍无济于事的话，那还有你征我伐的战场——这些便是铸就罗马文明的场所。

　　罗马并非台伯河（Tiber）河边的乌托邦，此地没有哲学家国王来进行设计打造。国家的精英们紧紧地把持权柄，而百姓却过得水深火热、民怨沸腾。罗马所面临的尽是上层残暴的冲动举措和下层面对危机的盲目恐慌，与此同时门外的强敌则对这两者均虎视眈眈。像这样的故事我们业已熟知，然而面对此类困扰城市的灾难危局和突发事件，罗马的应对方式却令我们耳目一新。罗马不仅征服了世界，而且将其转化成了自己。继残酷的征伐过后，随之而来的便是一套针对新国民人口的有效整合流程，它基于包罗万象的上层建筑，能够让民众共享政治权利和责任，而同时又为重要的本地身份和亲缘纽带留有了一定的余地。在罗马人的管理下，文明作为帝国主义的一项工具终于完成了它的成人礼。

　　我们的故事发端于一些地理位置偏远且毫不起眼的小山镇，但以一个强大的共和国收尾。共和国铭刻的口号是"元老院与罗马人民"（Senatus Et Populusque Romanus）。当226　然了，万事皆不如口头那般容易。罗马人在"元老院与罗马人民"的旗帜下征服了古代世界，而后剩下需要战胜的就

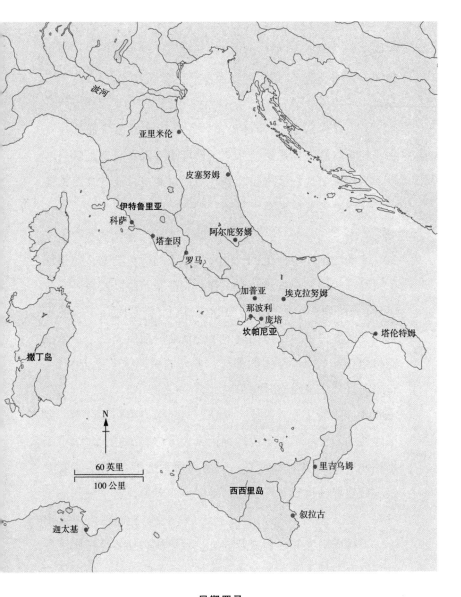

波河

亚里米伦

皮塞努姆

伊特鲁里亚

科萨

塔奎因

罗马

阿尔庞努姆

加普亚

埃克拉努姆

那波利

庞培

坎帕尼亚

塔伦特姆

撒丁岛

N

60 英里

100 公里

里吉乌姆

西西里岛

叙拉古

迦太基

早期罗马

只有他们自己了。

公元前约130年，希腊历史学家波利比乌斯（Polybius）回顾了罗马那惊人而壮观的崛起过程。在这座城市，他曾被扣押为人质长达16年，而如今罗马已形同故乡。

> 在不足53年的时间里，几乎所有的已知世界均被置于罗马一国的统治之下。没有哪个人会冷漠失察到不愿意探明这一过程以及罗马的政府类型。没有谁会无视这一史无前例的历史事件。

波利比乌斯也许是古代世界最伟大的历史学家，他见证了罗马崛起的多个关键时刻，包括它征服希腊以及在公元前146年最终埋葬宿敌迦太基的野蛮暴行。波利比乌斯将罗马人的支配地位视为不可回避的历史宿命。而事实上，正如我们将会在本章中领略到的那样，罗马的崛起绝非上天注定，它的前景从来就没有过任何的保证。

我们能够从他人讲述自身起源的故事当中获益良多，罗马建城的传说和早期阶段的神话令人十分震惊，它包含了手足相残、群体绑架和奸淫、一系列血腥的战争以及外族占领。显然罗马自婴儿期就已经受逆境的考验，这个城邦似乎没有设置"刹车系统"，注定会不顾后果地抵御任何外来干涉。罗马周围强邻环伺，若要维护独立就必须随时应战。不过真正令罗马人于众多意大利小城邦之中脱颖而出的则是它彻底的好斗心和占有欲。

多数罗马人相信他们的城市是由罗慕路斯（Romulus）

和雷穆斯（Remus）这对孪生兄弟所建立的。小哥俩的人生
开局并不顺利，他们的伯祖父是当地某城的君主，他害怕这
对兄弟长大成人之后会争夺王位，于是就将他俩扔进台伯河
里淹死。然而这对婴孩被河水冲到了未来罗马的城址处。这
则故事或许原本能以苦尽甘来的温馨故事收尾，但最终有一
个令人不快的意外结局。后来兄弟俩经历一番激烈争吵，罗
慕路斯将雷穆斯杀害了，手足相残的鲜血溅于这座初生城市
的奠基之时。

　　相传罗马原是在血腥谋杀的背景下形成的，后世的罗马
人都听说过肆虐城市的残暴内战，因此对他们而言那则传说
想必完全相符相称。人们有理由对统治阶级内部的毁灭性冲
突所造成的后果心生恐惧，而罗慕路斯和雷穆斯的故事则理
所当然地令这种持久的不安显得更为突出。激烈的竞争环境
将促使罗马成就盖世伟业，但这同时也意味着这个城邦始终
在政治动荡和潜在危机的边缘蹒跚而行。正如我们所见，罗
马总是受其易于爆发的强烈野心所驱使。

　　不过话说回来，罗马人到底是怎样的一个群体呢？欲将
任何城市的早期碎片拼接成像总是不那么容易，但我们确定　228
在公元前约8世纪的时候罗马曾是后黑暗时代氏族村落当中
普普通通的一员。它们为生存而挣扎，为出人头地而战斗，
为盗牛盗马、淡水资源和土地归属而争夺不休，而这些东西
正是所有文明赖以萌芽的"原始汤"①。罗马的最先定居者

① 20世纪20年代科学家提出的一种理论，他们认为45亿年前地球的海
　洋中产生了一种存在有机分子的"原始汤"。此处比喻文明赖以发展的
　基石。——译者注

挑选了一个好位置，它坐落于拉丁姆地区（Latium，中部意大利西侧的罗马周边地带）北部，就建在一组七连山上，是台伯河沿岸最佳的渡河地点。罗马不仅占据了极优的防御方位，而且还具有淡水资源和便捷入海的天然禀赋。到了公元前 7 世纪末期，罗马已开始发展其城市文明的标志：规划的街道、神庙和集议广场。

据说罗马最初由一连七位国王统治，始于建城者罗慕路斯。然而君主和臣民之间的严重问题似乎在第六位国王塞尔维乌斯·图利乌斯（Servius Tullius）的治下初露端倪。塞尔维乌斯企图打破贵族的权势，将传统氏族重组为四大新氏族，按社会阶层高低、财富多寡而选取相等数量的人员组成。通过一次大胆的行动，贵族领袖麾下的忠实拥趸均被一扫而清，连同他们动员反抗的能力也被连根铲除。据说塞尔维乌斯于公元前 535 年被杀，凶手就是他的亲生女儿图利娅（Tullia）及其丈夫塔克文·苏佩布（Tarquinius Superbus），后者又被称为高傲者塔克文（Tarquin the Proud）。此人后来成了第七任也是最后一任国王。根据李维（Livy）[①] 的说法，塔克文将岳父推下元老院大楼的阶梯，而后图利娅驾驶一辆双轮马车从其身上碾压了过去。这一骇人听闻的丑恶罪行被后世的罗马历史学家李维视作王政终结的正当理由，尽管此事或许另有情由，因为国王日益专横跋扈，而其手下那些心怀鬼胎、野心勃勃的士族豪门也对权力宝座觊觎已久，

229

---

① 古罗马著名历史学家，学识渊博，罗马皇帝克劳狄乌斯的老师。——译者注

双方的情势一直都相当紧张。

塔克文飞扬跋扈，很快就落得众叛亲离的下场，而"压死骆驼的最后一根稻草"则来自一位罗马贵族的贞妇。她的名字叫卢克丽霞（Lucretia），被塔克文的一个儿子强奸后自尽。这一事件激起了广泛的愤慨与憎恶（也为后世一批艺术家和诗人提供了灵感，包括提香和伦勃朗，还有乔叟和莎士比亚）。公元前509年，塔克文被驱逐，罗马早期君主制的试验随之戛然而止。不过在当初，塔克文并没有坐以待毙，他不愿轻易放弃王位，遂鼓吹一套"唇亡齿寒"的"多米诺效应"理论，声称周边地区的诸位君主搞不好哪天也会遭受类似的厄运，从而获得了伊特鲁里亚和其他有权势的拉丁国王们的支持。不过最终的结果还是起义者获得了胜利，罗马共和国由此形成，由两位贵族担任首届罗马执政官，他们分别是卢修斯·柯拉汀（Lucius Collatinus，卢克丽霞的鳏夫）和马尔库斯·布鲁图（Marcus Brutus，反塔克文起义的领导人）。此一则废黜国王的故事很可能隐藏着一类我们业已熟知的传说，从青铜时代的伊拉克到古典时期的希腊城邦，我们均能发现贵族精英与狂妄独夫之间的权力争斗，而在罗马这块地方，独裁者输了。

共和国体制的建立并非为了颜面与形象，而是出于实用和持久的考虑。它确实源远流长，延续了超过450年。这是一种集君主制、寡头制和民主制元素于一身的混合体制。国王被两位选举出来的执政官所取代，他们服务的任期不得超过一年。这样的机构设置意在确保没有人能够积累过多的政治权力或影响力。每个执政官不仅充当了同僚

230

的角色，而且还对其同伴起到监督和把关的作用。当选之时两位执政官的首项市政举措就是要监督罗马全体民众起誓，承诺永远不再接受新的国王。罗马人简直受够了那些君主，纵观共和国漫长的历史，任何人不管多么强大，只要被怀疑妄图复辟万恶的帝制，那么就不会有好下场。王政逐渐被定性为"异族专属、凶恶残暴、对内引起纷争、对外构成威胁"的制度。对于任何一位胸怀大志的政治家而言，它绝对不是什么吸引人的东西。唯有当国家面临极端的军事危机时，执政官才可以将权柄移交给一位独裁者，此人扮演国家元首兼最高司令官的角色，而授权期限不得超过六个月。

随着时间的推移，罗马的体制逐渐增添了新的职务角色，这一角色或被称为"行政长官"，以辅佐那位执政官，它们分别是裁判官、市政官①和财政官。每个头衔均附有一套整合的责任和权威。所有这些官员都是由至高无上的国家立法机构——元老院选举产生的。最后，罗马共和国体制还设有公民大会（Popular Assembly），由全体公民本体构成。跟其他许多城邦相似，全体公民也基本上被剥夺了权力，不过只要有谁许以利益和好处，那么他们就会卖力地为其提供声援。

要深切体会早期共和国领袖的形象实非易事。首先我们暂且不去理会那些由后世神话创作者虚构出来的古朴人物，他们往往以文明国度的完美形象出现，而实际上公元前6世

---

① 部分资料将其译为"营造官"。——译者注

纪早期的罗马基本上仍处于贵族武士阶层的束缚之中，还在
忙于盗窃牲畜和讨伐四邻，早期的执政官更有可能一直都是
魅力超凡的民兵领袖，而非后世历史学家所描绘的那种身披
宽袍的共和派人士。

共和体制是一套被特意设计出来支撑国家运转的制衡机
制，但它摇摇欲坠，而且有些不切实际。罗马或许已经摆脱
了国王，但它始终在努力填补君主们留下的空白。如同所有
寡头一样，罗马精英费尽心机地要实现社会的良好秩序，他
们向社会底层允诺最低限度的刚需"权利"，同时还要预防
同类之中有人借由打破等级制度、广纳下层人士的办法来实
现一家独大的局面。共和政治就像一场自行车比赛，一开始
每个人都保守犹豫，不停地相互卡位，直到某一个人突然冲
到前头，随后大家便都乱成了一锅粥。

然而共和国体制的灵活性似乎鬼使神差般地足以化解、
抵消这些紧张态势。尽管传统要求人们坚持"mos maiorum"
即"老路子"，但罗马人总能时刻根据环境而随机应变。零
散地增设国家机器、调整临时应对的权宜政策，为了让国家
这条船吃水平稳，这些举措就恰似某种对"压舱物"的常
规调整。平民大会（Popular Tribunate）的诞生便是其中一
例。公元前495年，贵族（Patricians）和平民（Plebeians）
之间在债务和征兵问题上的分歧达到了千钧一发的危急时
刻。平民离开罗马，前往城北的圣山，他们在那里自行选举
了官员。看起来罗马共和国刚刚度过了蜜月就要面临离婚
了。元老院意识到，假如失去将近整支军队的话，国家是根
本无法运行的，于是便同意了平民的诉求。从那时起，罗马

232

每年从后来为人熟知的"平民大会"当中选举出两位平民保民官，以此来保护罗马百姓在元老院中的权益，保民官同时还主持公民大会。

除了这套被零散拼凑的、如天书般复杂的政治体制，古代罗马人的另一项特质就是他们极度迷恋自己城市的地理位置。雅典并非一个单纯的地理方位，它对希腊人的身份认同影响深远，并最终左右了希腊国运。但从那以后，世界就并非如此了。亚历山大那场"跟着感觉走"的征讨行动、腓尼基人的商业精神以及巡游四方的波斯宫廷均反映了他们对权力抱着一种"天下任我随行"的态度，正所谓"朕即国家"（L'état, c'est moi）①。然而在罗马人的历史里，罗马城始终是令人痴迷之物。这种情愫或许正是源于一桩尤为耻辱的事件。公元前 390 年，来自意大利北部波河河谷（Po valley）的一群凯尔特人向南进发，他们在罗马城的外围粉碎了一支仓促集结的罗马军队，而后便闯入这座不设防的城市并将其洗劫一空。只有在卡匹托尔山（Capitoline Hill）上的一小股卫戍部队成功地坚守住了阵地。当时凯尔特人趁夜深人静之际欲爬上城堡要塞，而罗马女神朱诺（Juno）的圣物——一群鹅开始嘎嘎乱叫，从而拯救了山上的官兵。可是到最后就连这支仅剩的部队也被迫投降，而这群凯尔特武装土匪非要获得巨额黄金才肯罢休。

不过在那个时点之前罗马一直做得有声有色。他们在拉

---

① 相传这句话是法王路易十四的名言，经常被后人引用，不过历史上并无确凿史料证明他说过这句话。——译者注

丁姆地区提升了自己的影响力，扩大了领土范围。公元前396年，在异常漫长（可能十年）的围城之后，罗马人通过在城墙底下挖隧道的方法成功占取了关键城市维爱（Veii）。罗马人随后对待维爱的做法与所有征服者如出一辙，他们将一部分人口用作奴隶，并将土地一片一片地分给罗马定居者。维爱的女主神朱诺被一套名为"召唤"（evocatio）①的特殊祈祷仪式所"劝动"，"放弃"她的老城，随凯旋的军队一道回到罗马。外部世界存在的意义就是让罗马人去征服，并被当作战利品带回家乡。

　　可是凯尔特之灾改变了一切，如今罗马本身向外部世界敞开了大门。维爱与拉丁姆地区内其他被罗马打败的城市一样，余下的居民有机会被授以罗马公民资格。在这军事征服的"对偶过程"之后便是要将所征服的土地和人民融入到罗马这个国家里来。在此后的数个世纪里，罗马席卷了拉丁姆地区，而这套驾轻就熟的同化过程也一再被重复上演。除此之外，罗马还运用其他一些更为微妙的手段来强化自己对拉丁姆地区的控制。传说拉丁人是特洛伊人的后裔，即那批被希腊人毁城的流亡者，他们曾在埃涅阿斯（Aeneas）王子的带领下成功抵达了意大利。这一看法自公元前6世纪以来似乎已经发展成形，它很可能是通过与希腊人接触而得的。拉维尼姆（Lavinium）据说是由埃涅阿斯建立的，这座小城镇久而久之演变为拉丁人前来朝圣的地方。在一年一度

234

————————

①　一种宗教仪式，常被罗马人用于战争，为劫掠者祈祷免遭上天的惩罚，以此来疏解心理负担。这种仪式同时也可作为将对方的神灵带回罗马的必要仪式。——译者注

举办的盛会上，那座被埃涅阿斯从特洛伊城奋力挽救出来的珀那忒斯（Penates）圣像被民众顶礼膜拜。于是，罗马人便将这共享的特洛伊神话遗产挪为己用，在每年向拉维尼姆的朝圣中，罗马大祭司和行政长官们扮演了主导角色。此外，该神话也成为罗马建城传说的既定部分。罗慕路斯和雷穆斯所降生的城市阿尔巴朗格（Alba Longa），其建立者本身也来自埃涅阿斯所建之城拉维尼姆。如今罗马人也有资格宣称自己在荷马的《伊利亚特》中担当了主要角色。罗马人以先人的名义，在遗产共享的大旗下为自己接掌拉丁姆地区来正名。意大利再也不会是一块但凡情势有变即可放弃的被征服领地，它成了罗马人的固有土地，是要誓死保卫的，就好像它已被纳入了城市本身的范围之内。

根据推算，时至公元前 3 世纪早期，罗马已经占据14000 平方公里土地，在不到 50 年的时间内几乎将领土扩张到三倍。罗马的统治在意大利中部广阔的地带上扩散开来。几十年的征伐为城市带来了可观的收入。据记载，在公元前 293 年的一连串军事大捷期间，为了庆祝罗马对萨莫奈人（Samnites，位于拉丁姆南部地区）的最终胜利，一位执政官带回了 830 公斤白银和 1151000 公斤青铜。不过在军事征伐的路途中也曾有不少挫折，其中最惨的一次是在公元前 321 年发生于坎帕尼亚地区（Campania）的卡夫丁峡谷（Caudine forks）。当时罗马军队被萨莫奈人围困在一个偏远的山谷中，他们被迫解除武装，并在敌人的一排排矛阵之前半裸着身子行进，经此羞辱之后方才获得了自由。然而罗马人拥有"额定容量"来消化失败所带来的损失和冲击。他们对军事挫败的回应不是签署和平条约和休战协定，而是派出新的部队来弥补之前所失。正是罗马人这种冷酷无情的对敌施压作风才让这个国家常常最终取得胜利。

罗马人以超凡的效率对新征服的领土施行统治。在惊人的短暂时间内，一张公路网于田野和乡间被开辟了出来，将城市与该地区所有主要定居点连成一体。在这些新建的主干道里，亚壁古道（Via Appia）是第一条修筑的道路。它建于公元前312年，将罗马和坎帕尼亚连接了起来。尽管道路的许多部分很快就被铺设完毕，但它一开始也只不过是一条被拓宽的简洁小径，只是铺了一层砾石而已。不过话说回来，这条被后世称为"古道之皇后"的道路仍然是令人刮目相看的工程界壮举。它横跨210公里的距离，从陡峭的山峦之中穿过，还需要搭建桥梁，同时不得不铺设长堤以跨越臭气熏天的庞廷（Pomptine）沼泽。从此，麻烦讨厌的萨莫奈人再也不会逍遥于罗马铁拳的范围之外了。

罗马的强大之处在于它有能力整合当地人口，创造出一 236
片庞大而稳定的领土，被征服的人口并非只因战败而被暂时震吓住的。虽然罗马对几乎所有的拉丁城市都授予完整的罗马公民权，但针对那些身处意大利更偏远的新殖民地人口，罗马人也同时给予旧式的拉丁法律地位以确保他们的权益，譬如财产所有权、通婚权和迁徙权。这些"拉丁权益"在臣民的外国身份和罗马公民身份之间扮演着某种犹如路边客栈一般的媒介角色。罗马这一步棋下得非常高明，他们用新赐予的法律地位作为"俱乐部"新成员的基础，而不是根据种族或地缘来界定，从而使那些来自五湖四海的三教九流都能畅通无阻地迅速融入罗马这个国家里。此外，这也是一项理想的激励工具，因为有了这一把社会地位的比例尺，罗马就能够用升级的方式来奖励臣民的精诚合作。与此同时，这些社群还可以维持他们自己的政治机构和单位实体。正是这样一个框架蓝图，才帮助罗马得以将广袤的大帝国凝聚在一起并长达数百年。

对于罗马而言，在法律权益和公民资格方面的慷慨之举，其最关键的益处隐藏在募兵一事上。"拉丁权益"同时附带了服兵役的义务，随着罗马领土的增加，军队的潜在规模也在膨胀，这给予了罗马相对于其他国家的巨大优势，其掌握的有限资源要远多于那些对手。到了公元前 2 世纪，罗马军队的构成成分当中有半数以上是意大利人，而非罗马人。"拉丁法律地位"的授予同时也确保了罗马同各个社群的联系，而那些人对于罗马控制意大利其余领土来说具有至关重要的战略意义。由此，罗马从又一个略有所成的意大利小城邦转型成为一股不可抵挡的力量。

那么这种近乎贪得无厌的扩张欲望究竟是受何物所驱使的呢？贪婪与恐惧理所当然地从中起到了作用。不过罗马扩张的最强大引擎却是极具竞争性的民族精神，它是罗马统治阶层的标志。罗马贵族男性从骨子里就热衷于追逐政治与军事荣耀。假如有哪位初出茅庐的议员政客对此等世俗成就的重要性尚有怀疑的话，那么只需回顾一下前辈们的所作所为即可。正是这种过往的历史提供了一块模板，教授人们如何过一辈子，以及怎样经营自己的事业。对于罗马贵族而言，赢得政治高位不单单是出于爱国主义的责任或满足个人野心，它同时也是维护并推进家族地位的行为。贵族子弟生活在光辉前辈的氛围之中，对他们而言要想忘却众人对自己的期待始终是一件非常困难的事。在每座贵族府邸里，前庭天井的木制橱柜里均摆放着那些曾占据元老院高级职位的已故家庭成员肖像，它们都是写实风格的蜡质面具。尽管在一年中的大部分时候这些面具都隐藏在关闭的橱门后头，但它们在活人身上施加的影响力是巨大的。每个橱柜均仔细标识了诸位先祖的显赫权位和不朽功绩，而且府邸上上下下都藏着其他的纪念物，比如画像、青铜半身像和盾牌上的徽标图案，它们都提醒着后人那一段段光辉的往昔。罗马贵族处于此等紧张的压力之下，欲追平甚至赶超前辈的功绩。元老院家族本质上是一副招牌，它同其他任何品牌一样需要持久不断的维护。 238

名门望族为了最高权位你争我夺。不过有些事与彼之难，往往与己则易，因为成功并不是只靠个人天赋就能打包票的。对于任何一段璀璨的政治生涯而言，获得执政官职位是其人生的最高点，而从理论上讲所有被选举进入元老院的人于此事上均拥有相等的机会。可是你只需稍稍瞄一眼执政官名单便能明白现实的情况并非如此。费边（Fabius）、科尔涅利乌斯（Cornelius）、梅特路斯（Metellius）和马塞勒斯（Marcellus），这些家族姓氏出现了一次又一次，列表上确实缺乏新鲜的名字。每当我们论及某某元老院精英的时候往往忽略了一个事实，那就是罗马政治生活是被上流社会控制的，由少数几个世家组成。旁人也许能够成为元老院的一员，但闯入那个"闲人免入"的执政官世族小圈子则是非常罕见的。即便有哪个出身相对低一些的议员家族成员果真加入了进去，那通常也是因为他获得了某个豪族的支持。一旦赢得了执政官的职位，那么该家族就可以斗胆去希冀将来可以更上一层楼，而最终他们也有可能彻底融入那支"纯化"的贵族队伍里。

有人或许会想，既然元老院职位是由罗马全体百姓公开选举出来的，那么像这样的"会员制商场"必定开不长久。然而吊诡的是，这种做法似乎反倒对其起到了推波助澜的作用。元老院的大家族均具备现成的人脉渠道、社会资源和权势支持，这些正是在普选中欲得选票而所需的。如此局面可谓运转最流畅的"机械政治"。罗马的政治生活以一张复杂的互惠关系网为中心，涉及在社会、政治和经济方面不同层次的人。权贵人物可能会为民请命，而作为对此影响力的报答，平头百姓则会"出借"他们的政治支持。元老院的豪门望族能够将整个小镇、城市乃至行省宣称为自己的委托方。当然了，只有天真幼稚的政治家才会把此类公众垂青当作有保证的票仓。这种"相互照顾"的好处对双方而言都十分有限。"保护者"常常会为了维护客户群而插手改善他们的生活，而客户这一边则意识到自己只能听天由命，无法确信好事必然会落到自己头上，因此在为其"背书"的时候往往会心猿意马，常常同时在许多位"保护者"之间摇摆不定。

罗马上层社会弥漫着的野心勃勃和争强好胜的气氛，制造了紧张的局势，很快就会升级为激烈的冲突，并可能导致毁灭性的内战。最首要的危急问题是，高级别的政治职位寥寥无几不够瓜分，由此会在那些未能如愿者当中滋生不满情绪。国家必须好好地经营民心，300 年来一直如此。人人梦寐以求的高级职位必须设有期限，通常为一年。哪怕这个人资质再高、出身再好，待届满之时也需退位让贤，步入元老院队伍中。此为各方普遍接受的游戏规则，它意味着赢得高位的概率至少是向广阔的人群敞开的，从而也防止了忿恨者形成强大支派。除此以外，罗马体制另有一服解毒剂可用来对付过于膨胀的个人野心，它隐匿在道德规范的形式里，而罗马元老院议员必须以身作则。这套精神标准被严密地包含于"文明"的美德之中，它远远超出了单纯的儒雅范畴，而是要做一名合格的"好公民"。对于罗马元老院议员而言，这意味着一个人要始终恪守国家制度所写明的政治角力规则。每一位议员都应当堂堂正正地从我做起，不辜负这套道德标准，以抑制唯我独尊的蛮横冲动。它囊括了以下高尚的精神：勇敢、仁慈、智慧、责任、谦逊和持重。

240

然而随着罗马征服的名单不断加长，这种微妙平衡的现状所承受的压力开始增加，其临界点可追溯至公元前 270 年，当时罗马击败了意大利南部的众多希腊城邦，最终征服了整块意大利本土。假如他们意欲继续扩张，那么就必然要踏入意大利之外的土地了。第一个目标就是西西里岛，它同时也是最诱人的一个。在地理上这完全说得通，因为它与意大利半岛近在尺咫。除此之外，这在经济上也十分合情合理，西西里岛不仅农业兴旺、物产富饶，而且其海港还是多条贸易线路的重要停靠站。这些航线连接希腊、意大利和北非，可产生的利润相当丰厚。然而，此处却存在一个难题。

241 岛屿的西半部分处于当时地中海世界最强城邦的控制之下，罗马倘若果真要向南扩张的话，就不得不向上跃入"高级别的比赛"。它必须迎战迦太基。

2 "迦太基必须毁灭!"

迦太基城坐落于今天的突尼斯海岸,曾是提尔人于公元前 8 世纪早期建立的殖民地,当时正值黎凡特与西班牙之间金属贸易的太平盛世。不过迦太基从来都不是什么又一座寻常的腓尼基前哨站,其腓尼基语名称"Qart-Hadasht"(意为"新的城市")说明它是作为殖民定居点而建立的,并不仅仅是一处贸易站而已。城市的选址无可挑剔,它屹立于两条最重要的泛地中海贸易路线交汇点上,即连接西班牙和提尔的东西线,以及将希腊、意大利与北方地区串联起来的南北线。

迦太基的运输船队是其国力的真正来源所在,数百年间这批舰队曾是地中海中最强大的。由商船组成的小船队令迦太基成为庞大贸易网络的中心点,它们在广大的地中海地区来回运送粮食、葡萄酒、橄榄油、金属、奢侈品等。不仅如此,假如后世的一部分希腊和罗马信息源真实可信的话,迦太基还一路探险驶入大西洋,其旅途远至西非地区的喀麦隆和法国北部的布列塔尼(Brittany)。

242

319

迦太基迅速成为古地中海区域内主要的商业"发电厂"之一。在最初的时候，奢侈品从黎凡特、埃及和其他近东地区进口而来，但到了公元前7世纪中期，迦太基已然成为主要的生产者，在城墙之外有一个朝气蓬勃的工业区，其生产的产品可谓包罗万象，从精美的珠宝首饰、空心鸵鸟蛋一直到紫色染料。迦太基始终具备一种成功重塑自身的能力，可将劣势转化为优势。在早期岁月里，迦太基被其局促的内陆空间拖了后腿，被迫进口大量粮食。但在公元前6世纪，迦太基开始夺占邻邦利比亚的肥沃土地，一大批农庄和定居点被建立起来，而迦太基也转型为一座农业的"发电厂"，其产出的粮食和葡萄酒不仅满足国内消费而且能用于出口。迦太基甚至还自行开展过一场迷你型的农业革命，他们发明了"tribulum plostellum Punicum"，或称"迦太基轮车"，这是一种原始简易却非常有效的打谷机。迦太基人餐桌上的食物品种丰富多样，令人眼花缭乱，包括小麦和大麦，充足的蔬菜和豆类，水果如石榴、无花果、葡萄、橄榄、桃子、李子、甜瓜和杏子，同时还有杏仁和开心果。迦太基人还食用鱼类和其他海产品，以及绵羊、山羊、猪、鸡甚至狗。

243 　　在公元前6世纪的头几十年，提尔逐渐国势衰微，而迦太基则以腓尼基人在地中海中西部的首府这一形象出现在世人面前，它同时也是古代世界最具活力和创造力的城邦之一。同时代的罗马正步步为营，稳健地发展着。颇有意思的是，迦太基从未建立起一支由公民组成的常备军，而是依赖雇佣兵。不过他们的确拥有地中海最可怕的武装舰队。公元前4世纪迦太基人首先开发出了"五列桨战船"（quadreme），

2 "迦太基必须毁灭！"

一种比三桨座战船体积更大、威力更强的战舰，它在海战中称霸了 200 年。西西里岛西海岸外曾有数条沉于海底的迦太基舰船遗骸，海洋考古学家检验发现船只的每一个部件都仔细地标识了一个字母，通过此法便能将复杂的设计构造轻松迅速地组装、拼接起来。迦太基人所研发的实际上是一种"拼装式"的战舰。

在文化上，腓尼基渊源令迦太基人引以为豪。他们的语言古迦太基语曾是腓尼基语的一种方言，而城市的主神们——巴力·哈蒙（Baal Hammon）及其伴侣坦尼特（Tanit）也是从腓尼基而来的。从黎凡特地区传承的宗教传统是一种"摩洛"（molk）崇拜方式，即"供奉礼品"或"杀生献祭"。这个词常用于形容那些当社群面临特定灾难时为取悦神灵而将头胎婴儿献祭的仪式活动。

我曾在迦太基的"托非特"进行过考古挖掘，那是一座供奉巴力和坦尼特的圣殿，当时我们从里面挖出了大约 50 个骨灰瓮。当我第一次将目光投到其中一个瓮里面的东 244 西时，那真是令人神经紧张的一幕，瓮里有一块块烧焦的小骨头、小护身符、戒指和其他混入灰烬的珠宝首饰。这些骨灰瓮被堆进我卧室的板条箱里，确实令我当时没睡好觉。怀有敌意的古希腊资料里曾描绘过大规模的婴儿祭祀活动，那一幕幕阴森恐怖的图景在我的睡梦中久久不能散去。对此最完整生动的描述来自西西里历史学家狄奥多罗斯（Diodorus）：

在他们的城市里有一座克罗诺斯（巴力·哈蒙的

321

希腊名）铜像，它双手伸开，掌心向上并朝地面倾斜，如此一来每个置于其上的婴孩就能顺利地落入一个犹如血盆大口的火坑里。

如此的证言其实意在竭力诋毁迦太基人，我们应当对此持保留意见，不可全信。事实上有部分切实的证据表明，虽然迦太基人确实在真正危机之际偶尔会施行婴孩祭祀，但他们所用的基本上都是动物幼崽，而我们对骨灰瓮的最新科学分析则显示，大部分祭祀品其实都是早已自然死亡的婴孩或胚胎。看起来迦太基人只有在极端的乱世之秋才会舍弃自己最珍视的东西来取悦他们的神灵。

不过这种对婴孩祭祀耸人听闻的强调掩盖了一个事实，那就是迦太基人更像是大都会人，而的确不似描述里想要证明的那种异于希腊人的原始野蛮。在西西里岛上，希腊人、迦太基人和本地人的社群相互通婚并敬奉彼此的男女诸神，而且还一起做生意、打仗、搞政治联盟。这些原本或许会是死敌的人有着深入且长久的关系，而往往正是这种彼此联系才促成了这一片互通有无的地中海中西部地区，他们之间的凝聚力令人赞叹。迦太基人精通希腊的文化和语言，其著名将领汉尼拔据说运用希腊语写就过多本著作。迦太基人的政治体制也跟罗马类似，属于一种集君主制、寡头制和民主制于一身的混合体，曾以其平衡稳定而广受赞誉，而夸赞者正是亚里士多德这样的名士。

迦太基的影响覆盖了广大的北非地区，同时还包括马耳他岛、西西里岛、撒丁岛、伊比沙岛和西班牙南部，但它并没有转化为我们所熟知的帝国统治。迦太基人的兴趣在于对贸易垄断的把控，只要这些方面不受威胁，别的事务基本上就任由当地人自行其是。西西里岛是一处迦太基人深入插手政治事务的地方，而其原因则恰恰是迦太基人的商业利益已经受到了威胁。西西里岛长期以来存在民族割裂：腓尼基人和本地人的城市在岛屿的西半部分，而希腊城邦则分布在东边。自公元前 5 世纪开始，迦太基会定期进行武装干预，以保卫他们的盟友，特别是要对抗岛上最强大希腊城邦叙拉古的狼子野心。此时此刻迦太基把其关注点再一次主要放在了经济方面。岛屿西海岸由腓尼基人建造的古老港口是必不可少的航线补给站，那几条贸易线路利润颇丰，长期由迦太基人所控制。

　　鉴于迦太基人在西西里岛上的投资规模及该岛在经济上的重要地位，罗马人的任何干预肯定都是不受欢迎的，这一点想必不足为奇。事实上，罗马和迦太基长期以来一直是盟友关系，双方签署的第一份条约可以追溯至遥远的公元前 509 年。不过当时的迦太基人是资格老到的玩家，而罗马则对其充满了敬畏。在历史近期，共同的敌人曾将双方撮合到了一起，那就是皮洛士。然而，在罗马人掌控了意大利半岛之后，两者之间的猜忌与日俱增，直到最后这两个超级大国之间的战争已然不可避免，而战场就设定在西西里岛。 246

　　事件的导火索是西西里人的墨西拿镇（Messene）以及比它规模更大得多的叙拉古城。多年以前有一伙四处游散、号称"战神之子"（Mamertines）的意大利雇佣兵占领了墨西拿。他们当初是受雇来保卫这座城市的，但后来居然屠杀了城内男子，并霸占了他们的妻女。而如今这些家伙却忧心忡忡，害怕自己的城市将会被武力侵占，自己的市民成为更大的城市叙拉古的臣民。为了对冲风险，他们同时向迦太基和罗马请求援助。罗马派了一支部队上岛，很快就同神经过敏的迦太基守军陷入了对峙僵持的局面。由此，罗马和迦太基之间的一场大冲突终于在公元前 264 年爆发，史称"布匿战争"。

交战双方各自代表了什么？究竟是什么东西导致双方面临险境？这些问题值得我们停下脚步好好地思索片刻。布匿战争常常被人以"文明大对抗"的面貌展现出来，类同于希腊人与波斯人之间的冲突。然而正如我们在波斯战争里所见，事实的真相常常远没有那么显而易见。首先来讲，迦太基这个国度已经存续了 500 多年，它显然不是来自东方的入侵者，尽管有不少充满敌意的希腊和罗马作家费尽笔墨地如此描绘它。同样地，罗马这边也根本没有舰队，事实上它从未打过任何海外战争。对于地中海中西部地区而言，罗马人才是新来者。假如这场争斗果真是地中海旧世界与新世界的较量，那么迦太基代表了前者，而罗马则象征着后者。双方真正的差异在于他们各自都为征服对象带去了什么。迦太基人只要自身的贸易垄断地位受到尊重，那么一般而言他们会很乐意给予盟友相当多的政治自由和文化自主。迦太基的角色酷似地中海中西部城市联邦首脑。然而在罗马这一方面，他们则发展出了一套如今被我们视作传统的帝国主义模式，而这一体制在对政治、文化和经济的控制上则要集权得多。与此同时，假如臣服国的上层人士是衷心愿意加入这种体制的话，那么他们也会从罗马手中得到诱人的奖励。

第一次布匿战争持续了超过 20 年，而在其中大部分时间里双方均无法占据上风。在陆地上，战事几乎只在西西里岛进行，难熬的消耗战令哪一方都无力打破僵局。双方大规模的激战不多，其中一场发生于公元前 261 年的阿格里真托城（Agrigentum），这是迦太基人在布匿战争中首度使用了战象。然而它们无济于事，罗马人凭借优秀的步兵令战场的天平向己方倾斜。后来他们洗劫了这座城市，并将城内人口贩卖为奴，其中也包括希腊人。虽然此举不得民心，但元老院受到胜利的鼓舞，誓要将迦太基人赶出西西里，并同时决定组建一支舰队。

248

僵局最终在海上打破，然而令人惊诧的是，战斗的结果居然不是迦太基这一方获胜。战争伊始，罗马人基本上是一个旱鸭子民族，没有什么海军可言。不过后来他们俘获了一条迦太基船，利用其便捷的"拼装"编号系统依样画葫芦，一块木板接着一块木板地复制，由此才扭转这种态势。然而有了船是一回事，但要知道如何有效使用则是另一回事了。与迦太基人在海上的首次碰撞是一场彻头彻尾的耻辱之败。执政官格奈乌斯·科尔内利乌斯·西庇阿（Gnaeus Cornelius Scipio）有一个贴切的诨名，叫"阿斯纳"（Asina）或称"毛驴"，他率领一支由 17 艘战船组成的小型舰队冲入利帕里群岛（Lipari Islands）的海港并将其攻占下来。可是"阿斯纳"很快就被一支更庞大的迦太基舰队团团围困。"阿斯纳"适时放弃船只，逃到了岸上。最终罗马战船被统统烧为灰烬，而"阿斯纳"本人也被俘——在通向海上胜利的征途中，罗马此一开端虽然可耻，但也并非完全在意料之外。

罗马人不会因为此类小小的挫折而举步不前。他们仍然还剩有 130 多艘船，而且还研发出了一种巧妙装置，即"接舷吊桥"，或称"乌鸦吊桥"。迦太基海军固然强大得多，但此物可以抵消对方的胜率优势。这是某种登船桥梁，宽度超过 1 米，长度达 20 米。桥梁由一个滑轮拉高，在战场上予以释放，从而一下子砸落到敌军的甲板上。桥梁底侧沉重的长钉十分尖锐，能够刺穿甲板木料，将船只有效地连接到一起，由此便可让罗马水兵渡桥登上敌军舰船了。这个系统的绝妙之处在于它化解了罗马舰队的诸多劣势，比如机动性欠缺、航速缓慢，以及船员经验不足。

迦太基人并未察觉到这项创造发明，理所当然地自信满满。他们在米列城（Mylae）沿岸即今天米拉佐（Milazzo）的位置打响了布匿战争的第一场大海战。迦太基人的战斗技巧相当娴熟，深谙传统的击沉敌舰战法，懂得如何撞击敌人并在船体吃水线下部位凿壁开洞。希腊历史学家波利比乌斯如是描绘迦太基人："他们鄙视罗马人技艺不精，因此一个个都欣喜过望，跃跃欲试。"得意扬扬的迦太基舰队一拥而上，丧失了队形，悉数落入罗马人设置的圈套之中。面对第一波迦太基来船，罗马人运用"乌鸦吊桥"取得了极大成效，敌军队伍中的旗舰被迫逃离。这是一次最耻辱的失败，不可一世的迦太基海军居然被一群初生牛犊打得落花流水。

尽管"乌鸦吊桥"大获成功，但由于天气恶劣和激烈

厮杀，双方仍均在海上蒙受了巨大损失。公元前 249 年，在　250
无能的醉汉普布利乌斯·克劳狄乌斯·普尔喀（Publius
Claudius Pulcher）的领导下，罗马遭受了最刻骨铭心的大惨
败。此人臭名昭著，当用于"讨好"神灵的"圣鸡"发生
不吃食的情况——战时应避免的凶兆——普尔喀就将它们统
统扔下船，还尖酸刻薄地评论说它们也许是渴了而不是饿
了。之后普尔喀要为罗马史上最大的海上惨败负责，但最终
罗马依然获得了战争的胜利，原因只是他们对意大利的征服
能够为自己提供更庞大的人力物力储备。假如一支舰队打光
了，那么他们就再造一批船，再派一批人。反观迦太基这
边，虽然在战事开端之时看起来占尽了优势，但到了公元前
3 世纪 40 年代中期，他们已被经济上的枯竭拖垮。这个事
实可以由一桩事例来说明：迦太基人铸造的、用以支付给雇
佣兵部队的钱币质量非常差劲，含有劣质的白银，而且往往
还分量不足。迦太基人的问题在于，西西里岛一直以来是国
库的重要收入来源，而这场战争却使这些资金断了流。除此
之外，在迦太基幅员辽阔的商业帝国境内，罗马在海上日益
增长的自信心也严重影响了其他地区的贸易活动。

公元前 241 年，迦太基不得不举手投降，原因只是他们
无力再继续鏖战下去了。迦太基放弃了海外财产，被迫向罗
马支付巨额赔偿金。不仅如此，作为古代世界最强大的海上
力量，迦太基还遭受了丧失舰队的耻辱。罗马人在 20 年前
尚对三桨座战船一窍不通，而此时此刻却开始将地中海称为
"Mare Nostrum"，即"我们的海"。

然而迦太基并未善罢甘休，幸存的最佳名将哈米尔卡·　251

巴卡（Hamilcar Barca）被派往西班牙南部，通过夺取该地区丰富银矿的办法来重振迦太基衰落的国运。不过其中大部分的旅途，哈米尔卡和他的部队不得不靠双腿行走。这一迹象告诉我们昔日的海上霸主究竟落魄到了怎样的田地。哈米尔卡先征服了最富矿场所在区域，接着对采矿流程进行了彻底的重构，此后矿场的利润很快就变得可观起来。人们在里奥廷托（Rio Tinto）发现了可追溯到那一时期的 660 万吨矿渣，其中大部分是银渣，迦太基人和罗马人双方异常庞大的采矿规模由此可见一斑。时至公元前 228 年，迦太基人用这些西班牙白银付清了巨额战争赔偿的最后一笔款项。

哈米尔卡继续留在西班牙。巴卡家族（Barcid clan）起先由哈米尔卡领导，而后由他的女婿哈斯杜鲁巴（Hasdrubal）接任，最后轮到他的亲儿子汉尼拔执掌。这个家族在西班牙南部建立起了一个强大的摄政国，他们利用充沛的白银供应发展起一支坐拥 50000 名步兵、6000 名骑兵和 200 头战象的庞大军队。你能从巴卡家族为军队铸造的纯银银币上观察出这场复兴有多么教人刮目相看，这些钱币纯度极高，含银量十分充足。随着迦太基人以此等速度复兴起来，他们与罗马人的再度碰撞就只是一个时间问题。罗马非常关注事态的发展，他们派出大使前往西班牙，而后又带着最后通牒遣人至迦太基，但汉尼拔对此置若罔闻。于是迦太基与罗马之间的第二次战争遂于公元前 218 年打响了。

252　　　第二次布匿战争同第一次冲突截然不同。首先，迦太基人已没有任何海军可言，因此所有的战斗几乎都在陆地上进行。其次，大部分的厮杀均发生于意大利的土地上。公元前

2 "迦太基必须毁灭！"

218年，汉尼拔率军出征，从西班牙南部的大本营启程，一路向意大利进发，其中还包括了一支战象纵队。此番动作令罗马人大惊失色。这是一段史诗般的征途，他们需要跨越比利牛斯山和阿尔卑斯山，实属一项此前从未有人做到过的盖世壮举。

在意大利，汉尼拔赢得了一系列令人震惊的胜利，而罗马人却日益地不知所措、士气低落。公元前216年，汉尼拔在意大利东南部的坎尼（Cannae）粉碎了罗马军团，此一决定性胜利将这一连串大捷推到了顶峰。通过仔细研究罗马军队的阵型，汉尼拔已经注意到其中央位置的步兵局促地紧贴在一起，很难调动施展开来。于是汉尼拔便布置了一个极度反常却又战术精妙的阵型。他在自己的中军位置以阶梯形战线的形式稀稀拉拉地安放几支轻装步兵纵队，而战线的两端则配备精锐的重装步兵，形同于故意留出了一个弱化的中央地带，最后他再将骑兵安插在左右两翼。

仗一开打，罗马步兵迅速杀向那个弱化的中军方位，一头扎进迦太基阵型中央的真空地带。与此同时，迦太基位于两翼的精锐部队牢牢坚守战线。这就意味着当罗马人向前推进时，迦太基的阵线演变成了月牙形状，陷阱由此显现了出来，而罗马人则三面被围。更为雪上加霜的是，迦太基骑兵在打败罗马骑兵之后，便从敌方背后杀奔过来。罗马人此刻已毫无退路，血腥屠戮随之而来。坎尼是罗马有史以来最大的军事惨败。据估计有70000名罗马士兵被杀，外加10000名被俘。29名高级指挥官和80名元老院议员也同时殒命沙场，还包括罗马执政官保卢斯（Paullus）

253

329

在内。

随着罗马军队的湮灭，似乎罗马城尽在汉尼拔的摆布之中。而这位迦太基名将却让手下精疲力竭的部队暂且休整，给予了罗马人喘息的时机来重新集结，此事为历史上的一大谜团。这一停战之举甚至连汉尼拔自己的下属都大惑不解，据说其中一人如是评价道："诸神没有把所有天赋赐予一个人。汉尼拔啊汉尼拔，你知道如何赢取胜利，却不懂得应该怎样好好地利用它。"其实汉尼拔之所以没有直取要害，无非只是遵循他那个时代的战争法则而已。汉尼拔的主要目的不是彻底消灭敌人，而是迫使他们来到谈判桌前。经过坎尼一役，汉尼拔很可能认定自己已经达成了目标。尽管后世关于汉尼拔的故事具有强烈的戏剧性——据说他在孩提时代就曾发誓要永远与罗马为敌，但实际上他是一个非常务实的人。汉尼拔欲将罗马降格为仅仅是意大利中部的一支力量，而其余意大利城市需得到解放。此外，撒丁岛以及迦太基人原有的西西里部分也应重新回到迦太基的怀抱。可是，假如汉尼拔自以为战争已经结束，那么他就大错特错了。正如我们之前所见，罗马这个国度是没有刹车阀的。对于罗马而言，意大利半岛并不只是一块可以用来讨价还价的被征服领土。如果有哪一名政客倡议与敌军妥协或从辛苦得来的意大利领土上撤军，那么此人必定需要相当大的胆量。汉尼拔所面对的这群元老院议员从小就接受先辈事迹的熏陶，当年那些祖先曾顽强拒绝与敌方谈判，即便在最艰难困苦的情势下也会坚持到底。

于是罗马想方设法拉起了新队伍，战争继续进行。他们明白，要在开阔的战场上挑战那位杰出名将是荒唐愚蠢的。精明又实际的罗马人选择避其锋芒，不跟对方发生正面接触。当迦太基军队在意大利的土地上来回游走时，罗马军队采取悄悄尾随并从其身后游击袭扰的战法。与此同时，罗马还派遣部队前往西班牙并最终征讨北非，以此来给迦太基方面施加压力。这套策略奏效了，日见窘困的汉尼拔于公元前203年被迦太基召回国内来守卫本土。然而，他于公元前201年在扎马战役（battle of Zama）中完败给了一位年纪更轻却资质奇高的罗马将军，此人的名字叫西庇阿·阿非利加努斯（Scipio Africanus）。迦太基人别无选择，只能再次求和。

经历了如此一段旷日持久、生灵涂炭的冲突之后，其和平条件是非常严酷的。迦太基需在50年内支付10000塔兰特（talents）（相当于26000公斤）白银，这是第一次布匿战争结束时罗马索要数量的近10倍。此外，迦太基在未经罗马允许的情况下不得发动任何战争。换句话说，迦太基几乎被降格为罗马的附庸国。不过在此后的30年里，罗马任由迦太基自行其是，因为他们正在东方忙于讨伐希腊化诸王，并赢得了一连串胜利。然而作为有史以来最浩大的"秋后算账"之一，在公元前1世纪50年代，迦太基再次被罗马置于新一轮扼制之下，尽管事实上他们对罗马霸权已经完全不构成威胁了。 255

罗马出于多种角度的考虑，才对迦太基重新掀起敌对行动。首先，针对希腊化诸国的战争令国库严重空虚，而迦太基这边虽然早已今非昔比，但它又恢复成一座富得流油的城

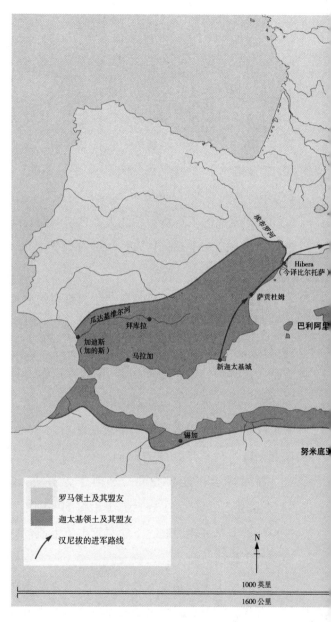

公元前约 200 年的西地中海地区及汉尼拔发动的战役

市。其次，在罗马国内总有一种残存的恐惧心理和报仇雪恨的愿望。老一辈罗马议员依然记得当年汉尼拔在意大利的国土上四处耀武扬威，投射下一团团恐怖的阴霾，因此他们怀着极大的戒心来看待迦太基的再度复兴。对迦太基采取行动的最大倡议者是元老院议员老加图（Cato the Elder）。他曾以大使团队一员的身份拜访过迦太基，回国之后此人在每次演讲的结尾均会明确喊出"delenda est Carthago!"，即"迦太基必须毁灭!"平日里比较拘谨严肃的加图甚至还一反常态地搞起了舞台表演艺术。在一次演讲当中，加图从宽袍里掏出几颗熟透的无花果，告诉听众们这些果子来自迦太基，是三天前刚刚运来的。事实上这几颗无花果很有可能来自加图自己的庄园，但他所要表达的意思已经传达到了，即迦太基再度繁盛了起来，已成为罗马的一大威胁。

迦太基确实上演了一幕令人叫绝的经济复兴，提前许多年偿清了巨额赔款。迦太基人显然也意识到在罗马国内有不少家伙正在叫嚣着要来歼灭自己，于是他们建造了一个独具匠心的圆形内港，将战舰藏于其内，容量可额外多增170艘。罗马这一边则提出了一系列无理要求和公然挑衅，从而开启了迦太基最终覆灭的倒计时。罗马人荒唐地责令迦太基人离开自己的城市，前往距离大海至少15公里的地方另辟新居，由此便将事态推向了顶峰。迦太基拒绝了这些条件，全体民众开始疯狂备战。所有的公共场所，包括那些神庙，均转型为制作工坊。男人女人们在里边轮班劳作，每天生产100块盾牌、300把刀剑、1000枚投掷物和500枚飞镖以及长矛。此外，女人们还纷纷剪下自己的头发，充当投掷器的绳线。

罗马对迦太基的围攻持续了三年之久，该城最终于公元前146年落入西庇阿·伊米利埃纳斯（Scipio Aemilianus）的手心，此人是西庇阿·阿非利加努斯收养的孙子。罗马军团一路杀上迦太基的行政和宗教中心毕尔萨山（Byrsa Hill），此间的屠戮可谓史无前例。西庇阿雇用了几批特别清理小组来拖走街道上的尸体，好让部队能够推进无阻。许多建筑物都被点了火，以将里面的守军驱赶出来。在有些地方，断壁残垣之上被高温烧焦的痕迹依然可见。最终，有50000名城市居民投降，他们均被卖作奴隶，而其余人则悉数被杀。城市陷落之后，市中心大部分区域被焚，西庇阿同时还下令将城墙和堡垒统统拆毁。待西庇阿将所需之物全部搜刮完毕之后，他便将这座城市交给手下的将士们，任由他们将其洗劫一空。西庇阿最后还甩下了一句话，诅咒凡是胆敢在废墟上重建者必遭天谴。

引人注目的是，迦太基并非唯一一个在公元前146年被罗马人毁掉的历史名城。同年，希腊城市科林斯爆发起义，后被一支罗马军队攻占并洗劫，接着遭到彻底摧毁。罗马人曾宣称自己是因为格外忌惮迦太基才对那座城市异常残暴和无理对待的，然而科林斯的类似遭遇则揭穿了罗马人的谎言。在科林斯所发生的一切同时也强烈地证明，对迦太基的毁城行为除了单纯的武装侵略之外，其背后还隐藏着更多的文章。首先一条，洗劫这两座古代地中海最富庶的港口城市是一桩获利极丰的买卖。两处的财富皆被全面搜刮，其艺术品均被运回罗马。迦太基人的领土被大量没收，遂成为罗马

259

国有的公用土地，此外还有许多奴隶被拍卖，凡此种种都令公私财富大量流入罗马人的国库。这两座强大的城市历史悠久，而丑恶的毁城行为则传递了一个明确的信息：违抗罗马的意志是绝不被容许的，往日的荣耀在新的世界里不值一提。迦太基和科林斯的废墟犹如沾满鲜血的纪念碑，提醒着人们反抗罗马的代价。它们也是时代的启示标志，象征着罗马已然成为新的世界霸权。

3　帝国初升与共和落日

统治罗马数百年的元老院家族继续掌管着国家，就好像
罗马对地中海世界的大片征服并未改变什么似的。然而他们
都错了，一切皆已变迁。如今罗马是一座世界性的城市，在
这里可以开创各种事业，实现诸多梦想，赚得大笔财富。罗
马成为古代世界的文化震源，希腊的哲学家、音乐家和大小
名厨皆蜂拥而至，而他们的存在也帮助罗马打造了一次文化
觉醒。

　　罗马对其希腊臣民的态度始终比较自相矛盾。罗马人当
然承认他们从希腊那里受益良多，他们甚至还在德尔斐神谕
的指示下于集议广场竖立起了好几尊最睿智和最勇敢的希腊
人物雕像。随着罗马人渐渐地深入接触希腊世界，他们意识
到希腊文化的优越性，不仅领悟了其艺术、建筑、文学、哲
学等诸方面，而且还接纳了许多别的事物，但也有不少东西
罗马人并不喜欢。希腊人举止轻佻，爱高谈阔论，头脑过于
聪明，而精神却略显颓废。希腊男性公民彼此之间保持着
性爱关系（罗马男性一般只允许跟奴隶或卑贱的外国人那

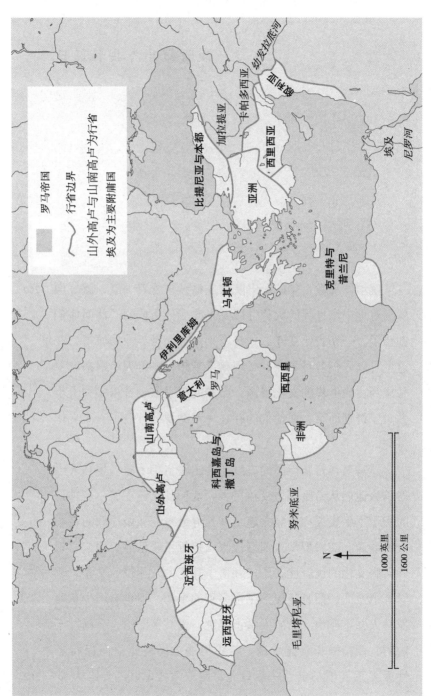

公元前 60 年的罗马帝国

么做）。希腊人还赤身裸体地进行体育锻炼和竞技比赛。即便是他们备受赞誉的思维能力有时候在较为保守的罗马人眼里也做得太过，叫人难以接受。公元前155年，雅典派出一批顶尖的哲学家去罗马，其中一位是怀疑论者卡涅阿德斯（Carneades）。某一天他为政治公正而辩护，但到了次日又为政治不公寻找理由。性情严肃的老加图对这种道德上自相矛盾的诡辩术倍感恶心，遂令雅典人统统滚出罗马，以免腐蚀他们的青年。

除了鸡奸和脑力竞赛之外，罗马对一个帝国的兼并还产生了诸多更为严重的问题。纵观公元前2世纪，一连串的军事胜利赚得了巨额的财富，而其中大量财富都跑入了议员们的腰包里。他们热衷于投资地产，用新得的财富购置最好的耕地，然而其中有许多土地仍在小农户的手里。反观农户这边，他们之中有不少家庭债台高筑，因为男劳力都被征召到军队里去服役了，而且常常一去就是好多年。于是，一场土地争夺战就紧锣密鼓地打响了，意大利的小农户们被赶出了家园，他们的农田成了大庄园的一部分，属于那些极度富裕的议员。失地农民加入到了城市无产者的队伍之中，他们不可能留下来充当农业劳动力，因为针对迦太基和希腊化诸王的战争俘获了大量奴隶和战俘，这批人就已经供应过剩了。

大部分议员对这种社会动荡局面及其引发的不满情绪视而不见。然而他们当中偶尔也会有人站出来决定采取行动，其中最为著名的就要数提比略·格拉古（Tiberius Graccus）和盖约·格拉古（Gaius Gracchus）两兄弟了。他们来自一

263

个具有广博人脉的元老院议员家庭，是族内人当中的理想主
义后生。小哥俩的外祖父正是降服汉尼拔的西庇阿·阿非利
加努斯，他们的姐姐则嫁给了西庇阿·伊米利埃纳斯，即那
位摧毁迦太基的人，而他们的父亲曾一直是成功的政治家和
将军，两度获得执政官席位。他们的母亲科涅莉亚
（Cornelia）以有涵养的举止和对儿子们的奉献而广受赞誉。
她甚至还回绝过埃及国王托勒密的提亲，因为只有这样才能
集中精力抚养儿子们，在他们的教育上科涅莉亚是不惜血
本的。

　　格拉古兄弟拥有财富、影响力、天资与魅力。但不论是
提比略还是盖约均无意走一条平平稳稳、按部就班的政治道
路，比如在将来毫无疑问地登上事业顶峰，担任重要的军事
将领、行省首脑和共和国执政官。他们更想改变这个世界，
而不仅仅是去征服它。这使得小哥俩在自己出身的贵族圈子
当中极度不受欢迎。特别是他们着手处理的问题——土地改
革，可谓一石激起千层浪。在格拉古兄弟的一切行为当中最
令他俩处境凶险的是，他们为了达到目的会不惜破坏规则。

　　在公元前 2 世纪 30 年代后期及 20 年代后期，格拉古兄
弟曾先后两度直接挑战政治现状。他们的计划十分精妙。罗
马在征服意大利和地中海中部地区期间积累了庞大的公共土
地储备，兄弟俩准备将其重新分配，并且还要在罗马国内设
立粮食定额补贴制度。然而这些提案将会把他们自己推向议
员同僚们的对立面，直接与后者正面冲撞，因为许多人已经
将大批的公用土地划拨给了自己。此外，格拉古兄弟还想方
设法让改革方案以法律的形式获得通过，他们所采取的手段

也令元老院当中的许多人更加反对他们。元老院绝不会通过
他们的立法申请,于是格拉古兄弟就利用体制中的一个漏洞
来巧妙地绕开他们。格拉古兄弟设法让自己被选为平民保民
官,这一职位原先于公元前5世纪被开设出来,用以在元老
院中保护平民的利益。这些保民官拥有广泛的权力,其中最
重要的就是在公民大会上通过立法申请,并能够否决元老院
议员的提案。当格拉古兄弟的土改方案在元老院遭到拒绝之
后,提案直接被交由公民大会处理。此举令元老院火冒三
丈,对兄弟俩产生了永恒的敌意。议员们意识到已经无法通
过法律手段阻止格拉古兄弟,于是便擅自行动起来。公元前
133年,提比略在卡皮托山(Capitol Hill)被议员们用棍棒
和板条活活打死。公元前122年,盖约及其3000名支持者
惨遭杀害,而这一次使用的是刀剑。最终兄弟俩皆浮尸于台
伯河上。

格拉古兄弟留下了一项极具破坏力的遗产,对敌人的残
酷杀伤力甚至要超过他们曾干过的任何事情。他们的行为向
世人显示,挑战元老院权威是可以办到的。现如今,任何头
脑聪明的年轻政客都晓得了捷径,那就是先成为一名保民官
然后"诏告天下",宣称自己获得了民众的授权。与此同
时,公民大会也被唤醒了,意识到其本身可行使的巨大权
力。元老院再也没有过去几百年来独享的声望和权威了。
400年的相对平静之后,政治纷争以暴力的形式结局,从而
开启了罗马共和国最后几十年血雨腥风的压轴一幕。

元老院选择了狭隘的自身利益,放弃了更为紧要的社会
改革,因此为将来积留下了更多的问题。罗马全国上下充斥

着愤愤不平的老兵，在意大利的土地上，到处被奴隶暴动所包围。而这些动乱则凸显了罗马这个国家过于依赖奴隶劳动力，以及自身征募新兵的难题。罗马军团的士兵必须是有产者，然而债务窘境和议员们的土地争夺严重损耗了潜在的有地者兵源。元老院很快就会发现，假如他们解决不了这些问题，那么自有人会动手解决。

在 20 年里，罗马将军盖乌斯·马略（Gaius Marius）已废除了士兵的财产准入资格，开始征召没有土地的穷人。他如是宣称："我很抱歉，战场的喧嚣让我听不见法律的规定。"既然国家不给士兵军饷，那么这就演变成了将军们的责任，而他们通常采用的是分配战利品的办法。于是乎，部队拥有了自己的谋生渠道，忠于那些领导他们的人而非国家。至于共和国的其余部分，只能讲他们已被各路私家军武装团团包围。罗马元老院的确战胜了格拉古兄弟，但他们只不过是为新一类军事强人的崛起铺平了道路而已。

266 马略本人就是一个恰如其分的例子。他曾违反规定，破例担任七届执政官，而且至少有过一次派遣军人冲进集议广场打烂了几位政敌的脑袋。卢基乌斯·科尔内利乌斯·苏拉（Lucius Cornelius Sulla）曾是马略的副官，后来成了他的主要对手，而此人甚至做得更加过分。当苏拉的政治地位和军事领导权受到敌方的奸计威胁时，他两度挥军直奔罗马，而两度都如愿以偿。公元前 82 年，在第二次占领罗马之后，苏拉进行了数星期的肆意屠杀，随后又将这种政治暴力正式化，史称"剥夺人权"行动。一份份名单被张贴在集议广场里，上面写着许多被剥夺权利者的名字——按照苏拉的说法，他们都是"国家公敌"。杀死这些倒霉蛋无须接受法律制裁，甚至还有奖励来悬赏他们的项上人头。这种惩戒同时还在被指控的家族里世代相传，他们的地产会被立即移交国库，子女及孙辈都不允许在国家机关和元老院任职。

恐怖统治愈演愈烈，丑恶的勾当全部交由那些被苏拉解放出来的"前奴隶们"来实施。他们将被指控者押出自己的家园，而受害人将不会再活着被人瞧见，不过一部分人的首级会被钉在集议广场上。甚至比这更为邪恶的是，每一个获得自由身的奴隶都以他们的解放者卢基乌斯·科尔内利乌斯给自己取名，就好像罗马全国上上下下充满了数千名杀气腾腾、意欲寻仇的苏拉。当苏拉的党羽着手清算旧账或开始以此盈利时，这场屠戮狂欢便获得了更多的动力。许许多多最终上了"剥夺人权"黑名单的人其实根本与苏拉的敌人没有干系。第一波暗杀清洗中，据说有超过 1500 人遇害，而最终的数字则达到了约 9000 人。 267

苏拉的"剥夺人权"行动背后隐含着一个基于实际角度考虑的因素，那就是苏拉需要大量现金和土地来犒赏他久经沙场的将士们，其人数约有 12 万人。从被剥夺者那里没收来的财产，连同意大利全境批量的土地抢夺行为帮助他满足了这一需求。元老院彻底被吓住了，他们给予苏拉在政治上的全权委托。也就是说，苏拉被授予了独裁者的席位，而这也正反映了他如今所行使的呼风唤雨般的个人权力。

不同寻常的是，当罗马已拜伏于自己脚下时，苏拉却开始着手重建体制的权威和尊严，而这正是他此前极力破坏和诋毁的对象。在一系列改革措施中，苏拉加固了元老院的立法权，还剥夺了公民大会和平民大会以损害元老院为代价而积聚起来的权力。在苏拉的政策变法之下，元老院再次成为罗马共和国无可争议的最高权力机关。苏拉同时还立法禁止任何人仿效他当年的所作所为，如今将军们不允许离开他们的行省，也不能在未经元老院批准的情况下发动战争。公元前 79 年，苏拉的工作都做完了，他突然放弃了独裁席位，隐退下去过起了小日子，因荒淫无度而声名狼藉。次年他死了，这也许并不令人惊讶。他的墓志铭上写着：其良善超越任何亲友，其暴虐盖过一切仇敌。

苏拉未能解决那个正在毁灭共和国的政治危机。他通过散播恐怖和执行暗杀的手段企图强化元老院的权威，而这只不过徒然暴露了政治暴力侵蚀国家的严重程度。新一代雄心勃勃的人已经在苏拉的保护下成长了起来，尽管这位昔日导师重塑了元老院的权威，但在这些人眼里，完全没有理由不去接着贯彻那条苏拉原先走过的道路。在这场体制性的土地兼并当中，最大的赢家是格涅乌斯·庞培（Gnaeus Pompey）。苏拉之所以会在一定程度上需要依靠暴力手段，是因为他尽管出身于世代名门，但他本人的社会人脉并不深厚，而且也没有什么钱。相比之下，庞培则既有财又有势。他的父亲曾是一位重要将领，而且担任过执政官，其家族地产也十分庞大。当他响应苏拉号召时，23 岁的庞培亲率三支军团出现于世人面前，他们均是在这些祖产的土地上拉起的队伍。庞培并没有使用武力，因为他害怕这么做就有可能无法通过议员晋升阶梯来登上政治权力的顶峰，毕竟这才是他分内应得的东西。令庞培深感沮丧的只是取得执政官地位

268

所需要耗费的漫长时间，而且执政官的头衔也绝不能满足庞培的野心。他的目标是要让罗马举国上下均将其认作世上最伟大的人。为了实现这一目标，庞培废止了之前苏拉为保证 269 元老院尊严和权威而实施的多项政策。

此前被苏拉剥夺的平民大会所拥有的强大权力由庞培确保恢复，此举大大帮助了庞培的事业。一大批忠实的支持者在庞培的保驾护航之下被选入新一届"加强版"的平民大会，此法让庞培有效地绑架了罗马共和国。元老院任何可能伤害他利益的议案会被否决，而与此同时那些他赞许的而元老院厌恶的立法方案则干脆在公民大会上获得通过。待到公元前 1 世纪中期的几十年里，罗马共和国各大机关已然沦为暴君的工具，而这正是整套体制原本应该防范的东西。几句关于廉价口粮和土地改革的含糊承诺便轻易将民众收买。上层运用小恩小惠的手段来统治国家的时代业已降临。

庞培很快就赚得盆满钵满，他攫取了多项政府职位和军队领导权，还赢得了不少伟大的胜利。公元前 67 年至公元前 63 年，他在今天的土耳其北部地区迎战米特拉达梯国王（King Mithridates），在此期间庞培没有同元老院商议就私自签署和平协议，并在未经核准的情况下就为国家并入了大片领土。他在小亚细亚和叙利亚的行事做派俨然一位希腊化的国王。他铸造钱币，还将自己的画像印在上面；他用自己的名字为诸多城市命名，甚至还被人当作神灵来崇拜。庞培现在完全可以仰仗当地这些国家的忠实支持以及手下为其拼命的成千上万名官兵。公元前 62 年，庞培凯旋，而且给自己 270 取了"Magnus"这个名号，意为"伟大的人"。不过庞培倒也并非在开玩笑，他能够为罗马国库一次性注入 4.8 亿塞斯特斯（sesterces）①。庞培对东方的经营整顿空前成功，每年从那些地区汇来的年收入增加了 2 亿至 3.4 亿塞斯特斯。庞培就是一个鲜活的例子，告诉了人们罗马在此前一个世纪里赚得的巨额物质收益和领土扩张将会怎样从根本上破坏共和国微妙的政治平衡。

在元老院里，由小加图（Cato the Younger，老加图的曾孙）领导的传统主义者政治集团"贵族派"（Optimates）试图抵抗庞培，但他们没有成功。元老院拒绝批准庞培的东方定居点，也否决了他为将士们提供土地的议案。此时庞培干脆去找公民大会，在那里这些提案被迅速通过。当元老院试图将其松弛的肌肉收紧发力时，没有什么比这一行为更能凸显他们的软弱无能了。对元老院的进一步羞辱即将到来，而且那也会是对罗马共和国的致命一击。庞培同两位政治对手胜利会师，他们分别是马尔库斯·克拉苏（Marcus Crassus）和尤利乌斯·恺撒（Julius Caesar，庞培的岳父）。此二人饱受元老院保守势力的倾轧，都曾被剪除政治羽翼。这三位野心勃勃的人形成了一个秘密同盟，为保护自身利益而通力协作，史称"三头政治"。恺撒将会得到他的执政官席位，庞培为其官兵获得东方定居点及土地，而克拉苏则为他的商人委托方赢得税收减免，这些商人是他获取政治支持的主要来源。三人集团拥有广大民众的支持，并手握兵权和庞大财

① 一种古罗马钱币。它币值较小，共和国时期为小银币，到帝国时期改为铜币。——译者注

源，另外还有一群被驯服的保民官随时待命行动。在如此一张大网的帮助下，他们将会实现目标。

公元前59年，恺撒轻易当选执政官。当"三头政治"的立法提案在元老院受阻时，旋即就被交由公民大会而迅速通过。"贵族派"想方设法阻挠恺撒，将其调往意大利境内的穷乡僻壤去任职。恺撒做出反应，他让公民大会授予自己在西部的高卢和东边的伊利里库姆（Illyricum）的总督职位。这两处均是麻烦棘手的热点地区，在那里战争是必然会有的，因而战利品——对于缺金少银的恺撒来说是必需之物——也绝少不了。

公元前53年，"三头政治"变为了两人，克拉苏在卡莱战役（battle of Carrhae）中损失惨重，本人也被帕提亚人所杀（帕提亚帝国在近东地区对罗马的东部领土构成了威胁）。庞培嫉妒恺撒在高卢取得的辉煌战绩，于是变得越来越乐于接受"贵族派"所提出的各项议案，而那些人则正在努力促使庞培跟恺撒最终决裂。最终他们强推议案，提前结束恺撒的高卢指挥官任期，而庞培对此却袖手旁观，没有帮助他理论上的盟友。此时此刻想必恺撒已经知晓两人的联盟已走到了终点。

公元前50年，元老院议员们要求恺撒返回罗马并放弃他的军队指挥权。此刻内战已无法避免。议员们由庞培领导，他已响应"贵族派"的号召，加入了他们的事业。恺撒要么无条件认输，接受敌人全方位的凶猛攻讦；要么就拿起武器反对庞培和"贵族派"。恺撒选择了后者，他率军跨过卢比孔河（Rubicon river）进入意大利北部，由此开启了

272

罗马历史上场面最为血腥、代价最为高昂的内战。

假如这场战争是为了维护共和国灵魂而打的，那么我们越来越难以分辨灵魂的守护者究竟是谁，或者说那些人到底在维护些什么。时至公元前50年，自诩传统元老院政治守护人的"贵族派"似乎犹如一群狗急跳墙的残渣。他们只会依靠早已逝去的往日荣光，无法适应自身时代对于管理超级大国的要求。根据西塞罗（Cicero）的观察，小加图的问题在于他以为自己生活在柏拉图的"理想国"里，而不是罗马的"政治粪坑"。那些人需要庞培来进行统战工作，这恰恰狠狠地暴露了他们自身力量的羸弱不堪与处理问题时的不得要领，因为按理说这种行为正是他们所抗争抵制的典型事例。庞培不会为任何事情挺身而出担负责任，他唯一在乎的只有自己的"丰功伟业"。在其善变的政治生涯里，唯一永恒的特征就是他那永无止境的个人野心。

假如帝国庞大的幅员所给予的"馈赠"产生了庞培这样自恋型的个人主义缩影，那么尤利乌斯·恺撒基本上也算不得什么善茬儿。纵观"三头政治"时期，他绑架了罗马共和国的政治机关来谋求个人利益。这一点是非常明显的，当他前去为自己当初跨越卢比孔河的决定正名时，他根本没有提及共和国或自由二字，而是声称在他眼里个人尊严比生命更珍贵。看来个人主义的时代确实已于历史长河中浮出了水面。

273　　这场内战本身是短暂的。庞培和"贵族派"马上就在军事战术上出现了分歧。而恺撒则无须向任何人负责，他迅速果断地展开行动，迫使庞培撤退至希腊。恺撒试图同庞培商议一个解决方案，但被对方推脱掉了。随后恺撒在西班牙击败庞培的军队，又于公元前 48 年移师希腊，在那里发生的法萨罗之战（battle of Pharsalus）决定性地粉碎了庞培的武装力量。目睹敌军的残肢散布于沙场之上，恺撒说道："他们早就罪有应得。"这句话说明，世上从来就没有人愿意为内战背负责任。

庞培逃亡到埃及，但他刚一上岸就被人杀掉了。下达命令的是年轻法老身边的一批幕僚，他们均希望与恺撒交好。庞培啊庞培，当年为庆祝军事凯旋，他用珍珠制作了一幅自画像，于罗马的大街小巷里招摇而过，可是最终成了埃及海滩上的一具无头尸。砍下来的首级被人呈到恺撒面前，当时恺撒潸然落泪了。

内战依然如火如荼地进行着，庞培的儿子们和剩余的"贵族派"强硬分子仍旧领导着抵抗行动，但这已是一项日趋无望的事业。恺撒率军抵达北非，而后又席卷西班牙，将庞培伟业的残余势力连根拔除。在北非的由提卡（Utica）港口，死到临头仍始终自以为是的小加图情愿选择自杀也不要投降。鉴于对手们不是业已亡故就是深陷混乱之中，恺撒已然成为罗马无可争议的主宰，如今他必须考虑这种统治权应当以何种形式实施。同之前那一位占据此等政治霸权地位的苏拉相比，恺撒的策略完全不同。在他的治下，不再有什么"剥夺人权"或非法的土地兼并，从前的敌人受到感人的怜悯对待。以西塞罗为例，他曾经站在庞培和"贵族派"那一边，而经过与恺撒一段融洽会晤之后，他被允许返回意大利。

274

在恺撒的治下，债务改革减轻了社会上的贫困状况，而且国家把新的殖民地规划给那些没有土地的人，另外还引入了道路建设和排污管道工程来提供就业岗位并改善意大利的基础设施。面对被战争和乱政搅得支离破碎的国家经济，恺撒制订了一系列复兴改革方案，例如恢复征收入港税以及发布新的黄金货币制度。恺撒的积极管理不仅仅惠及意大利本土，在各大行省境内，不合理的税收体制受到彻底的检查修订，大批外省人被授予了罗马公民资格。许多忠实的追随者被提拔进入到业已扩大的元老院里。

尤利乌斯·恺撒的改革行动表明，在独夫统治之下更容易实现一个公平体面的政府。罗马这个城邦如今已是世界性大国，而此前百年的政治动荡也证明了罗马的体制未能进化至满足需求的水平。罗马这个超级大国需要领袖坚定的持久力和高瞻远瞩的宏图大略，而不仅仅是政治上的小修小补，而原本制定那些短期决策的政客们全都明白自己的任期会在一年之内结束。元老院精英们内部的竞争在此前为罗马的急剧扩张提供了源源不断的推动力，而如今却已退变成一场为争夺战利品而自相残杀的血腥冲突。

恺撒所面临的最大问题是如何在共和国的权力框架内定位自己，而个人的权力触角之广在体制内是毫无先例的。这一问题后来也是他永远没有时间再去解决的。起先恺撒跟苏拉一样，试图用坚守独裁位置的办法来处理，但这终究也非长久之计。恺撒以一个独裁者的身份统治着罗马，尽管他煞费苦心地掩饰这一点，并且时常流露出自己对共和国政治机关应有的尊重。虽说恺撒接任了执政官职

位，但将他仅仅视作又一名元老院议员的想法显然是荒唐
可笑的。

对于有些人来说，答案非常简单。假如恺撒已是无冕之
王的话，那为什么不干脆当罗马的第八位国王呢？公元前
44 年，一顶"diadem"（即王冠）神出鬼没地被安放在恺撒
的塑像上，而庆典上的旁观者则欢呼雀跃，纷纷称他为
"雷克斯"（Rex）①。恺撒本人对此事发表回应，说他并非
什么"雷克斯"，只是恺撒罢了，而这场闹剧背后的真相
是，"雷克斯"其实也属于罗马的一个姓氏而已。恺撒此人
成熟睿智，明白假如有人一口咬定是他导演了这一出王政闹
剧的话，那么对他而言会有多么大的危险。王政这种制度受
人鄙视，与罗马所构建的整座共和国大厦格格不入。于是那
顶王冠被迅速取下，而凡是用国王称谓提及恺撒的人则统统
被检举，并遭到起诉的威胁。这些关于恺撒帝王野心的诽谤
和谣言致使他十分公开地谢绝了人们在牧神节（Lupercalia）
庆典上赐予他的王冠。该节日每年举办一次，意在净化城市
并向那头母狼致敬，是它哺育了罗慕路斯和雷穆斯这对双胞
胎弃婴。没有任何一个场合比这更适合公开拒绝那原本应实
现的帝王夙愿了。

恺撒似乎并没有一个总体规划。他只是匆匆地实施一连
串简单便捷的修修补补，与此同时又四处摸索更为长久的解
决方案。这位看似对万事皆有答案的人却不晓得如何摆正自
己的位置，不过其他人却已下定了决心。对于许多从内战中

---

① Rex 有"国王"之意。——译者注

幸存下来的老一辈元老院精英来说，仅仅为了恺撒提供的和平就要让数百年来应有的权力丧失殆尽，这代价也太过沉重了。他们察觉出种种迹象，表明恺撒对元老院及共和国其他政治机构缺乏尊重，比如当一个元老院代表团被派来授予他一系列的荣誉时，恺撒居然没有站立起来向其致敬。除此之外，元老院精英们还曾被迫发誓保护恺撒的生命安全。他们对此深恶痛绝，事实上这股仇恨是如此强烈，以至于他们决定要去打破誓言。

在古罗马历法 3 月 15 日那天，一群议员谋杀了尤利乌斯·恺撒。在刺客队伍中有一人是马尔库斯·布鲁图，他曾是"贵族派"中的一员，后被恺撒赦免，再后来又被批准进入恺撒的核心内圈。当恺撒认出原来是他时，据说恺撒大声呼喊道"Et tu，Brute…"，意思是"布鲁图，居然连你也……"这只言片语饱含着受人背叛的感伤，于历史的数百年间回荡。据传言，恺撒就倒在一座庞培塑像的脚下，而后慢慢地死去。

短暂的震惊过后，激愤的城市暴民将阴谋者轰出了罗马城，接着又把他们驱逐出了意大利。尽管共谋者声称自己为277了维护自由而战，但他们除了在自身朋党小圈子之外几乎没有什么人支持。布鲁图及其同伙沉浸在清高傲慢的个人热情里，却忘记了恺撒之所以能成功，恰恰正是源于元老院一直未能对市民们果断采取负责任的或慷慨大度的举措，而他们的市民却没有忘记这一点。

幸运的是，恺撒已经指定过一位继承人，而其初次亮相看起来形象不佳。他是恺撒的孙外甥屋大维，同时也是他的养子，一个乳臭未干、体态羸弱的 18 岁青年，没有经历过共和国晚期血雨腥风的政坛闹剧。西塞罗曾批评说，尽管屋大维颇具潜质，但我们应该对他"赞赏、尊重，然后撤换掉"。可是西塞罗最终会后悔自己的轻蔑之语。屋大维很快就显示出冷酷无情的政治嗅觉，远远超出了他青春年少的岁数。他迅速组建起两支罗马军团，狡诈地服侍元老院，而此时元老院正急切渴望要抑制住马克·安东尼的野心。此人曾为恺撒最得力的副官，也是屋大维的主要对手。屋大维先将安东尼遏制住，旋即挥军开入罗马城，索要执政官职位，全然不顾自己只有 20 岁的事实。而元老院则一如往常地懦弱温顺，只得遵照执行。不过西塞罗那一群人觉得屋大维是可以用高官厚禄和元老院的垂青来哄骗的，可是后来的事态马上就证明他们打错了算盘。公元前 43 年11 月，屋大维同马克·安东尼以及另一位恺撒的拥趸马尔库斯·雷必达（Marcus Lepidus）达成了一项私下协议，三人不仅瓜分罗马共和国的政治职位，而且还包括整个国家。

跟臭名昭著的上一届"三头政治"相比，在蔑视国家机器这一点上如今的后来者甚至比前者还要赤裸直接。国家制度和正规的政治程序干脆就彻底停摆了。这一届的"三头政治"在其职位上将所有的行政长官全部任命完毕，其中不少人提前了许多年。与此同时，他们还发动了一场针对敌人的残酷清洗，前"三头政治"沾满鲜血的"剥夺人权"行动与之对比起来也相形见绌。被指控者的首级要带到"三头政治"面前以验明正身方可发放奖赏；对那些杀死主

278

人的奴隶，当局不但会给予金钱，而且还施以自由。而那些仅仅对逃犯表示过同情并提供庇护的人则会被处以死刑。对于这种种的一切，"三头政治"的理由清醒明智，却叫人不寒而栗。他们已从尤利乌斯·恺撒的身上吸取了教训，因为恺撒正是殒命于那些曾被他原谅的人之手，而"三头政治"则情愿选择先下手为强。西塞罗曾在一系列精彩的演讲中极不明智地侮辱过马克·安东尼，他为自己尖酸刻薄的口才付出了惨重的代价。西塞罗遭到通缉追捕，遂为人所杀，后来他的首级被安东尼那复仇心重的妻子拿来嘲笑和虐待。

"三头政治"下一步将注意力转移到了那些谋杀恺撒的人身上，并于公元前 42 年在马其顿的腓立比（Philippi）将他们一网打尽。胜利者奖赏给自己庞大的行省指挥权：高卢和东方各省归马克·安东尼所有，而非洲则属于雷必达。表面上看，似乎屋大维在此次大分赃里是一个输家，因为他只得到了意大利、西班牙和撒丁岛。而此时的意大利仍因多年内战而贫弱分化，西班牙和撒丁岛更是绝无可能让他获得军事荣耀或财富资金。但是屋大维另有打算。他心里很明白，罗马在政治、宗教和文化方面举足轻重的地位使之成为一笔庞大得多的资产，远胜过安东尼麾下各大行省的广泛资源总和。屋大维成功地把将士们安置在意大利的土地上，以此获得了军队的忠心。随后他便向可怜虫雷必达发难，此人始终是"三头政治"当中体量最轻的一个。于是就只剩下两位玩家了。

屋大维的铁拳越战越强，而马克·安东尼却日渐削弱。

安东尼在军事上惨败于帕提亚人之手，同时又跟埃及艳后克利奥帕特拉公开保持暧昧关系。作为一名军人和政治家，这些丑闻令他名誉受损。而屋大维则发动了一场针对安东尼的宣传攻势，将其描绘成风流放荡的醉鬼，受制于一个颓废堕落的东方女人。随后屋大维还使出一记高难度绝招：他成功地设法让整个意大利宣誓向他个人效忠，以反对那位东方女王及其同党马克·安东尼。

　　此时战争已经箭在弦上，公元前31年9月，双方在希腊的亚克兴（Actium）展开交锋。安东尼虽然人多势众，但还是遭受了惨败。此刻的屋大维已然是罗马全国无可争议的主人。他的地位肯定比那位在法萨罗击败庞培的义父恺撒稳固得多，屋大维需要赦免或处死的敌人寥寥无几，因为大多数人早已掉了脑袋，而忠于屋大维的新一代则得以被引入元老院贵族阶层里。

　　如今屋大维面临的问题是如何处理共和国体制，这种制度似乎已经不合时宜，与当前的政治现实荒唐地脱节了。王政或许本该在考虑范围之外，但大多数罗马人显然愿意以节制政治自由来换取免遭毁灭性内战的美好生活机会。屋大维想出的答案是将自己的名字改为"奥古斯都"，即"国家救世主"，同时引入独裁政治体制并始终小心翼翼地用政策的连续性和传统旧制来粉饰伪装。

　　公元前2世纪30年代，波利比乌斯曾将罗马的崛起视为历史周期模型的佐证，即社会依次经历君主制、寡头制、民主制、暴民政治，最后再回归到君主制。他当时推测眼前的罗马正处于寡头制阶段。但假如波利比乌斯在公元前31

280

年仍在世，并目睹罗马城置于第一位皇帝控制之下的话，或许他会彻底改变想法。在奥古斯都的治下，罗马帝国拥有了一个稳定的、光辉的新未来。罗马的政治快车似乎已经从寡头制和暴民政治的阶段加速回归到了君主制，而没有设定民主制这个站点。

一块罗马时代的镇纸，刻画了母狼哺育双胞胎兄弟罗慕路斯和雷穆斯（公元前 5 世纪早期）。（©Lawrence Manning/ CORBIS）

亚壁古道、大力神神庙（Ercole Temple，又称赫拉克勒斯神庙），以及昆蒂利庄园遗址（Villa dei Quintilii），拍摄于 20 世纪 20 年代。（©Bettmann/ CORBIS）

扎马战役。16 世纪的画作，迦太基人扮演着土耳其人的角色，而罗马人则象征欧洲人，这幅画是当时将迦太基东方化的先驱之作，这种东方化的做法在 18 世纪和 19 世纪相当流行。

(*Giulio Romano, Pushkin Museum, Moscow/ akg-images*)

由砂芯玻璃制成的络腮胡头像吊坠，来自迦太基（公元前 4 世纪到公元
前 3 世纪）。这些吊坠被当作护身符佩戴，以免遭受妖魔鬼怪的侵袭。

（©Charles & Josette Lenars/ CORBIS）

迦太基人和罗马人运输货物所用的双耳瓶，出自利利俾（lilybaeum）。
（*Chris O'Donnell* 拍摄）

从西西里岛厄律克斯挖掘出来的迦太基钱币（公元前 4 世纪至公元前 3 世纪），运用了典型的迦太基图案，譬如腾跃的骏马、马首、棕榈树以及女神的头颅，这说明在此一时期该岛的西半部分受到迦太基的强烈影响。（*Chris O'Donnell* 拍摄）

此雕像据说是汉尼拔半身像，但尚有争议。

（©Bettmann/ CORBIS）

（*左*）大胆臆测的画作，描绘了强攻迦太基毕尔萨山的情景。

（©*Bettmann/ CORBIS*）

（左上）罗马时代西西里岛利利俾的墓碑。这里曾是一座迦太基人的城市，虽然碑文
是希腊语，但从画像中抬手保佑的手势里我们依然能洞察那衰亡的古迦太基语影响。
（*Chris O'Donnell* 拍摄）

（左下）西庇阿家族的墓穴，位于亚壁古道。（©*Araldo de Luca/ CORBIS*）

（上）庞培"大帝"雕像。（©*Burstein Collection/ CORBIS*）

埃及埃德福（Edfu）的荷鲁斯神庙主入口。神庙位于尼罗河西岸，是进献给埃及鹰神荷鲁斯及其希腊对应神阿波罗的，自公元前 237 年至公元前 57 年间由托勒密王朝历代国王陆续修建。托勒密国王巧妙地将埃及传统宗教挪为己用，巩固了自身在埃及的统治，堪称完美的案例之一。这项工程一直在修建当中，停工仅 20 年后，埃及即被罗马人终结了独立。
（Chris O'Donnell 拍摄）

洛伦佐·卡斯特罗（Lorenzo Castro）凭借大胆的想象，描绘了亚克兴之战，即公元前31年9月31日马克·安东尼和屋大维之间发生的决定性战役。尽管马克·安东尼拥有更强大的五桨座战船舰队，大量配备巨型的撞角，然而屋大维的轻型船只能够迅速巧胜安东尼那些因严重疟疾爆发而人手不足的笨重大船。

(National Maritime Museum, Greenwich, London, Palmer Collection, Acquired with the assistance of The Art Fund)

玛尔斯神庙（"复仇者"）[Temple of Mars Ultor（the Avenger）]，位于罗马。
奥古斯都曾在公元前42年腓利比之战前夕发誓要为其养父尤利乌斯·恺撒的遇刺
复仇，而该座神庙就是为了纪念他得偿所愿而建的，位于奥古斯都新的集议广场上。
恺撒继承人的地位是奥古斯都为自身法统和权威而构筑的主要堡垒之一。

（©Angelo Homak/ CORBIS）

第六章

帝国风云

1　罗马重建：美德复归，自由不再

　　罗马帝国于公元 2 世纪达到鼎盛，其幅员 500 万平方公　
里，从英格兰北方的哈德良长城一直到叙利亚境内的幼发拉
底河河岸，人口估计大约有 6000 万。与此同时罗马亦是一
个具有使命感的帝国，它并不只是杀人放火、征讨吞并。抑
或说，至少在杀人放火之后还另有其他后续的跟进。政府的
核心拥有一张关于文明输出的宏伟蓝图。诗人维吉尔
（Virgil）于公元前 20 年在《埃涅伊德》（*Aeneid*）中首度阐
明了罗马帝国的宗旨：

> 罗马人切勿忘记，
>
> 统治世界是你们伟大的艺术，
>
> 以惯常的手段带来和平，
>
> 饶恕那些被征服的人，摧毁那些自负骄横者。

　　维吉尔著书之时正值帝国试验的开端岁月，奥古斯都巧
妙地使出政治手腕，批准自己成为这个复兴"共和国"的

"第一公民",因此我们可以谅解维吉尔的理想主义信念——将帝国视为对这个"任性"世界的"严厉之爱"。

100年间,国家经历了大约10多个皇帝,他们中有的人疯疯癫癫,有的人凶狠歹毒,而还有些人则教人感觉伴君如伴虎。历史学家塔西佗(Tacitus)阐述了不列颠岛上的部落是如何受到劝诱,用他们的自由换来某种"隐形"的奴役,而塔西佗所述文字的真正矛头其实是指向他的议员同僚的。毕竟塔西佗是一名自怨自艾的议员,在可怕的图密善(Domitian)手下爬到了事业的顶峰。图密善是最糟糕的专制皇帝之一,其统治时期从公元81年至公元96年。罗马贵族总是哀叹自己缺乏自由,而殖民地的市民却热情拥抱着罗马的生活方式。他们的铭文和建筑都完美地显示了罗马帝国实际上是多么成功的政治"加盟模式",而塔西佗则描述其只不过是将征服行为用文明的外衣伪装起来罢了。

> 人们渐渐地被那些奢侈品诱惑,譬如华美的廊柱、舒适的澡堂和精致考究的晚餐,而这些东西会导致他们堕落。他们将其称为"文明",但实际上这正是奴役的一部分。

罗马帝国推广一种在政治、法律、文化和宗教方面相互包容的模式,而这在古代世界是前所未见的。广大臣民被赐予一个"成为罗马人"的机会,与此同时也无须放弃他们自己的当地身份。但无论这项恩赐看似有多么慷慨,它仍旧是一项容不得你谢绝的礼物。拒绝与罗马人共舞通常会落得奴役、毁灭和死亡的下场。然而，尽管代价沉重，但帝国内部总有些群体甘愿承受。

以牺牲本地身份认同和自由的代价来接受全球化的世界大同主义，这项交易直到今天仍于我们中间存在分歧。罗马帝国的故事阐释了古代世界诸多重大主题——秩序和自由之间、统治者和被统治者之间，以及世俗与宗教之间永恒的紧张关系。但罗马帝国同时也标志着古代与现代的"接线盒"，它向前追溯至远古时代美索不达米亚的首批城市，而朝后又将其同我们今天由民族国家组成的世界连接了起来。诸如全球化、自由与安全、个人与国家等问题在当今世界仍未能得到解决。

公元前 31 年，作为在残酷内战中屹立到最后的人，奥古斯都紧锣密鼓地着手构建帝国政府框架。该模式建立在一系列要素的组合上，包括个人权威和军事势力，以及审慎地遵从体制传统。自崭新的帝国政府建立，古代地中海世界度过了一段和平稳定的岁月，并将延续近 200 年（尽管在公元 69 年罗马也曾爆发过骚乱和内战，而且帝国边缘地带亦持续有战事和冲突）。奥古斯都将所有功业为子孙后代详细列示于 "Res Gestae Divi Augusti" 即 "神圣奥古斯都功业录" 内。此作品由这位伟人亲自写就，或至少是他本人口述而成的。最初的题词原本打算用在奥古斯都陵墓外围的一对铜柱上。然而铜柱并未保存下来，奥古斯都始终非常留意自己的遗产，他曾下令将副本文字记录在罗马帝国各处的纪念碑上以及神庙里头，在土耳其首都安卡拉我们可以找到其中保存最完好的作品之一，其顶部开

286　头写着 "Annos undeviginti natus…"，即 "在我十九岁那年……"，而结尾则是 "Cum scripsi haec…"，即 "写作这本书的时候已是我人生的第 76 个年头了……"，中间的部分则是一份半真半假的纲领，回避了关于他是如何从少年精神病患者屋大维蜕变为 "pater patriae" 即 "祖国之父" 奥古斯都的。根据某则逸事，他用双手戳瞎某人的眼睛，不过甚至比这更夺人眼球的是，此段铭文伪装了政治上的突变，即罗马从一个厌恶君王的共和国转型为坚如磐石的帝国，并由万王之王统治着。奥古斯都的这篇铭文更像罗马始皇帝的履历表，同时亦为罗马共和国的一则讣告。

　　从列表的大部分内容来看，这基本上是一份略显卖弄的冗长清单，它罗列了奥古斯都执掌的部门、获得的荣誉、赢得的胜利、构筑的联盟、承办的市政工程，总之包罗万象，应有尽有，但唯独缺少了个人爱好及休闲方式。奥古斯都在政治上审慎克己，而他就此一点不断提醒世人的做法倒颇为惹人注目。奥古斯都告诉我们，当人民和元老院授予他独裁席位的时候他绝对没有接受，而当那些人请他出任一年期或终身执政官时也被他断然回绝了。此外，奥古斯都还清楚地说明自己绝没有接受王冠加冕。可是话又说回来，不接受他人馈赠当然并不代表自己就不能伸手去拿，而这正是奥古斯都所做的。

　　假如你仔细通读这篇铭文，你会在第 34 段落处发现 "无冕之王" 神话的构成要件。该段文字说，在奥古斯都第六届和第七届执政官时期（公元前 27 年至公元前 28 年），287　"当我扑灭了内战之火时（言下之意即干掉了我的所有对

手），我将自己对共和国的掌控权移交给了元老院和罗马人
民，我因这方面的服务而被元老院依法授予'奥古斯都'
的头衔"。奥古斯都这个名字的含义是"出类拔萃"或"神
圣高贵"。这个新头衔富有更多宗教意义而非政治意义，却
是极其精明的选择，远胜过那个据说他曾考虑接受的名
字——"罗慕路斯"。若人们怀疑奥古斯都企图窃国称王
时，想必一定会有人指出罗马传说中的建城者也是被人谋害
的。于是乎，"奥古斯都"这个名字就一锤定音了。"从那
之后，"奥古斯都接着写道，"我的职位高于任何人，但我
拥有的权力同任何一位行政同僚相差无几。"这句话凿刻在石
头上便成了铁证，表明"出类拔萃的恺撒"跟元老院邻座的
任何议员均权势相当。谁要是不同意的话则会大祸临头。

那么我们究竟应该如何解读这篇"功业录"及其背后
的这位人物呢？这果真是一件歌颂那位恢复共和国伟人的恰
如其分的纪念物？抑或是一套狡黠世故的拼凑之作，掺杂了
半真半假的各色史料、完全扭曲的事实和绞尽脑汁的自我辩
护？是一位临终的独裁者决心要主宰自己帝国的"遗产"？
问题的答案介乎其间。塔西佗到了晚年以日趋怨恨的心态回
顾了罗马历史，在他看来奥古斯都的崛起同罗马共和国的复
辟毫不相干，反而标志着自古以来的自由、权利和特权均被
永久剥夺。然而我们对塔西佗的说法也应当保持警惕，不能
完全听信他的一面之词。塔西佗同其他元老院精英议员也许
殷切怀念旧时代，想当年他们的"libertas"——大意为
"他们'统治国家'的自由"——还没有因独裁的崛起而被
褫夺。不过话又说回来，奥古斯都让罗马、意大利乃至整个

288

帝国的几百万苍生免于遭受灾难性内战之苦，而这种他所带来并维护的自由又应置于何地呢？对于大多数的罗马人及其后世子孙而言，奥古斯都是一位值得尊崇的英雄，他将老百姓从共和国晚期的混乱和恐怖之中解救了出来。"共和"这个词在今天是专门的政治术语，而对当时的罗马人而言却拥有广泛得多的含义。"共和"二字涵盖了道德、宗教，乃至国家组织的方方面面。奥古斯都改良了道德规范，修建了公共设施，恢复了无数座庙宇。这些事例均意味着他所宣称的"至少要部分恢复共和国体制"在许多罗马人眼里是完全可信的。在奥古斯都政治宣传"军火库"内，为罗马帝国重塑往日和平当然是一件重磅武器。

不过同样地，奥古斯都的崛起无疑标志着那个由元老院统治的国家已经寿终正寝。公元前 31 年屋大维（或称奥古斯都）赢得内战胜利，之后不愿放弃手中积聚的权力。假如他想避免尤利乌斯·恺撒的命运，就需要发展一套更为低调微妙、不那么"特事特办"的策略来掩饰自己的权力。奥古斯都做到了，他表面上在共和国的制度框架之内行事，而同时又确保自己驾驭各大要职，并从远处的后台遥控。他被人称呼为"Princeps"，即"罗马第一公民"，而这种形式的帝国政府则被唤作"元首政治"。事实上，奥古斯都控制国家的手段根本就没有制度上的合法性。罗马的著书者与奥古斯都本人都干脆称其为"auctoritas"，即他的个人强权。

自公元前 27 年以降，随着奥古斯都对手中权势愈发自信，他便能够摆脱元老院设法委派给他的许多职务，可以从所有职位上全身而退。奥古斯都并不需要那些东西，他通过

289

谏言和提议来落实自己的意志。高级的元老院职位将继续由公众选举产生，但在大选时刻奥古斯都一般会列出几份"优先"的候选人名单，而唯有胆大包天者才敢在没有皇帝首肯的情况下站出来任职。立法提案仍然经由元老院来批准通过，但往往更倾向于那一类平常事务，比如改善基础建设等。尽管在辩论阶段奥古斯都会故作姿态离开元老院，但议员们实在过于诚惶诚恐，事实上根本做不到畅所欲言。到了公元14年，普选活动最终退出了历史舞台。奥古斯都的继任者提比略（统治时期从公元14年至公元37年）埋怨议员们如今已毫无用处，因为他们"天生是狗奴才"。元老院依旧名望尊贵，但权力很低微。奥古斯都通过代理人来统治罗马，同时鼓吹自己只不过是又一名普通议员而已。"Primus inter pares"，即"同僚之首"这一原则被奥古斯都身后的历代皇帝遵循了数个世纪。

任何倚靠个人魅力与威信实现独裁的人显然都伴有一项 290 极为严重的风险，那就是其他人也可以跳出来"依样画葫芦"。奥古斯都通过牢牢掌控军权的办法来保护自己，他麾下保有25支军团，约12.5万人，甚至在和平时期亦是如此。奥古斯都同时还建立了禁卫军（Praetorian Guard），这是一支负责保卫皇帝及其家人的精锐部队。禁卫军驻扎在罗马城内外的军营里，他们稳步积聚权势，最终在提比略统治时期，禁卫军指挥官赛扬努斯（Sejanus）成为罗马帝国最具影响力的人物。此外，奥古斯都还设置了新的军事财政金库来为所有部队发放军饷，以此保证将士们的忠诚。为了预防万一有人"记性不太好"，钱币上还印有奥古斯都的肖像。在元老院联合执政的外表背后隐藏着一个冷酷的现实，即这个政权是由古代世界有史以来最强军队支撑起来的。

随后半官方的机构也逐步成长定型，与奥古斯都自身至高无上却又半官方的地位相匹配。奥古斯都为了掩饰自身行为的激进本质，转而求助于历史悠久的"家庭生活称谓"。就像所有最不朽的革命家一样，奥古斯都明白传统的重要性。这一点可以从他偏爱的头衔——Pater Patriae，即"祖国之父"——察觉出来。这是一个看似和蔼可亲的家长式温情细节，直至你意识到这位罗马人的父亲拥有对孩子的生杀予夺大权。奥古斯都的这一点还可以从其帝王"domus"的发展壮大上看出，"domus"这个词是"私人宅邸"的拉丁语，奥古斯都的住所设在帕拉蒂尼山（Palatine Hill）上，低调得近乎过分。然而这只是事物的一面而已，宅邸本身仅仅属于一座综合设施的某个部分，而总体设施则要恢宏得多。罗马所有富裕的元老院要员都拥有大量雇工，由经理人、秘书和本地工人组成，他们有的是奴隶，有的是自由身。而奥古斯都的那座"大家庭"则有从前无法想象的规模，它俨然是一座宫廷，只是缺个名头罢了，是统御这个庞大帝国的管理神经中枢。帝王的宅邸渐渐集白金汉宫、白厅和圣保罗大教堂于一身。

在后世帝王的统治时期，皇家宅邸甚至得到进一步扩张，资深的秘书在那里工作，他们通常是受皇帝解放的前奴隶。这些人行使着强大的权力，远胜过那些出身高贵却还在争夺执政官席位的议员们。看似卑微的人实际上反倒大权在握，因为他们接近权力的中心。关于这一点，赫利孔

（Helicon）是一个惊人的案例，此人担任疯子卡利古拉（Caligula，公元 37 年至公元 41 年在位的皇帝）的首席"Cubicularius"（即寝宫卧房的仆人）。赫利孔的权力异常大，因为正如当时某位人士指出的那样，"他跟盖乌斯（即卡利古拉）一起打球，一同洗澡、吃饭，甚至睡觉也在一块儿"。还有另一位被卡利古拉解放的奴隶，一个叫普罗托耶尼斯（Protogenes）的希腊人，他的一项工作是为精神错乱的皇帝主子编制名单，列示想要处死的人。曾有一名议员被同僚们下了私刑，而原因竟是他跟普罗托耶尼斯吵过那么几句，由此可见普罗托耶尼斯手中所握有的权力之大。

292

　　皇帝的官邸维护了"帝王家与百姓家无异"这一则精心编造的谎言，皇帝运用与其相同的方法来模仿有钱有势公民的社会责任与日常生活。同任何富裕小康的罗马议员一样，皇帝也会在早上接待亲朋好友的来访。按照罗马共和国阶层提携的规矩，这些友人并不是具有同等社会地位的人士，而是依附大人物、盼望获得"照顾"的下级或晚辈。皇帝的友人很显然能够从这种身份上获益良多，但与帝王交友同时也会带来一定的压力。尽管有"人人平等"的虚荣借口，但不可回避的事实是，你的皇帝朋友对你有生杀大权。皇帝克劳狄乌斯（Claudius，统治时期为公元 41 年至公元 54 年）坚持要在未受邀请的情况下前去议员家里吃饭。这想必是一桩令人十分紧张的事情，皇帝就坐在餐桌的那一头，周围尽是全副武装的卫兵。希腊斯多葛学派（Stoic）哲学家爱比克泰德（Epictetus，公元 55 年至公元 135 年）就曾描绘过一幅完美的画面，勾勒出一位皇帝友人战战兢兢的脆弱心态：

> 不受邀请便闷闷不乐，受了邀请则提心吊胆，吃起
> 饭来犹如奴隶在主人的桌上一样。他时刻保持警惕，生
> 怕说出什么傻话，做出什么傻事。可是他所畏惧的到底
> 是什么呢？作为一个如此有影响力的人物，形同恺撒好
> 友的他，其实就是害怕掉脑袋。

293　　对此类身心疲倦、胆战心惊的"友人"，爱比克泰德指出
唯有一条路才能在这种情况下保持个人尊严，那就是运用哲学
的思想来淡然处之。可是说到容易做到难，在皇帝尼禄（统治
时期为公元 54 年至公元 68 年）发动的针对元老院的血腥大清
洗期间，部分斯多葛派议员毅然决定行使他们仅剩的一种自由，
即结束自己的生命，而其方式常常是恐怖可怕又费尽周折的。

　　不过明智的皇帝都知道虐待议员最终会自食其果，当议
员们对暴政忍无可忍时，所有极尽暴虐的皇帝——如卡利古
拉、尼禄和图密善等统统都没有好下场。文明，这一共和国
的美德意味着一个伟大的人应当如何对待同僚平辈，而这一
条在罗马第一公民身上依然适用，哪怕"同僚平辈"如今
已完完全全是他的下级。议员们同时也鼓励君王的言行举止
要文明谦恭，巧妙地指出不那么做所可能产生的后果与影
响。政治家兼作家小普林尼（Pliny the Younger，公元 61 年
至公元约 112 年）在一次面对图拉真（Trajan）的演讲里，
他将图拉真同其近期前任之一图密善（统治时期为公元 81
年至公元 96 年）的糟糕岁月做了直率的对比。小普林尼指

出，如今图拉真荣登大位，他与众议员们拜访皇宫的感受都
大不一样了。

> 如今大伙儿不必再勉勉强强地前来碰面，也不会无
> 精打采，不用提心吊胆，无须再为自己的生命安全而担
> 忧。我们感到心满意足，丝毫没有顾虑，只要觉得合适
> 就能过来……不仅如此，待我们完成觐见之后，也不用
> 急匆匆地离开谒见厅，我们就在这里闲谈交流，如同在
> 自己家里一样，谒见厅不会再空空荡荡的。

小普林尼巧妙地进行阐释说明，试图让人理解即便皇帝 294
大权在握，但在元老院阶层里也依然需要真正的朋友。暴君
图密善周围尽是些唯唯诺诺的胆小鬼，而小普林尼在演说中
暗示了图密善的最终暴亡跟他缺乏真正的议员朋友不无关
联。

尽管普选活动在提比略执政时期业已终结，但皇帝如果
要避免严重社会动荡的话，就仍不得不小心翼翼地对地位低
下的臣民们表现出足够的“文明姿态”和慷慨大度。当涉
及平民阶层时，皇帝运用所谓“面包加马戏团”的小恩小
惠手段来赚取支持。此一表达来自讽刺家朱文诺尔
（Juvenal）的短语"panem et circenses"，他曾阐明平民阶层
的政治支持就是要通过娱乐活动和填饱肚子的方式来获取
的。皇帝从来不会对罗马最底层人士产生真正的兴趣，但这
些“可敬的”穷人确实非常重要，他们的支持可能是关键
性的，而且那些人也为军队提供了兵源。帝王常常以免费口

图拉真治下的罗马帝国

元老院行省　　1. 培尼阿尔卑斯
帝国行省　　　2. 科提亚阿尔卑斯
附庸国　　　　3. 沿海阿尔卑斯
行省边界

萨尔马提亚

奥尔比亚
博斯普尔王国

纳波卡
达契亚
萨米泽盖图萨
苏斯
杜鲁斯托鲁姆
托米斯
下梅西亚
梅西亚
菲利波波利
色雷斯
马其顿
帖撒罗尼迦
拜占庭
尼西亚
爱琴海
亚该亚
雅典
以弗所
科林斯
米利都

伊比利亚

本都尤辛
努斯地区

亚美尼亚
阿尔塔沙特
达特拉比宗

比提尼亚与本都
安卡拉
加拉提亚
凯撒里亚
塔苏斯
西里西亚
卡帕多西亚

亚述
埃德萨
尼西比斯

帕提亚帝国

泰西封
巴比伦

亚洲

吕基亚与
潘菲利亚
塞浦路斯岛
安提俄克
萨拉米斯
帕尔米拉
美索不达米亚

叙利亚

犹太
耶路撒冷

阿拉伯半岛

昔兰尼加与克里特岛
昔兰尼
亚历山大港
佩特拉
佩特拉
阿拉伯
孟菲斯
埃古普托斯
阿拉伯湾

粮的方式来对平民阶层广施隆恩，偶尔也会发钱。粮食很大部分来自埃及，而作为食用及照明的橄榄油则大量地从西班牙南部进口。橄榄油装于一种双耳细颈椭圆土罐里运输，待倾倒一空之后土罐即被丢弃，而在台伯河右岸现被称为泰斯塔修山（Monte Testaccio）的地方，土罐的"小山"竟然高达35米，由5000万片陶瓷碎块堆积而成。

于是乎，竞技比赛便应运而生了。这是一项花销极大的公共娱乐活动，通常会包括角斗士决斗、马车竞赛、野兽搏斗以及戏剧表演，而且往往会延续好多天。兴办竞技比赛是每一位皇帝的职责，但其要领是在参与之时不要自损龙威。奥古斯都仍一如既往地处理得当，然而不少继任者未能做到这一点，他们对此事缺乏兴趣。傲慢清高的提比略觉得此类活动实在太粗俗，于是很少费工夫去出席，而图密善虽然露了个脸，但他大多数时间并没有关注比赛，却跟一位侏儒同伴谈天说地。然而，还有其他一些皇帝则表现得过于热情。克劳狄乌斯令人毛骨悚然，他喜欢看垂死角斗士的面部表情；而尼禄和康茂德（Commodus）甚至做得更加过火，他们亲身投入其中，尼禄担任比赛的演奏人员，而康茂德则干脆做了一名角斗士。这两人均没有为皇家颜面赢得荣誉。在受人憎恨的尼禄之后，韦帕芗（Vespasian）承袭了皇位，他开启了罗马斗兽场的建设，由此在关键时刻巩固了自己的支持率。这座规模宏大的椭圆形竞技场能够容纳大约50000名观众，修建的位置就在原来尼禄的那座被人鄙视的"金宫"之上，尼禄那座庞大的私人宅邸曾侵占了罗马大片公共区域。韦帕芗此举可以说是一场公关的大捷。

1 罗马重建：美德复归，自由不再

在罗马内部，独裁政治创造了一种体制，时而极端奢侈，时而荒唐嗜杀，时而又务实高贵、审慎克己。皇帝的无限权力被元老院可能的叛乱或人民的暴怒所抑制。鉴于有那么多皇帝均明显无法满足哪怕是较基本的作为领导的要求（神智健全、博学睿智，或两者只需有其一），罗马国祚如此之漫长似乎也着实离奇。疯狂的旋转木马鬼使神差般地保 298
持转动，以皇帝、议员和普通市民之间紧张的平衡关系联结在一起。

2 垒起帝国的"一砖一瓦"

鉴于罗马是一座性情如此乖戾暴虐的城市，我们便可以认为帝国最大的受益人群其实是生活在最远离权力中心的人们。尽管罗马的皇帝都各自拥有这样那样的过失和问题，但帝国依旧"无情"地高效运转着，而且是由一支极简的国家公务员队伍来实现的，帝国上上下下所有的官员总共才大约5万名。事实上正是这种对殖民地日常事务"极不插手"的放任政策才让罗马国祚得以长久。在帝国的天南海北，人们拥有同样的愿景，应用着一致的法条，遵守着相似的日常规则。国家的长治久安同时依靠伟人和凡人、罗马人和异邦人，他们均"入股"了一个文明的特殊品牌，而它则由城市生活的理想典范来定位。每个有效运作的城镇都有一处集议广场、一家剧院、一个贸易市场，以及多座神庙、公厕和公共浴池。

299　　　位于今天突尼斯北部的杜加（Dougga）古镇就是一个很好的例子，那里拥有一些世界上保存最完好的罗马遗迹，为我们了解帝国的运作提供了一个真实的观察切入点。其中

2 垒起帝国的"一砖一瓦"

最令人震惊的是，这座帝国边缘的市镇拥有不少即便放在罗马城也不会显得突兀的房屋和纪念建筑，而且跟罗马情况不同的是，杜加的市民将这些东西物尽其用，他们自觉地开始努力成为庞大帝国的一部分，而这个国家正是由一座座以罗马自我标榜的大小城镇而组成的。

这座罗马城镇位于已存在的努米底亚人定居点附近（努米底亚是古代柏柏尔人的王国，位于今天的阿尔及利亚和突尼斯境内），就建在一片岩石遍布的斜面地形上，所以它并没有其他城市那种古典风格的城市网状规划。杜加更像是一个大杂烩，但仍毫无疑问是罗马人的。当罗马定居者于公元前 1 世纪首度迁入时，他们跟本地人一起生活，两块社群居住区分别适用不同的法律，享受不同的权益。罗马人是公民，而当地人则只是臣民而已。然而随着时间的推移，两个社群渐渐更加融合起来，并开始互相通婚。在皇帝马可·奥勒留（Marcus Aurelius）的治下（统治时期从公元 161 年至公元 180 年），罗马法律被引入，市镇的行政长官也成了罗马公民。公元 205 年，生于利比亚大莱普提斯（Leptis Magna）的皇帝塞普蒂米乌斯·塞维鲁（Septimius Severus）将杜加划为自治市，而这在罗马城市当中已属于次高等级了。此举有效地将两个社群区域合二为一。

像杜加这样的外省城镇的生活为其公民提供了一种共享的社群体验，犹如一口金鱼缸，每个人都清楚彼此的事情。关起门来在小天地里自行其是的时候非常少，人们都在外头，在集议广场上讨论当地政治，在剧院观赏戏剧，在 20 多个神庙的其中一处敬拜神灵，或在公共浴池里洗澡。澡堂是罗马对文明的一大贡献。希腊人当然也有澡堂，但在规模和豪华度上则完全不能与罗马浴室相提并论。公共浴室理所当然是市民健康卫生的核心场所，但同时也是闲聊、谈生意、紧跟城市生活节奏的地方。

如同在罗马城一样，为普通大众兴办娱乐节目向来是一项捞取选票的重要手段，而其中杜加的剧院则是古代世界存续至今最令人印象深刻的遗产之一。剧院建于公元 168 年，由当地的一位名叫普布利乌斯·马西乌斯·夸达徒（Publius Marcius Quadratus）的要人出资。这座剧院是一次自我夸耀的行为，它竟能容纳 3500 名观众——这对于仅 5000 人口的市镇来说实在是用力过猛了。然而公众形象高于一切，这座剧院对于夸达徒及其同仁而言正是在公众面前给自己脸上贴金的理想场所，好让市民同胞们看看自己有多么乐善好施。剧目一般不太会是那种高雅的种类，虽可能偶尔会有普劳图斯（Plautus）或辛尼加（Seneca）的希腊悲剧的改编版本，但总体而言，外省的罗马人似乎还是更青睐那种欢快活泼的喜剧或哑剧表演。

夸达徒之所以要做出像开办剧院这样如此隆重的姿态，其中的动机就在于他要在家族成员当中高人一筹。他的兄弟卢修斯·马西乌斯·辛普利斯·勒吉里阿努斯（Lucius Marcius Simplex Regillianus）刚刚兴建了壮观的杜加主神殿（Capitol Temple），其位置就毗邻市镇的政治中心——集议广场。建筑内厅的门口处仍然饰有他的名字，这座神庙敬奉罗马保护神朱庇特（Jupiter）、朱诺和弥涅耳瓦（Minerva），三角楣饰上描绘了皇帝安东尼·庇护（Antoninus Pius）被

301

一只鹰带到神灵跟前的场景。这座神庙说明，尽管安定一方能赢得政治资本，但主动迎合远在罗马的圣主也同样是相当重要的。

在杜加有一座神庙叫作卡拉卡拉日耳曼凯旋神庙（Temple of Caracalla's Victory in Germany），斥巨资而建，共耗费10万塞斯特斯。但如今哪怕按照罗马皇帝的标准，卡拉卡拉也算得上是一个恶魔。他是皇帝塞普蒂米乌斯·塞维鲁的儿子，在又一则罗马"幸福"家庭的故事中，他于公元211年将弟弟盖塔（Geta）暗杀并从其手中夺取了权力。但卡拉卡拉对罗马历史的主要贡献是在公元212年向帝国当时精确划定边界之内的所有自由民授予罗马公民地位。

公民权一直是新臣服地区民众高度追逐之物，只有公民才能在罗马人新建城镇的管理层当中占有一席之地，只有公民才能享受私法特权并有资格来撰写一份具有法律约束力的遗嘱。假如非公民被确认违法犯罪的话，他们所面临的惩罚要比公民严酷得多。举个例子，公元17年元老院对罗马境内的占星术士采取行动，具有公民资格者被驱逐流放，而非公民则被处死。圣保罗的故事更进一步说明了罗马公民权所附带的有效特权，保罗曾宣称自己是罗马公民并行使"告御状"的权利，从而成功逃过了由当地官府主持的即决审判。

我们知道罗马公民拥有相当大的特权，令人感到不同凡响的是当局在公民权框架内愿意吸收被征服民众的程度。公民权被授予个人、家庭或整个社群以表彰他们对罗马国家的服务。罗马之所以对公民权毫不吝惜，其背后隐藏着典型的

302

深层实用主义考量。卡拉卡拉将公民权最终普及化，而这毫无疑问是受到金钱驱使的。卡拉卡拉需要增加税收来支付军队的开销，每名公民都成了一个产生收入的单位。在此过程中，原本专指罗马城下层社会的术语"plebs"已然成为对全国所有大众皆适用的通用名词，就好像罗马已经将自己克隆到全国各地，而每个省府就是微缩版的罗马城。

这一复制过程最关键的部分是"帝王崇拜"，它赐予了皇帝统治天下的神赋权力，其实自奥古斯都开创的罗马政体——元首制以来，国家就一直基于此类崇拜。在帝国各处像杜加这样的城市里，皇帝被人们当成神灵一样崇拜着，还有许多神庙供奉他们。这种崇拜活动在东部地区尤为普遍，罗马城本身的政治圈子傲慢自负、桀骜不驯，明智的皇帝对更狂热自恃的神权主张常常有分寸，然而在行省里伸张神权却是让皇帝进入臣民生活并担任角色的一种方式。当百姓敬奉皇帝时，就好像同天子建立了一对一的私人关系，如此一来便"开发"出了一种理念，那就是统治者变成了弱小草民的保护人，时常会莫名其妙地将皇帝本人同那些代表皇帝的当地官僚对立起来。此类崇拜犹如某种全息图影，将皇帝投射到王朝内无数座市镇里。它所创造的一条纽带，其价值无可估量：一头连接着象征性的领袖，说得好听点儿犹如遥远的守望，难听点儿就是毫不沾边；而另一头则是数百万几乎永远不可能一睹龙颜的草民。但当我们论及宗教时，帝国就恰似一块海绵，乐此不疲地吸收外国神灵，如同它侵占外国领土那样狼吞虎咽。罗马人是坚持"大帐篷政策"的多神教信仰者，欢迎所有神灵都加入到他们自己传统的诸神队

303

伍里，只要外来者也准备向"帝王崇拜"增添些许香火即可。

这种灵活性占据了罗马身份认同的核心位置，关于这一点最为突出的例子在雅典被人发现。公元 114 年至公元 116 年的某个时期，一位罗马顶层要人的墓冢纪念碑在一座山上落成，从那里能够眺望到帕特农神庙，而此人在退休时已将那座城市视为自己的故乡。墓冢本身是一处令人印象深刻的宏大建筑，它拥有精美的两层楼结构，建在一个平台之上，在天气晴好的情况下可以从城外数公里处望得见。建筑物底层饰满了华丽的雕带，描绘了死者作为罗马执政官的就职典礼，而一段拉丁语铭文题词则记录了他杰出的行政生涯。纪念碑的一侧是由希腊语书写的题词，记述了此人也曾是雅典公民，并担任"荣誉雅典执政官"一职——这是那座城市所能授予的最高头衔。除此之外，墓冢还存有一幅死者祖父安条克四世的画像，他是小亚细亚东部一个小王国科马基尼（Commagne）的末代君主。科马基尼于公元 72 年被罗马皇帝韦帕芗吞并，而安条克和他的家族则被罗马人以与其地位相称的规格和待遇带到了希腊，而后又迁至罗马。

亡故者费洛帕波斯（Philopappos）能够同时兼任罗马执政官、雅典执政官和希腊化王族成员的多重角色。此外，他还有其他有趣的奇闻逸事。费洛帕波斯的祖父——科马基尼人的国王安条克在画像中身穿一件罗马宽外袍，即一种罗马行政长官的衣服。甚至更加不同寻常的是，费洛帕波斯似乎在执政官队伍里戴着一顶闪闪发光的王冠。如此明目张胆的神权象征，在这一时期只能是罗马皇族才有资格消受的。他

304

的执政官马车装饰有赫拉克勒斯的塑像，而科马基尼的历代君王们都一直将自己同这位英雄联系起来。费洛帕波斯的墓穴展现了即便在他罗马政治事业最顶峰之时仍没有淡忘自己的当地身份和王室祖先。费洛帕波斯的墓冢是一座异常突出的独特纪念物，其建造标准反映了富裕主人所能炫耀的高水准人脉及官职。然而我们不应当将费洛帕波斯的行为视为一个奇特的现象，纵观帝国全境，可以发现有数千例与之相比略显低调的碑文，均在自豪的同时宣扬自己的罗马资格与本地身份。

305 　　罗马常常会适应新的文化，并对理念的创立者与当地领袖大加奖赏，以此来打造让帝国长治久安的各种纽带。在整合被征服地区的上层精英方面，罗马做得非常成功，因为国家承认并容忍当地的身份认同和信仰，还提供了一个能够同时兼备的全方位罗马身份。关于罗马帝国颇具讽刺意味的事实是，你越是远离国家中心就越有可能过上幸福生活——既可享受帝国好处，又不必经历痛楚。

　　也许最恰当的案例可以在叙利亚中部的帕尔米拉（Palmyra）发现。在公元 2 世纪，帕尔米拉位于罗马帝国的最边缘地带。在英国，人们谈及帝国边缘的时候往往会联想起哈德良那条著名长城，它一路翻越坎布里亚郡（Cumbria）和诺森伯兰郡（Northumberland）那些常年被雨水浸透的山岭，由那些抱怨着手脚冻疮的思乡士兵人工建造。不过在帕尔米拉既没有长城也没有冻疮，此地被称为"沙漠皇后"，在这里有一则在罗马治下截然不同的生活故事。帕尔米拉是东西方贸易路线至关重要的节点，于幼发拉

2 垒起帝国的"一砖一瓦"

底河上游与地中海海岸之间提供了一个停靠站。对于帕尔米拉人而言，罗马人的到来只是意味着一个全新的市场机遇被打开，从罗马的工坊和制造厂里可获得产品的供应源，而从印度和其他东方国家则可拿到香料和丝绸。我们之前已经在故事当中遇到过这样的人，青铜时代的商贾们用他们的骡车队在亚述和安纳托利亚之间往返旅行，铁器时代腓尼基人用他们坚固结实的船只在地中海里来回穿梭。而如今在帕尔米拉他们又出现了，这些必不可少的中间商们用贸易的针线将古代世界的政治版图缝接在一起。正如亚述人有骡队、腓尼基人有货船一样，帕尔米拉人也具备自己最喜爱的运输工具：骆驼。

如同所有生意人一样，帕尔米拉人最需要的是和平和安宁，以及可靠的货物供应源和稳定的市场，由此好让他们追逐那迅速致富的终极目标。然而这并不总是那么容易办到的。帕尔米拉人的东边紧挨着帕提亚王国，数世纪以来那些人一直令罗马如芒在背。上一位与帕提亚人发生纠葛的皇帝是图拉真，他率领军团进入帕提亚，并进一步远至美索不达米亚的古老城市。自亚历山大时代以来他是第一位涉险至遥远东土的"西方"征服者。然而，尽管亚历山大的胜利曾激起图拉真深入开拓的兴趣，但他得出了一个截然不同的结论："他意识到领土太过广大，距离罗马城太远，无法有效管理，于是便调转部队西归了。"那一年是公元 117 年，假如你想给罗马帝国的顶峰确定一个日期的话，图拉真发表这番相当厌世的评论之时也许可以算是国家的鼎盛之时了。

在图拉真继任者哈德良的治下（公元 117 年至公元 138

年在位），罗马恢复了与东部邻国的和平政策，确立了边界，划定了版图，帕尔米拉成为一座"自由市"，自此好时光才真正开始。在公元 2 世纪的某个时期以及之后的 150 年里，帕尔米拉人成就了与罗马人和谐相处的完美方案。首先，帕尔米拉人是各色商品的重要来源，为罗马提供所需的香料与丝绸。其次，他们与罗马人没有利益冲突。帕尔米拉只对利润感兴趣，而罗马呢，就如同所有帝国一样奋力探寻着国运天命。只要切记别在这莽撞的巨人前面挡路，你就可以平安无事。最后一点，亦是最重要的一点，帕尔米拉人距离罗马足够遥远，对方任由他们自行其是，而今日你可以从这精心修建的家族陵墓里看出这种"被遗弃"的好处。这座引人注目的陵墓是帕尔米拉的达官贵族为自家而造的，有地上部分，亦有地下部分。这一纪念建筑不仅代表了自身的财富和地位，同时还显示了那种"身在曹营心在汉"的独特优势。

尽管罗马化的益处多多，但帝国当然也有其阴暗面。纵观整段国家的历史，偶尔曾有数次反抗罗马统治的起义，尽管数量确实也出奇地少。义举通常都是由于苛捐杂税而激起的，或者是当地官员的傲慢行径所致。公元 60 年或公元 61 年爆发的布狄卡（Boudicca）起义是最著名的一次地方性动乱。对于那些不承认罗马统治的人来说，惩罚常常是十分严酷的，而对合作者的奖励却也相当慷慨。公元 66 年犹太人起事，宣称犹地亚（Judaea）成为独立国家。这次起义主要由于沉重的税收和紧张的宗教关系而引起，特别是为皇帝尼禄兴办的献祭活动居然要在耶路撒冷的一座寺庙里进行。对起义者而言，起先的事态进展顺利，新的国家发行了自己的 货币，而罗马人重获统治权的企图也相当无力，被轻易地抵 制了回去。此时此刻的罗马正陷于自身的混乱中，之前尼禄 被迫自杀，而且国家在公元 69 年还经历了一段内战时期， 即"四帝之年"（暴力和动荡的一段发作期，最终以韦帕芗 称霸而宣告结束）。所有这一切在公元 70 年随着韦帕芗之 子提图斯（Titus）抵达犹地亚而改变了。提图斯急切地想 要赢得一场重大胜利以巩固他父亲的统治，于是强力镇压这 场反叛。城市刚一陷落，许多地方就即刻化为瓦砾，寺庙本 身也被彻底摧毁，那些抵抗者干脆都死在刀剑之下，成千上 万的犹太人被杀或被卖作奴隶。 308

　　罗马的容忍是有限度的，当你跨越了这条线，它的回应 将会是灭顶之灾般的残暴无情。我们之前在杜加已经见识过 的那位皇帝卡拉卡拉，他就是在这方面令人生畏的一个例 子。当卡拉卡拉造访亚历山大港时，当地人犯了一个错误， 在一部讽刺作品中嘲弄了他。作为回应，卡拉卡拉在公元 215 年屠杀了城内数千名男青年［据历史学家卡西乌斯·狄 奥（Cassius Dio）称，死者超过 2 万人］。对帝国而言，确 保自己牢牢掌控北非地区可谓重中之重，因为北非是罗马必 不可少的粮食来源。公元 1 世纪的突尼斯、阿尔及利亚和埃 及每年向罗马出口 30 万吨小麦和大麦。土地和农业对于罗马 精英的自我形象来说是居于中心地位的，他们喜欢把自己想 象成犹如辛辛纳图斯（Cincinnatus）那类乡间贵族武士的直 系后代。辛辛纳图斯曾离开自己的耕地去拯救国家，而后又 返回到故乡的田埂之间。精英们渴望那种臆想的田园的纯朴， 309

奥古斯都"御用"的诗人维吉尔在《农事诗》（*Georgics*）里将这种简单的美好时光描绘得淋漓尽致。西塞罗衷心地赞美农业是"节俭、勤劳和公平的导师"，而小普林尼则以满腔的喜爱之情详尽描述他自己的乡间小屋。他的房子就嵌于富饶的托斯卡纳（Tuscan）农田之间，在那里他也许能脱下那件元老院宽外袍，不受庙堂功名所累，实现返璞归真。

然而乡间的田园诗只是某种幻想之物，随着共和国演变为帝国，意大利的中小农场都被大庄园吞并掉了。这种庞大产业由奴隶来提供劳动服务，是极富阶层以牺牲小农户为代价而组建起来的。在各大行省里，这些大庄园的规模令人咂舌。皇帝尼禄时期对土地财产进行强征，仅六名议员就拥有非洲行省的半数土地，这些农庄的规模俨然一个个小王国。罗马人跟其他来到埃及的人们一样，不消多久便领略了尼罗河那不可思议的天赐福祉。对罗马人而言，尼罗河意味着高于一切的粮食保障。奥古斯都刚一吞并埃及，就立刻采取实际行动来确保此地高产的小麦大麦被转运到他那新帝国的首都。

为了平息民众的不满情绪，共和时期的罗马就已经为穷人引入了免费月度救济政策。奥古斯都颁布法令，"口粮平民人数"或称"口粮人口"将上升至 20 万人，这相当于总人口的五分之一，此举实在是一个惊人的提升。埃及和尼罗河奇迹就是从此时开始进入人们的视线的。亚历山大港是将310 埃及与罗马主市场连接起来的最繁忙港口之一，埃及作为罗马的产粮区，成为帝国最重要的行省。罗马统治下的生活可以从埃及的安提诺波利斯（Antinopolis）一窥端倪。约 2000年前它是一座繁荣的罗马城市，考古学家们在安提诺波利斯

的废墟里展开挖掘，于数以吨计的破陶片当中完成了一次非
比寻常的大发现。干燥的沙漠条件奇迹般地保存下了数万份
莎草纸碎片，它们包含相当丰富的希腊语文本及五六种其他
语言的文本，材料之充分足以让学者们详细地重构帝国全盛
期罗马中等水平公民的生活状况。莎草纸的信息之丰富恰恰
在于其内容之平凡，大部分都是现代世界的古代等价物，恰
似当今生活中充斥的繁杂文件，比如账单、缴税回执、私人
信件、请柬、证书、企划案、合同、任务清单——看起来要
么是太过重要而不可扔，要么是微不足道而懒得理。多亏了
安提诺波利斯的居民花费功夫定期做清理工作，将他们的莎
草纸一篮一篮地扔到城镇边缘，才让今日的我们了解到了更
多关于他们日常城市运作的信息，而且对其知晓的程度甚至
要胜过罗马本身。

　　举个例子，来自邻近城市俄克喜林库斯（Oxyrhynchus）
的莎草纸当中包含了一份请愿书，事关繁忙街道上人们驱赶
毛驴速度过快的问题。另外还有一小片由两位朋友所写的纸
条，它是阿皮安（Apion）和埃皮马斯（Epimas）写给同学
埃发罗蒂托斯（Epaphroditos）的，纸条上包含了一条极不
寻常的提议："假如你同意让我们鸡奸，那我们以后就不再
揍你了。"这里面甚至还有一小幅图画来帮助理解，好让可
怜的埃发罗蒂托斯明白他们到底想要对他做什么。此外，纸
片堆里还有一封信，是一位名叫第欧根尼（Diogenes）的地
主写给一位雇工的："我已经写信给你1000次了，叫你把派
西亚（Pahia）那里的葡萄藤砍下来。可是我今天又收到了
你问我怎么办的来信。我的答复是：砍掉，砍掉，砍掉，砍

311

掉，砍掉！我已说了一遍又一遍。"

在这些琐事当中，考古学家们还发现了一段与众不同的文字：

> 王国在你体内，亦在体外。当你逐渐认识自己，便会通透醒悟，明白自己正是人间神灵之子。但假如你认不清自己，那你将羁于贫困，而且你即是贫困本身。

这些话源自那篇不足为信的《多马福音》（*Gospel of St Thomas*），人们从这堆单据和垃圾信件里发现了福音书的三段摘录。它们表明了除却每天关心的毛驴和葡萄藤之外，此地还有人努力思考那些令人不安的深刻问题，关于生命的意义和不朽灵魂的归宿。罗马帝国虽然物质富有，但根本无力回答这些提问。

312 　俄克喜林库斯的莎草纸让我们聆听到了罗马治下埃及公民的声音，而与此同时他们的面庞也可以从其他地方一睹为快。埃及木乃伊的画像举世闻名，它们可追溯至公元前 1 世纪至公元 3 世纪。这些怪诞可怕的自然主义风格肖像被绘制于一块块木板之上，而后与木乃伊的"衣服"融为一体，让瞻仰者得以看看埋在里面的亡故者。它们是古代世界留存至今最伟大的艺术作品之一。画像大多描绘船主和士兵、商人和祭司，以及他们的妻子和儿女——正是人们意料中那群得益于罗马统治的阶层人士。画像上的发型时髦别致，饰品精美绝伦，这些均宣告了自己是帝国的有钱人。他们在活着的时候无疑是罗马人，但死后绝对属于埃及人，会跟千百年来的祖先一样被制作成木乃伊。由这些面具我们得到了另一处例证，说明罗马人天生懂得如何铸造生机勃勃的"杂交"混合物，一种剥离了所有政治正确的多元文化主义。

然而从这些生动的面庞上我们若仅仅读出成功故事的话，那也是有失偏颇的。我们知道，罗马帝国善于将物质上的成功赐予那些维持社会平稳运行的当地精英。然而，正如俄克喜林库斯的莎草纸所示，你的职业、财产和衣着对生命而言并不代表了全部，生命还涵盖了更多别的东西。此外，在罗马内部像塔西佗这样的人士也为世人敲响了警钟，正由我们所见的这些表明，异议的表达渠道在罗马统治之下是极其有限的。又有谁知道在这些表面安详的死亡面具之下会隐藏着怎样的不满、失望和未实现的愿望呢？所有精美的肖像画都蕴含着某种模棱两可的模糊性，些许的细节便会令你不禁要问他们真正在思考什么或感受什么。这些人将死亡面具留给后人沉思，而我们对他们确实一无所知。不过，我们对某一个人却是真切知晓的，他是一位居于当时世界核心圈内的人士，原本可以过上一种受人尊崇的生活，做一名罗马帝国的埃及人，躯体可以被制成木乃伊，而肖像则能够入画。这个人的名字叫作安东尼，他拒绝了成为罗马帝国双重身份公民的机会。事实上安东尼完完全全地遁世退出了，他响应宗教的召唤，朝向沙漠而去。此时这门新的宗教正日益壮大，那便是基督教。

公元 4 世纪早期，安东尼一头扎进荒野里寻求神圣的真理。他选择在埃及沙漠科尔佐姆山（Kolzom Mountains）上的一处洞穴里安身落脚，在那里他开垦了一座小花园并编织

313

草席。修道士聚拢到他周围，形成了首批基督教修道院之一。他们自给自足，种植力所能及的农作物，并同贝都因（Bedouin）游牧民交换物品。圣安东尼是"修道运动之父"（Father of All Monks），还成了被世代基督徒传颂的英雄，而这要归功于亚历山大港的亚他那修（Athanasius of Alexandria）所著的《圣安东尼传》（*The Life of St Anthony*）。人们对安东尼的敬仰之情已延续了超过 1500 年，这使得我们很难深切了解真正的安东尼到底是什么样的，这位年轻人作为贵族地主的成员，却将这种特权生活弃之身后，换来的却只是沙漠中的一个洞穴。然而我们确实知道，有些人渴望精神上的熏陶超过物质上的富足，对他们而言基督教是特别具有吸引力的。修道院的苦行生活让这些年轻男女摆脱了国家公私团体及家庭义务的束缚，同时也为他们提供一套全新的生活模式，一种讲究慈善、节制、清贫和苦修的日子。

314

　　基督教的隐修制度在公元 4 世纪逐渐变得井井有条，颁布了书面的规定条例，勘定了诸如《圣安东尼传》这样的历史典故并用以广传福音。宗教日趋繁盛，尤其在埃及的沙漠地区，世人将其誉为僧侣之城。修道士们的社群愈发自给自足，然而它是一条损耗帝国最重要资源的渠道——男男女女不仅是国家的根本，而且最要命的是他们皆为税收的基础。像圣安东尼那样在修道院过一辈子简直是罗马生活方式的对立面。修道士们不为国效力，他们忠于上帝且只忠于上帝。这门信奉孤立主义的弱小宗教属于那些性情温和、低调自谦的苦行修道士，我们难以想象它居然能够撼动帝国的根基，要知道罗马是有史以来最为强大的国家，拥有不可一世的罗马军团和难以置信的巨额财富。然而，正如我们在本书尾声部分将要见到的，"撼动罗马"正是基督徒们意欲而为之事。

尽管帝国的规模庞大笨重，而且大量的行政和财政职能均持续外包，但有些特立独行的皇帝仍然能够在广袤的国土上深深地留下自己的印记。戴克里先（Diocletian）就是这样的一号人物。时至公元 3 世纪晚期，罗马帝国的中心正风雨飘摇，危机接踵而至。自公元 239 年至公元 285 年共有 49 人染指皇位，实在令人瞠目结舌。此等动荡局面是帝国两大机构——元老院和军队——之间权力平衡大转换的结果。帝国的边缘地区已遭受空前压力，既来自蛮族部落，又源于更老牌的宿敌。在东方边界上，复活的波斯帝国在罗马的领土上大肆蹂躏，形成了一片广阔地带。他们在公元 253 年完胜了由皇帝瓦勒良（Valerian）指挥的罗马军队，达到了扩张的顶峰。瓦勒良兵败被俘，在大多数日子里从事屈辱的劳役，被波斯国王沙普尔（Shapur）当作一个脚凳，什么时候想骑马了就用一下。

与此同时，莱茵河与多瑙河边境也遇到了麻烦。在公元3 世纪 50 年代和 60 年代，一支哥特部落联盟突破了罗马防线，肆意蹂躏希腊和小亚细亚的许多地区，甚至连雅典也被其中一支蛮族部落强占并洗劫一空。而其他部落则突入意大利，最远时曾深入到米兰。另外还有一伙法兰克人在横扫希腊之后夺取了船只并远航至西西里和非洲，开启了一场劫掠的狂欢。所有这一切的结果是，军队的重要性在公元 3 世纪时逐渐变得极其突出，皇帝不但日益依赖军队，而且还要花

315

费多得多的时间跟将士们一道出征作战。鉴于帝国正在遭受攻击，皇帝不得不募集大量资金来用作军饷，另外还要筹措钱财用于特定的场合给予部队应得的一次性奖励。此举所制造的紧张情势从钱币的劣质程度就能明显察觉得到，在公元3世纪有一部分银币竟然只含5%的白银。贬值的做法只给予了短期的缓解作用，却引发了恶性的通货膨胀，士兵们开始要求用实物来支付犒饷，业已脆弱的资源由此承受了更大的压力。任何一个不愿支付或无力支付酬劳的皇帝干脆会被杀掉。皇帝塞普蒂米乌斯·塞维鲁在临终床榻上如是忠告自己的几位儿子："尔等应相互友爱，只需富足兵将，其余人等皆不必多虑。"其中一个儿子卡拉卡拉将父亲的第二条建议牢记在心，尽管他并没有听进那第一条。卡拉卡拉在谋杀了自己的手足之后，向整装集结的将士们发表如是演说："朕与众将士同心，唯尔等方可聊慰吾生。朕有夙愿，欲富足军士，国库即为尔等所用。"

罗马军队开始拥立自己的将官为皇帝，这就意味着经常会出现多名王位主张者。由军队黄袍加身的天子与以往的皇帝是有很大不同的，这些新上台的行伍皇帝大都出身卑微，常常来自诸如巴尔干这样条件艰苦的边境地带。如今军事技术是最具决定性作用的领导特征，作为皇帝最为首要的是必须有能力鼓舞士兵并领导军队走向胜利，而戴克里先则正是这些坚韧不屈的巴尔干军人中的一员。戴克里先出生于伊利里亚的一户农民家庭，通过自己的天赋和毅力在军队中步步高升。虽然他的王位之路与此前的其他几位行伍皇帝并无二致，但戴克里先很快就表现出其野心绝不仅限于掌控权力，

他的目标要远大得多。戴克里先要彻彻底底地对帝国进行全
面改革。作为一个未受过教育并且职业生涯一直都在边疆的
军人，戴克里先对元首制的传统或罗马这座城市并无情感上
的依恋。相互敌对的王位主张者你征我伐，祸害了罗马世界
好几十年，戴克里先渴望避免此类手足相残的冲突，于是提
出了一项激进的方案。他将帝国划分成四个部分，归属他本
人和其他三位潜在竞争者，后世称其为"四帝共治"
（tetrarchy）。虽然戴克里先在其中保持了资历最深的合伙人
地位，但每位统治者都设有一座府治、一套机关部门以及一
支军队。 317

"四帝共治"首府的选择也反映了一个变革世界的需要。
罗马作为行政心脏已过千年，而后被一些更具战略意义的城
市所取代。根据皇帝们的需要，特利尔（Trier）、斯普利特
（Split）、安提俄克、米兰和帖撒罗尼迦（Thessalonica）在不
同的时期都曾充当过首府的角色，直到最终君士坦丁
（Constantine）在博斯普鲁斯海峡的岸边建造了君士坦丁堡，
由此确保了他自己的帝国遗产。

戴克里先建立了一套全新的、庞大的中央集权官僚体系
来接管此前由行省精英所履行的管理职责。这套新的机关明
确迎合了皇家主人的行伍背景，以军队框架来组织，设有专
门的级别与制服。国家还开展了一次新的人口普查，以便让
财政部门确切知晓帝国全境内每个人到底都在做些什么。

戴克里先同时还摒弃了"皇帝只不过是第一公民"这
一过时的幻想。帝王就是万民的主宰，一个令人敬畏的遥远
形象，其至高无上的地位世人皆有目共睹。如今所有的臣民 318

不管出身多么高贵，当来到皇帝跟前时都必须拜伏下来，若是得宠的话则可以亲吻皇帝紫袍的边缘。这一时期的帝王肖像与旧有的公民皇帝形象没有丝毫相似之处。"四帝"的雕像被奇怪地剥夺了他们的个性，展现出来的是几位表情严肃、特征平平的人，其全部的灵动感只体现在那双永远警觉凝视的双眼以及官职标志上，即一顶王冠和一身紫袍。出于共同领导的目的，他们的个性受到了压制。最著名的"四帝"雕像，现如今属于威尼斯圣马可大教堂（St Mark's Cathedral）的一部分，它表现了四位面目严厉的人物，由同一块石头雕琢出来，无法区分彼此。

"四帝们"为自己修造的宫廷建筑也鼓吹了这一形象。戴克里先在斯普利特的宫殿是为他退休之后的生活而建造的，它一半是奢华享乐的别墅，而另一半则属于部队的营房，四周尽是高墙和可怕的瞭望塔，这种令人难以接近的印象同奥古斯都在帕拉蒂尼山的简易住所相比简直有如天壤之别。这座庞大的建筑体不仅包括戴克里先华美壮丽的私人豪宅，而且还开设了许多间宾客谒见厅和一处建有穹顶的宴会厅。建筑体容纳了士兵、仆人和官僚，同时还设有神庙、大量的弹药库以及帝王陵墓。总之，这片皇宫建筑群能够豢养1万人，这一数字相当于一座小城镇的人口。这俨然是一座用来炫耀和震慑的建筑体，而不只是为了让自己获得安全感。

319　　　戴克里先雄心勃勃的实验在许多方面都以失败而告终，"四帝共治"需要一个占有统治地位的人物来团结凝聚。一旦戴克里先离世，继任者们很快就开始相互残杀，谁都不愿跟他人共享这身皇帝的紫袍。然而从另一些方面来看，戴克里先的改革确实获得了轰动性的成功。他所创立的这一套头重脚轻的中央集权官僚体系居然能够一路存活到 15 世纪晚期拜占庭帝国的末日。从个人的角度来评价，戴克里先成就的某些丰功伟业在前任的行伍皇帝当中极少有人能够办到。经过一段悠长而富足的退休生活之后，戴克里先于公元 311年在自己的床榻上离开了人世。同一年，安东尼前往亚历山大港，为基督信仰而殉道。

3 以十字架之名：罗马帝国的基督化

基督教也许被人视为乌合之众对这个世界的复仇。公元 70 年耶路撒冷所罗门圣殿（High Temple of Solomon）的毁灭造成了"犹太人大流散"（Jewish Diaspora），他们所怀揣的犹太末世论种子在将来会蜕变为基督教。这些思想的种子起先在远离罗马的地方生根发芽，而我们此前已经在别的时代邂逅过这些地区，譬如小亚细亚、希腊、马其顿、腓尼基和埃及的各大城市。基督教作为犹地亚地区一种隐蔽的犹太宗教逐渐发端。尽管后世的基督教作家极尽了天马行空的夸张修饰之法，但事实上我们依然不清楚早期基督教的模样，因为当时不管是犹太人还是罗马人似乎均没有对这门宗教产生特别浓厚的兴趣。尼禄将基督徒顺手拿来当作替罪羊，为公元 64 年那一场焚毁大部分罗马城的大火背黑锅。而尼禄之所以这么做很有可能就是因为他觉得基督徒无关紧要，根本没什么人会在意他们。事实上，罗马民众的确对基督徒深表惋惜，但这更多的是出于他们恐怖的死亡方式，而非任何由衷的同情怜悯之心或对教徒的信仰真的有什么认知。那些基督徒被当作人体火炬燃烧，还披上兽皮被野狗撕成碎片。

　　似乎明了的是，耶稣作为一位来自加利利（Galilee）的犹太人虽未受过教育却拥有超凡的个人魅力，他于罗马皇帝提比略统治期间（公元 14 年至公元 37 年）在犹太同胞当中聚拢起了相当规模的追随者。耶稣的活动最终引起了耶路撒冷犹太精英的注意，他们对耶稣的人气感到警惕，并游说行政长官本丢·彼拉多（Pontius Pilate）将耶稣推上审判席，耶稣被当作一名 30 多岁的普通罪犯用钉十字架的方式处死。耶稣的故事肯定不是公元 1 世纪犹太地区绝无仅有的孤立事件，其他来自加利利的先知型宗教人物也同样吸引了大量拥趸而最终酿成了与罗马当局或代理国王的冲突，其中最著名的就要数施洗者约翰（John the Baptist）了。真正令基督宗教脱颖而出的是，耶稣的弥赛亚主张并未随他的死去而消失。最关键的是，基督教的重心逐渐聚焦到劝说异邦人信主一事上，这意味着基督教不仅仅是又一门犹太宗教而已。塔苏斯的保罗（Paul of Tarsus）是扩大教派影响的重要人物。他不仅从小就被以犹太精英成员的身份培养，而且其罗马公民的地位也使他成了转信基督教的一位不同寻常的信者。保罗着手将这个初出茅庐的宗教团体引向雄心勃勃的全新方向，他开始在叙利亚、小亚细亚和希腊地区广泛开展传教工作，并取得了令人振奋的效果。待保罗年过花甲去世之时，这门宗教虽然仍很弱小，但在那些地区的许多大城市里都已经健康良好地建立了起来。新创的基督社群之中有大部分成员都是异邦人，以手工匠为主。也许正是基督徒所面临的来自各方的敌意——先是犹太精英而后来自罗马当局——

才使得教徒们自我组织得井井有条。他们拥有一套清晰的层级制度以及来自主教和教士的强有力领导。教徒社群具有一种慈善精神，因而在罗马城市社会的贫贱阶层当中特别具有吸引力。穷人们总是对那些赏赐食物、帮助埋葬死者的善心人抱有好感。

322 　　帝国全境内的许多宗教均相当和谐地共存着，而基督教在发展认同上另有其他方面与众不同。首先，基督教的社群感十分强烈，它由一套复杂信仰团结起来，弥赛亚及追随他的精选领袖团体已参悟了无可辩驳的真理。不过真正将基督教推上那条顶撞罗马之路的是基督教对异教活动的敌意。这种姿态颇具煽动性，因为那些异教活动是帮助帝国团结凝聚的黏合剂。但至高无上的天主是唯一的，基督徒反对其他人的神灵，不愿意玩罗马人的游戏。以德尔图良（Tertullian）为例，此人是公元 2 世纪晚期至公元 3 世纪早期居于迦太基的一名基督徒。（迦太基在公元前 1 世纪 40 年代由尤利乌斯·恺撒重建，成为罗马辖下主要的非洲城市和基督教早期的重要中心。）德尔图良被世人看作第一位用拉丁文著书的基督圣徒。他力劝教友们停止观赏竞技比赛，不要去剧院看戏，因为那里所表演的一幕幕尽皆邪恶，而且还与异教神灵及宗教仪式存在瓜葛。德尔图良命令女教徒们戴上面纱并回避黄金首饰，他赞美贞洁，称其为基督徒最受祝福的生活状态。对于德尔图良而言，原罪几乎在罗马城市的每一个角落潜伏着。尽管后世的基督徒认为他有些疯狂，但德尔图良的观点比惯常的标签更具代表性。倘若他人的观点对自己合适，那么罗马人便会容忍他们，但早期基督教徒搞出了一

种让人忍无可忍的生活方式，他们以自我的谦卑和牺牲而
倍感自豪。

　　于是迫害行动很快降临，不过通常并非来自帝国当局，　　323
而是由当地人发起的。当局常常很不情愿地被牵扯其中。从
德尔图良的论著当中我们可以清晰地看出，迫害的效果只是
令基督徒对罗马帝国的态度愈发坚定不屈。他讽刺挖苦的旁
白文字可谓火药味十足。

　　　假如台伯河水位之高淹没了城墙，而尼罗河之低灌
　　溉不了良田；假如世界山崩地裂，天空乌云蔽日；假如
　　饥荒遍野，瘟疫肆虐……此时呼喊声会即刻响起："基
　　督徒们起来反抗'猛狮'！"什么？所有基督徒？对付
　　一头"狮子"？

　　基督徒明显感到无论什么事情都会怪到他们头上。对德
尔图良而言，罗马就是"复活之书"（Book of Resurrection）
中预言的"巴比伦启示录"（Babylon of the Apocalypse），它
沉醉在基督殉道者的鲜血里忘乎所以。德尔图良是一位受过
良好教育的罗马公民，他是一名律师，同时又是军官之子，
这个国家长期仰赖于像他这样的个体，然而德尔图良的文字
显露出对国家的一种别样的疏离感。至于他为了坚决反对帝
王崇拜所运用的其他一些观点则来源于《新约》，来自耶稣
对缴纳帝国税金这一棘手难题的机智回答，即"该撒的物
当归给该撒，神的物当归给神"。罗马帝国的官员会在未来
的数世纪里时常听到此回应。

其实跟当地行省的精英相比，帝国当局在迫害基督徒一事上长期以来始终相当冷淡。小普林尼无休止地写信给图拉真，其中一封请求图拉真指示如何处理在他的行省比提尼亚境内的基督徒问题。皇帝劝告小普林尼，表示对基督徒不应当赶尽杀绝，而要尽可能多给一些迷途知返的机会。面对日益强大的基督宗教，罗马人疲于应付，因为在传统上只要别人尊重帝国的话，罗马人就不会计较他们信仰哪些神灵，可是这老一套的行事方法根本糊弄不了这些狂热分子。同此时此刻的待遇相比，基督徒们对死后世界更感兴趣。

公元 203 年，最可怕的基督徒殉难大屠杀在迦太基的圆形竞技场爆发了。这座竞技场的规模在帝国之内数一数二，能够容纳 3 万名观众。当时的皇帝塞普蒂米乌斯·塞维鲁掀起了一场针对基督徒的迫害行动，并颁布法令禁止帝国臣民成为基督徒。有一位名叫波佩图阿（Perpetua）的女子信了基督教，她出身于富裕的异教徒家庭，像这样的社会地位入教是不太寻常的，也许这种对阶级的侵犯感正是令此则故事臭名昭著的原因之一。该女子年仅 22 岁，正在给小宝宝哺乳之时，忽然间就同其他基督徒一道被捕，其中还包括了她怀有身孕的仆人费莉西塔斯（Felicitas）。波佩图阿反抗来自家庭和当局的强大压力，拒绝放弃信仰，在圆形竞技场被判处死刑，波佩图阿在狱中的时候跟许多殉道者一样，都产生了许多"幻觉"。其中有些人宣称波佩图阿眼前的殉道不仅会帮助愈合其家庭的伤痛，还能弥合广大基督社群内部的分歧。不过另一些人则明确表示波佩图阿在竞技场上将要面

对的不是同野兽进行搏斗，而是与魔鬼本人的真正交锋。然
而与此同时，费莉西塔斯愈发焦急起来，她的孩子即将出
生，这会耽误自己的殉道。不过在竞技开始的前两天，宝贝
女儿呱呱坠地，这意味着费莉西塔斯的殉道愿望并没有落
空，那名婴孩后来被一名女基督徒收养。竞技举行当天波佩
图阿和费莉西塔斯均赤裸着身子被带入竞技场。群众对此抗
议，因为费莉西塔斯正在分泌的双乳还在渗出乳汁。于是女
子被带出了竞技场，遮盖完毕之后又被重新领了出来。待一
阵鞭打过后，两位女子被一头野牛踩踏。她们伤势严重，痛
苦非常，但仍然活着，随后被一名剑士完结了生命。角斗士
的手颤颤发抖，波佩图阿不得不指引着他，以便对方最终能
够割开她的喉咙。

　　尽管存在这些骇人听闻的故事，但一直以来真正殉道的
基督徒并不多，直到公元 3 世纪情势才有了转变。当时两位
最高效、最具改革头脑的皇帝德基乌斯（Decius）及后来的
戴克里先逐渐关注这门宗教的传播，基督教似乎要破坏帝国
赖以构建的许多根本原则和政策。教徒们拒绝帝王崇拜的献
祭活动，而这两位皇帝均利用了这种反对态度，将顽固不化
的狂热分子连根铲除。德基乌斯在公元 249 年发布了一条敕
令，要求在帝国境内开展一场全国性的帝王崇拜献祭活动，
此举让他在基督徒中间迅速挣得了一个反基督代言人的名
声。国家指派当地官员去落实这项政令，并签发文书来证明
特定的人员已经实施过献祭活动。许多比较富裕的基督徒为
了搞到一张此类证书便运用行贿的手段，或者花钱雇人以自
己的名义代为献祭；而较为贫困的基督徒则面临一个更为简

单明了的选择，要么掉脑袋要么去献祭。数以千计的人放弃了原则，只有真正宁死不屈者才最终反抗到底。

对于那些决意要负隅顽抗的人来说，殉道不是一种惩罚而是奖赏。在这些基督徒的殉难事迹里，对肉体施行的可怕暴力与殉道者振奋的精神状态之间存在鲜明的对比。这样的故事很自然地存在某种强烈的修正主义宣传元素，但即便是当时的证据也表明人们普遍认为殉难行为伴有某种精神麻醉的心态。有些基督徒将自己视为运动员，要在竞技场上击败撒旦，而光荣的殉道就是一种胜利形式。基督教会在全国各地散播这些可怕的殉道故事，并在基督徒的集会上大加传颂。迫害行动非但没有摧毁基督教会，反而令它愈发强大起来。

公元 303 年 2 月 23 日，戴克里先发动了一场所谓的"大迫害运动"（Great Persecution），他下令捣毁基督教经文著作，查禁礼拜用书，拆除帝国境内各处的崇拜场所。基督徒同时还丧失了法律权利。信教的元老院议员、骑士阶级以及其他精英团体均被褫夺了头衔和职位，然而这种现象本身就表明当时的基督教已经在帝国贵族当中展开了内部侵蚀，事实上戴克里先自己的妻子普利斯卡（Prisca）就是一名基督徒。戴克里先意欲通过振兴传统宗教活动的方法来重塑罗马美德，就恰如奥古斯都在三个世纪之前所做过的那样。戴克里先和"四帝"当中的其余几位都将帝国的福祉安康与百姓对传统诸神的持续敬拜紧密地挂钩起来，也正是缘于此等原因，任何一种威胁帝国安危的宗教都是大逆不道的。在接下来的岁月里，戴克里先及其继任者们运用各种政策手段

327

来对付基督徒，并转而引入一套更为严酷的法律体系，而后他们又用实行特赦的方法中断，然而他们所做的一切均无法阻止基督教的崛起。

后来在公元312年10月28日，罗马帝国漫长历史里的一个重大事件爆发了。"四帝"之中两位敌对皇帝的军队在罗马的米尔维安桥（Milvian Bridge）展开厮杀。战争事后被证明是具有决定性意义的，君士坦丁取得了战斗的胜利，而其对手马克森提乌斯（Maxentius）则掉入台伯河里淹死了，他被自己沉重的铠甲拖了下去。这场战争标志着由戴克里先创立的"四帝共治"体系开始走向终结，而与此同时君士坦丁异军突起，成为罗马世界的唯一主宰。不过在这一切之中真正具有纪念意义的是，君士坦丁将会主导古代世界最伟大的宗教改革。米尔维安桥之战将一改教会与帝国此前的对抗形势，会被世人宣告为双方力量天平倾斜的转折点。

君士坦丁和将士们在取得战争决定性胜利之前望见天空中有十字架的图案，之后君士坦丁宣称自己已信了基督教。然而也有人说实际上他们所看到的只不过是日晕而已。但当时的基督徒们很自信地认为这就是上帝支持君士坦丁的迹象，而君士坦丁是第一位值得让基督教世界"泄露天机"的皇帝。公元313年，君士坦丁下了一道赦免诏书，最终授予了全境的基督徒从事宗教活动的自由，并恢复了此前被没收的财物和属于教会的资产。公元325年，随着持久内战的结束，君士坦丁掌控了全国。皇帝慷慨地赠予土地和资金，投射大量的影响力，此时基督教会的命运似乎已经完成了极大的转变。

在罗马，一系列宏伟壮丽、美轮美奂的教堂纷纷拔地而起，这对基督教而言具有重要的历史意义，因为相传首位主教就是圣彼得。基督教的主教如今已被纳入皇帝的核心幕僚圈了。他们的影响力可以从君士坦丁发起的大量道德和宗教改革之中窥见一斑。神职人员从繁重的公务中被解放了出来，而主教们则被赐予了司法特权。反对通奸和鼓励婚姻的法条得到了强化。与此同时，基督教对其他信仰及活动的零容忍性也开始被人察觉，一部分受人尊崇的异教神庙均被关闭，基督徒长期以来一直指责其进行不道德的活动，特别是那些与爱神阿佛洛狄忒祭典有关的。此外，另有其他法律禁止了法术、占卜和某些杀生祭祀活动。

为什么君士坦丁会突然投入基督教的怀抱，这里有一个

329 巨大的问号。但对于基督徒而言答案是清楚明了的：皇帝是一位真正的信徒。在政治上利用教徒人气以作为权宜之计的想法当然是可以排除掉的，因为时至公元 312 年罗马帝国人口当中基督徒只占了不到 10%，大多数人并不来自任何强大的宗教势力阶层。然而问题是君士坦丁一直等到临终前才接受了洗礼，要说他迫切想成为真正教徒的说法恐怕是很难站住脚的。我们没有决定性证据来表明君士坦丁到底是一个真心虔诚的人还是一位世故的权术家。考虑到君士坦丁个人对信仰的那份虔诚之心曾经在许多不同的神灵之间飞快地转换过，那么此人长期对基督教保持兴趣倒是令人颇感惊讶，不过相比之下我们也许更容易回答这一问题。答案很简单，君士坦丁摧毁了精心构筑的"四帝共治"体系并用独霸天下的统治模式取而代之，对于这样一个人物来说，基督教的

那种决不妥协的一神论观点势必具有强烈的吸引力。此后将会是一个皇帝、一位神灵的时代。在成为帝国全境唯一主宰之后，君士坦丁很快就发表了一场演说，将一神论与在天堂和凡间的多神论相比较，他如是坦陈其危害：

> 君主制绝对远胜过其他任何类型的政治体制和政府形式，因为与其截然相反的民主平权事实上只不过是无政府的混乱状态。这就是为什么只有一个上帝，而不是两个、三个或更多。

基督教会虽然之前曾尖锐抨击世俗帝国，但他们显然非常善于适应这大幅提升的全新环境。教会的领袖们十分乐意宣称君士坦丁的统治是由神灵所授，就好像一种合作关系已经由上天促成，或至少说是受上天首肯的。 330

然而基督教会和罗马国家新建立起来的这些联系立刻就面临了压力。人们很快就清楚地发现，基督教在君士坦丁身上的影响是有限的。皇帝愿意向教会撒下大把金钱和资源，但任何可能松懈其权力掌控的做法则完全不在考虑范围之内。这一点从帝王崇拜一事上就很能说明问题，君士坦丁似乎仍然认定这种传统宗教是十分有用的，全然不顾异教信仰与基督教核心原则相悖这一事实。公元 4 世纪 30 年代中期，君士坦丁的统治期渐入尾声，他批准了一项来自意大利城镇西斯佩伦（Hispellum）的公民诉求，允许百姓以他本人和皇族的名义建造一座神庙，但附加了重要的条件，即不允许在里面进行杀生祭祀活动。这是典型的君士坦丁式胡闹，一方面设法不过分疏远任何人，另一方面推动一项将自身领导权最大化的事业。如此一来，当地人有了他们自己的宗教活动，而基督教会则获得了在禁止祭祀方面的满足。这是一项持久的妥协方案，当考古学家在晚期异教神庙和圣殿里开展工作时，他们经常会在朝拜对象周围找到破碎的蛋壳，最后一批多神信仰者以此类独创性的做法来为他们的神灵献上一场没有血腥的杀生祭祀。

331　　基督教会内部持续的争吵是君士坦丁与基督徒之间紧张关系的最大来源。不消多久君士坦丁就会意识到那些看似也许隐蔽模糊的神学观点对于他的新盟友来说是何等的重要。更为雪上加霜的是，在广大的基督教社群当中，就正统信仰的构成要素问题似乎完全没有达成一致意见。圣父、圣子和圣灵到底是同一个人还是有层级的分别个体，人们对此产生了激烈的争论。君士坦丁将自己视为上帝在宗教和世俗事务方面的凡间代表，他决心要对这场喧闹纷争做一个了结，于是他命令各大主教务必找到一种妥协方案。公元 325 年，他召集举行了尼西亚会议（Council of Nicaea），大会达成一项决议，几乎所有的主教都签字承认了。但假如君士坦丁以为教义的暗斗就此终结的话，那么他就大错特错了。转眼间，诸多派别没有一个对处理结果感到满意的，帝王的干预不仅开创了危险的先例，而且还极大地抬升了基督教教义争论的价码，辩论双方都渴望借用帝国的法律条文及其通常严酷的惩罚来彼此攻讦。同样严重的是，凡是在帝国法律体系内行将失败的人均会逐渐心生怨恨，将其视为皇帝对宗教事务的非法入侵。

　　基督教会与罗马国家之间的紧张态势经由几十年的激化

最终于公元 4 世纪 80 年代达到了危机的爆发顶点。颇具讽刺意味的是，这竟然是发生在两位最虔诚的基督徒皇帝，即格拉提安（Gratian）与狄奥多西（Theodosius）的统治期间。而基督教阵营最主要的推手是米兰主教安波罗修（Ambrose），他是一位非凡卓越的人，经历了成功的议员和城市地方长官的事业生涯之后，于晚年加入到基督教会的层级体系中。此人精力充沛、博学睿智，而且毫不惧怕与帝王讨价还价。毕竟，他曾经担任过某位帝王的老师。安波罗修坚信基督教会才是上帝在凡间的高级代表，而非罗马皇帝。假如皇帝在未经教会领袖明确允许的情况下擅自干预教会事务的话，那么他就是在僭越自己的职权范围。然而即便在管辖范围之内，皇帝的行为也应当严格受限，仅能够运用世俗法律来落实教会的决策。以往的帝王常常一时兴起就干涉教会事务，而安波罗修的此等论调显然会将自己与皇帝对立起来，主教与皇帝之间力量对决的公开舞台就在帝国的皇城米兰①。

第一回合：小皇帝瓦伦提尼安二世（Valentinian II）的母亲贾斯蒂娜（Justina）是一位阿里乌斯派信徒（Arian），属于基督教一个支派的追随者，该派别没有赢得尼西亚会议的胜利，不过存续了下来并在这中间的几十年里数度兴盛。皇帝要求安波罗修将他手上的教堂拿出一座来让予阿里乌斯派，但被对方直截了当地回绝了，于是瓦伦提尼安调动军队前来。安波罗修没被吓倒，他将自己和教众都锁在教堂里，形成了一场不同寻常的对峙局面。帝国的官员们纷纷赶到现

332

333

---

① 当时米兰是除罗马之外的帝国陪都。——译者注

场，试图打破僵局，但安波罗修立场坚定，孤注一掷，他猛然抬高对战的筹码，奋力地打出那张基督徒惯用的牌：

> 该撒的物当归给该撒，神的物当归给神。宫殿属于皇帝，而教堂则属于主教。你被赋予的权威只能用在公共世俗建筑方面，而不是宗教建筑。

在这种明确直白的警告面前，瓦伦提尼安的立场显然动摇了，其风险不仅是与教会一刀两断，而且还同上帝本人断绝关系。瓦伦提尼安先是有所犹豫，而后便下令撤军。今后在安波罗修主持的米兰将不会有阿里乌斯派的教堂。

第二回合：安波罗修不仅意志坚定而且狡猾老练，翻手为云，覆手为雨，而瓦伦提尼安只不过是一个乳臭未干的小毛孩，松松垮垮地掌握着他的帝国王朝，永远都不是安波罗修那种人的对手。而统治帝国东半部分的狄奥多西却非等闲之辈。此人精明强干，是极具天赋的管理者和军人，同时又以虔诚的基督信仰而著称。这两个令人敬畏的角色之间的碰撞将会是基督教早期历史上最为著名的对战。公元 390 年，狄奥多西派驻在帖撒罗尼迦的指挥官被当地的一伙暴民以私刑处死，于是他下令对帖撒罗尼迦施行大屠杀，6000 人被以观看比赛的借口诱骗至竞技场。他们一到那里便即刻惨遭屠戮。虽然不可否认此举的残暴性，但流程公开合规，是针对公众秩序的结案。其处理的严厉程度常常被后世皇帝们习惯性地用来控制不安分的臣民。然而令此事与众不同的是，帖撒罗尼迦是一座基督徒占多数的城市，尽管该案完全不在

334

安波罗修的职权范围之内，但他还是感觉自己必须有所回应才是。安波罗修将皇帝本人从基督徒的队伍当中开除了出去。这也许是罗马皇帝和基督主教之间最骇人听闻的对抗，安波罗修居然公开拒绝为狄奥多西操办圣礼圣事，甚至还禁止他加入教堂会众。

安波罗修是个聪明的内行老手，知道要给他的皇家主子开一道门，永久的分裂毕竟对谁都没有好处。在一封写给狄奥多西的信中，安波罗修温和地建议说，嗔怒乃是一种心灵之症，唯有基督教的忏悔和苦修方能治愈。这一观点被对方接受了，在之后数月里，米兰的公民们将会目睹皇帝本人异常壮观的一幕：罗马世界最强大、最可怕的人居然脱下皇袍，公开忏悔自己的罪过。皇帝全心全意地悔过，心存感激之情，遂被教会重新接纳。然而即便到了此等地步，安波罗修仍确保每个公民都明白当初君士坦丁那种皇帝为上帝代言的模式已经宣告结束：

> 他（狄奥多西）撕扯头发，猛敲脑袋，眼泪打湿了地面，祈祷恳求上帝的宽恕。当轮到他将供物带上圣坛之时，狄奥多西一边始终悲泣着，一边站起身子走近那块神圣的位置。然而强势的安波罗修再一次叮嘱他注意分辨场所，安波罗修说道："阁下，圣殿之所仅供教士使用，对其余人等皆不开放，请你移步，站到众人所站的地方。紫袍能让你做皇帝，但做不了神父。" 335

皇帝或许是凡间最有权势的人，但在上帝的宗教场所里，他只不过是又一个普通的教众罢了。安波罗修针对皇权的著名胜利将会被新一代的基督教知识分子添砖加瓦，他们欲急切地重新思考自身与罗马国家乃至整个凡间世界的关系。在这些神学家当中有一位极具天赋的人物，他确实可算作早期基督教会里最为睿智的大儒，而此人正是由安波罗修在米兰亲手洗礼的。

奥古斯丁（Augustine）出生在北非塔迦斯特镇（Thagaste）的一户中等富裕家庭。他的人生道路承袭了之前历代行省才俊的步伐：在首府迦太基接受良好教育，随后到米兰取得一个教授修辞学的好职位。奥古斯丁早年曾有一段时间对摩尼教感兴趣，那是一种来自叙利亚的禁忌宗教。不过在米兰的时候他拜倒于安波罗修的魅力之下，经过洗礼之后，奥古斯丁决定放弃前程似锦的职业生涯，返回北非投身于基督教会。这一决定将永远改变他自身的生活及西方基督教世界。

受圣安东尼榜样力量的启发，奥古斯丁想在塔迦斯特的一个基督徒小社群里悄无声息地过一种清贫的生活——充满僧侣式的简朴作风与冥想沉思。这是有意识的遁世之举，即远离这片尘世与曾经热切追逐的社会舞台。然而此等状况并不长久，奥古斯丁在返回非洲多年之后，造访了希坡（Hippo Regius）。那是一座拥有庞大基督教社群的繁忙港口城市。早期基督教会最吸引人的一个方面就是众多领头的神学家最终都会成为现实世界中某个小城镇的主教，虽然希坡并非什么穷乡僻壤，但对于像奥古斯丁这类曾在迦太基和米兰生活工作过的人而言，希坡仍然太过偏远了。最初有人请他去当希坡主教时，奥古斯丁是相当不情愿的。事实上他几乎是被教众们"挟持"过去的，他们觉得奥古斯丁是个值得紧紧抓牢的抢手货。不久之后奥古斯丁即在教堂开展布道，运用了曾经让他在罗马和米兰声名鹊起的全部技巧与手段。每个星期天，希坡的基督徒们都会一次站立两个小时以上，他们均被这位演讲巨星的话语所迷住。当老主教去世时，由谁来继承他的位子当然是毫无疑问的。在奥古斯丁皈依基督教仅十年之后，他便被人神圣地奉为希坡的主教了。

　　这份工作并非在海边沉睡小镇的舒适闲职，希坡就如同北非大多数地方一样，正处于奥古斯丁的天主教徒与多纳图派信徒（Donatists）之间的宗教战争之中。多纳图派是一个信仰严苛的基督教宗派，他们认为自己才是公元 3 世纪大迫害时期大量北非殉道者的真正后裔。双方的争斗不仅局限于口诛笔伐，还有宗派间动真格的暴力威胁。每当奥古斯丁访问远在自己教区之外的地方时，他总是很害怕会被人施以私刑，对此他常常抱怨不已。虽说这样的争斗足以让奥古斯丁忙碌不暇，但前方即将来临的挑战才令他名垂青史。

337

　　公元 410 年夏末时节，令人震惊的消息传至希坡，罗马竟然陷落于阿拉里克国王（King Alaric）及其西哥特军队之手。近些年来罗马已经抵挡住了两波围城，但公元 410 年 8 月西哥特人第三次卷土重来，到了该月 24 日，奴隶们打开了城门，日耳曼军队遂如潮水般侵入，随后便是整整三天的洗劫，罗马许多最精美的建筑都被捣毁了。伟大的奥古斯都的陵墓惨遭洗劫，埋葬起来的骨灰瓮被打翻，皇帝们的骨灰散落在大街上。接下来的数月里，希坡到处充斥着来自罗马的难民，他们的心灵皆因城市陷落而深受创伤，许多人仰天长叹：为什么？为什么这座世界上最伟大的城市在历经800年后居然最终落入蛮族军队之手？难民当中有不少人是基督徒，然而甚至在他们中间也有某些人开始猜测，20多年前皇帝狄奥多西褫夺异教的做法会不会跟今天这场骇人听闻的事件存在某种联系。

这一说法在奥古斯丁看来简直卑鄙可恶，教人怒不可遏。于是他积极展开行动，拿起笔一头扎进论战之中。奥古斯丁撰写了一篇檄文，猛烈抨击罗马神话与传奇，并编著了一部站在基督教角度、与传说相对立的城市历史，毫无禁忌地描绘了一段"跌宕起伏"的岁月，从当初善良的建城者到奥古斯丁时代那些颓废、自私、金钱至上的公民。奥古斯丁坚称，假如罗马崩溃，那也是它命该如此。他向罗马献上了致命的最后一击，诋毁罗马热切追求的根本理念，而实际上那也是古代世界所有伟大文明都渴望的理想。"俗世之城"均注定风雨飘摇并最终崩塌，因为它们都出自堕落的人类之手。

奥古斯丁耗费了13年的光阴才完成了他的著作《上帝之城》，他认为文明的构筑十分脆弱，其评价之消极可谓无出其右者。对奥古斯丁而言，在世俗之城里根本找不到什么目的和意义，只有上帝之城才会为人类提供这些精神要素，而它们只有在人死后才能触及得到。在荣耀的解脱之前，正直的信徒在堕落的人类世界里应如"朝圣者"般行为处事，充分利用文明所给予的和平与安宁，但切记不要错误地以为这是什么坚不可摧或经久不衰的实质性事物。善男信女们只是人世间的匆匆过客，文明所创造的科技、文化和政治成就只不过是通向上帝之城的踏脚石，引领人们走向更伟大的荣光。

然而在奥古斯丁毫不妥协的文字背后隐藏着一个不容回避的真相，那就是罗马帝国仍旧十分重要，甚至对那些雄辩的诋毁者而言亦是如此。他们之所以能战胜多纳图派信徒及其他基督教对手，其原因不仅仅是奥古斯丁写的那些信件、布道辞和论述所形成的"密集攻击"，同时也是帝国法律体系的实施结果——国家依法关闭了那些宗派的教堂，封杀了他们的神职人员并对其教众进行了罚款。其实奥古斯丁和他的非洲主教同僚们都在幕后大花力气，他们游说帝国官员，据说还贿赂过不少人。

像奥古斯丁这样的杰出人物似乎不可能意识不到一个萦绕他著作的巨大悖论。他在《上帝之城》中所运用的雄辩术和推理术是如此威力强大，但它们并非研读《圣经》的成果，而是源于当年那套极为昂贵的教育，而在那里头恰恰充斥着奥古斯丁竭力诋毁的经典文化。如此看来，这简直是一幕大师级的"恩将仇报"。

当奥古斯丁憧憬天国时，他其实是以俗世之城为蓝本来展开联想的，这一事实可以有力地证明城市文明所具有的持久关联性，而这种文明已统治了近东和地中海地区 1000 年。

339

（上）红海山脉圣安东尼修道院内的圣安东尼教堂壁画。
（*Chris O'Donnell* 拍摄）

（左）刻有奥古斯都的浮雕石。
（*Alinari/ The Bridgeman Art Library*）

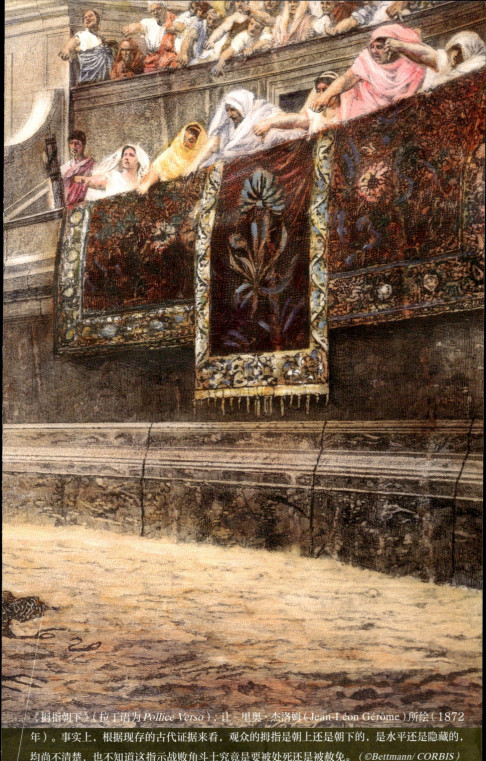

《拇指朝下》（拉丁语为 *Pollice Verso*），让-里奥·杰洛姆（Jean-Léon Gérôme）所绘（1872年）。事实上，根据现存的古代证据来看，观众的拇指是朝上还是朝下的，是水平还是隐藏的，均尚不清楚，也不知道这指示战败角斗士究竟是要被处死还是被赦免。（©Bettmann/ CORBIS）

突尼斯杜加的议会大厦，竣工年份约为 166 年至 167 年，它供奉朱庇特、朱诺和弥涅耳瓦，同时也向皇帝路奇乌斯·维鲁斯（Lucius Verus）和马可·奥勒留献礼。神庙的地下室里设有数座壁龛，分别摆放着三位神灵的雕像。这座建筑之所以保存得格外良好，要归功于后来的加固防御工程。

位于黎巴嫩巴勒贝克（Baalbek）的朱庇特神庙。巴勒贝克地处肥沃的贝卡谷地，在罗马时期被称为赫里奥波里斯（Heliopolis），同时也是帝国境内最庞大的宗教设施的所在地。罗马主神——朱庇特、维纳斯和巴克斯（酒神）——均在此地受人敬拜，并被移植到当地原生神灵身上，如巴力哈达（Baal Hadad）、阿施塔特，以及一位象征丰收的年轻男性神灵。（*Tim Kirby* 拍摄）

图拉真凯旋柱上所刻的图景，罗马军团战士手持利斧、不佩盾牌地战斗。此等情况是极不寻常的，很可能预示了他们正因遭到达契亚人（Dacians）的突然袭击而开展自卫。（©Vittoriano Rastelli/ CORBIS）

位于埃及阿吉勒基亚岛（Island of Agilkia）的图拉真凉亭，由罗马皇帝图拉真所建，用作露天无顶的神庙。该建筑最初建于菲莱岛（Island of Philae），但因 20 世纪 60 年代修建阿斯旺水坝（Aswan High Dam）而被移走。一般认为建造这座神庙的目的是给女神伊希斯（Isis）的"Barque"（即"圣船"）提供庇护，而菲莱岛上就有一座伊希斯神庙。

（©Neale Clarke/ Robert Harding World Imagery/ CORBIS）

凯旋门和巨型廊柱，位于帕尔米拉。（*Tim Kirby* 拍摄）

叙利亚玻斯托拉（Bostra）的一座剧场，建于 2 世纪。当时这座城市是罗马军团重要的司令部所在地和佩特拉阿拉伯（Arabia Petraea）的行省首府。剧院上层走廊以一排有顶的廊柱为建筑形式，均整体地完好保存了下来，这样的纪念建筑唯此一种。这座城市的许多地区都建在当地的黑色玄武岩之上，而且不同寻常的是人们至今仍旧居住在这片遗址上。（*Tim Kirby* 拍摄）

（上）狩猎场景，位于帕尔米拉。（*Chris O'Donnell* 拍摄）

（右）镀金的女子木乃伊画像，位于法雍（Fayum），年代为 160 年至 170 年。这些画像代表了死者的形象，附于其木乃伊化的尸体上。艺术家运用昂贵且费时的"烧腊法"工艺，而那种腊会产生一层具有丰富层次感的复杂纹理表面。结合该对象精致的衣装和上乘的首饰来看，这位女子应属于罗马化埃及精英阶层的一员。

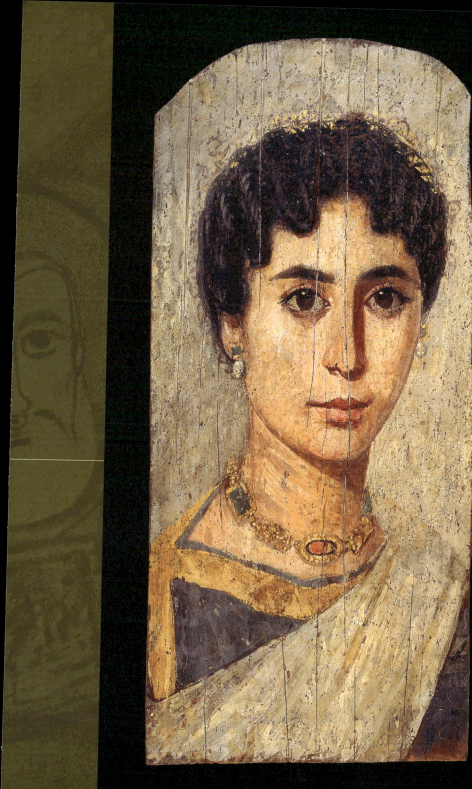

位于斯普利特的戴克里先皇宫地下层。（*Marijo Bašić 拍摄*）

（上）列柱围廊式的庭院，位于斯普利特的戴克里先皇宫。这座不朽的庭院向北通向皇家寝宫，向东可达如今已改作圣多米诺斯教堂（Cathedral of St. Dominus）的戴克里先陵墓。庭院向西可至三座神庙，其中一座朱庇特神庙现已变为洗礼堂——这可谓是对于这位基督教最起劲的迫害者之一的公然羞辱和反击。（Marijo Bašić 拍摄）

（右）埃及红海山脉圣安东尼修道院内，人们正等待进入"圣安东尼洞穴"。有些现代的科普特（Coptic）僧侣仍尝试效仿过圣安东尼那样的遁世生活。（Chris O'Donnell 拍摄）

（上）作者正在与圣安东尼修道院的达米安（Damian）神父交谈。
（*Chris O'Donnell* 拍摄）

（右）圣索菲亚大教堂（Church of Hagia Sophia），位于尼西亚。尽
管这座教堂建于查士丁尼统治时期（483 年至 565 年），距离首次尼
西亚会议已经相当久远，但另一届重大的教会会议在 787 年于此地举
行，并解决了肖像争议这一更为棘手的问题。（*Chris O'Donnell* 拍摄）

耶路撒冷的圣墓大教堂（Church of the Holy Sepulchre）。据推测，这里是耶稣殉难并被埋葬的地方，335 年皇帝君士坦丁下令在此地修建一座教堂。据称皇帝的母亲海伦娜在教堂破土动工的现场发现了用于钉死耶稣的十字架和一处墓冢。（*Chris O'Donnell 拍摄*）

位于阿尔及利亚境内阿纳巴（Annaba）的希坡废墟遗址，背景中还有圣奥古斯丁教堂，该教堂由法国人在殖民时代所建。（*Chris O'Donnell 拍摄*）

阿纳巴圣奥古斯丁教堂内圣奥古斯丁的安葬塑像，特别的部分是装于银色光泽小瓶内的骨头，据推测是圣奥古斯丁的臂骨。（*Chris O'Donnell* 拍摄）

结　语

自《上帝之城》抨击"俗世之城"以来的 1500 年间，³⁴⁰其他宗教的先知们也均为此类指责添油加醋。然而，历史虽经历了一系列明显的失败，但"俗世之城"仍然经久不衰。企图将上帝的意志强加到凡间，到头来终究只是徒劳之举，神权政体很快就会变质，同被取代的"无神"政权别无二致。政府公务平淡枯燥，哪怕再清高的宗教理想主义也常常会被带回现实。

如此广角的研究始终只能以最宽泛的形式概略地勾勒古代近东与地中海地区的城市文明发展历程。然而宽角度、长跨度的视角确实也能获得某些重要的观察与发现。许多古希腊和罗马的作家都深信历史的周期本质，哪怕再粗略的文明历史调查也能解释为什么他们会得出如此结论。然而文明历史并非一条朝向清晰既定目标而持续渐进的路线，任何这样的想法均会被一个个历史事实打得粉碎。恰当的例子有很多，举两例为证：青铜时代末期，诸多城市文明点均从他们已占据数百年甚至上千年的地区完全消失了——直到几百年³⁴¹

后才重新出现；在古希腊，公众参与政治并问责的激进政治试验直到 20 世纪方才被世人领略，而当初却被一种富有魅力的王政所取代，而这种王政制度则令人联想起青铜时代近东和东地中海地区的"大人物"政治。

然而在政治体制中看似剧烈动荡的背后隐藏着一连串恒定的常量。人们所提出的解决方案也许各有不同，但其问题的本身倒是一成不变的。在这些常量之中最为重要的或许要数文明本身了。历史一再向我们展示，相互合作的益处始终要胜过我们臆想出来的弊端与难题。另一项永恒不变的元素则存在于一些至关重要的问题上，而以城市为基础的文明无论在哪里形成都会产生这些矛盾：一头是建立国家整体公序良俗的需要，另一头是个人自由与群体自由的渴望；一头是精英阶层的团结，另一头是个人的抱负和野心；一头是保持文化和政治的排他性，而另一头是文明的复制与自觉的输出。此外，还有对稀缺资源、集体劳动成果和军事战利品的分配问题。这两类问题的本质似乎水火不容，而所有这些棘手难题均强调了对于城市文明而言在两者之间寻找平衡具有何等的中心地位。

不过最重要的常量其实就是变化本身。针对城市生活形成的两难困境，各国的古代社会都提供了十分广泛的解决途径，而对于这些方案的研究则显示，首先我们认为世上从来就没有哪个单一的理想方案能够长期保持不变。也许文明本身就给予了我们一个巨大的悖论，根本就没有确定的答案。因为我们天性使然，总是会反对任何占据主导地位的现状。

当然了，另外还有一项确定性元素，那就是所有文明都会在某个地点以某种方式走向终结。奥古斯丁曾迫不及待地宣告罗马帝国业已衰败，自那以后，一个个帝国、王国、共和国以及其他形形色色的政权如走马灯般来来往往不亦乐乎。有人登上统治者之座，又有人将其推翻并取而代之。为了进行政治改革，为了推进社会公正，为了促使国家强盛，人们都曾处心积虑地精心谋划过，然而到头来终究是破产与毁灭。在最黑暗的年代里，文明这个概念一直受到人们的质疑。

尽管有这一切的灾难、危机和末日，但我们仍一次又一次地回归原点，回到那"俗世之城"所提供的可能性，再瞧一瞧下次我们能否成功。先辈们的历史也许表明这是"希望战胜经验"的终极范例，而我们则一如既往地"希望"着。如今人类无路可退，不可能再回到家族、氏族或部落的安乐窝中。文明已让我们脱胎换骨，无论这是好还是坏，我们都已成为"选择"与陌生人共处的物种，而且正是这一简单的缘由促使我们继续上下求索，将这似乎不太可行的"选择"变得可行。

致　谢

343　　　完成这样的一本书必然是一项团队合作的工程。西蒙·温德尔、克洛伊·坎贝尔、克里斯·奥唐奈、蒂姆·邓恩、理查德·马斯顿、理查德·杜吉德、迈克尔·佩奇和彼得·罗宾森均对本书倾注了大量的精力，可以毫不夸大地说，假如没有他们就不会有这本书存在。我非常感谢詹妮丝·哈德洛和马丁·戴维森多年来对此项目的巨大信心。埃蒙·哈代是一位让人乐于相处的老板，他始终对我给予鼎力支持，尤其是在那些艰难的岁月里。同时我也想要感谢帕特里克·杜瓦、克里斯·提图斯·金、托尼·伯克、乔恩·托马斯和夏洛特·乔克，他们是极佳的旅行伙伴和工作同事，我们一起周游了地中海和中东地区。最后，我要对蒂姆·柯比表达我的谢意，他的知识视野、优雅文字和坚毅决心将一个泛泛空想变为了一部系列电视剧和一部著作，我为自己能够参与其中而感到无比自豪。

理查德·迈尔斯

参考文献

pp. xviii and xix: Both texts from 'The Curse of Akkad', 10–39, 176–209, abridged translation based on *The Electronic Text Corpus of Sumerian Literature* (http://etcsl.orinst.ox.ac.uk/)

4: Quotation from *The Epic of Gilgamesh*, 1.18, based on A. George (tr.), *The Babylonian Epic Poem and Other Texts in Akkadian and Sumerian* (London, 1999)

25–6: Quotation from *The Teaching of King Amenemhat I*, 2–4, based on translation from Digital Egypt for Universities (http://www.digitalegypt.ucl.ac.uk/literature/teachingaisec4.html/)

31: Quotation from Kamose I based on J. Wilson (tr.) and J. Pritchard (ed.), *Ancient Near Eastern Texts Relating to the Old Testament* (Princeton, 1969), p. 232

36–7: Merchant quotes taken from C. Michel, *Correspondance des marchands de Kanish au début du IIe millénaire avant J.-C.* (Paris, 2001)

39: King's letter taken from *Balkan, Letter of King Anum-hirbi of Mama to King Warshama of Kanish (Türk Tarih Kurumu Yayınlarından VII/31a)* (Ankara, 1957), p. 8

45: Zimri-Lim's letter taken from J. Sasson, J (tr.), 'Texts, Trade and Travellers', in J. Aruz, *Beyond Babylon: Art, Trade and Diplomacy in the Second Millennium BC* (New York, 2000), pp. 95–100

54–5: Letters quoted from M. Astour (tr.), 'New Evidence on the Last Days of Ugarit', *American Journey of Archaeology* 69.3 (1965), p. 255–8

57: Egyptian account of the Sea People based on J. Wilson (tr.) and J. Pritchard, (ed.), *Ancient Near Eastern Texts Relating to the Old Testament* (Princeton, 1969), p. 262

69: Quotation from Wenamen based on H. Goedicke, *The Report of Wenamun* (Baltimore, 1975), p. 153

74: Lines from Ezekiel and other Old Testament quotations taken from

H. Wansbrough, *The New Jerusalem Bible: Reader's Edition* (London, 1990)

95–6: Quotations from the *Iliad*, Book One and Book Twenty-One, taken from H. Hammond (tr.), *Iliad* (Harmondsworth, 1987). Reproduced with the permission of Penguin Books

102–3: Nietzsche quotation from W. Kaufmann (tr.), *The Portable Nietzsche* (New York, 1976), pp. 32–3

104–5: Author's translation of Hesiod, *Works and Days*, 303–16 abridged, 176–88 abridged, 207–9, and 219–39 abridged

124: Author's translation of Aristotle, *Constitution of Athens*, 11.5–12.1

132: Author's translation of Herodotus, *The Histories*, 5.97

150: Author's translation of Thucydides, *History of the Peloponnesian War*, 8.97

157: Author's translation of Aristotle, *Politics*, 7.73

162: Author's translation of Thucydides, *History of the Peloponnesian War*, 3.81.5

165: Author's translation of Xenophon, *Agesilaos*, 11.13

167: Author's translation of Demosthenes, *Third Philippic*, 31

170: Author's translation of Demosthenes, *Against Meidias*, 221, and *Fourth Philippic*, 11

179–80: Author's translation of Arrian, *Anabasis*, 2.14

226: Author's translation of Polybius, *The Histories*, 1.1

244: Author's translation of Diodorus Siculus, *Bibliotheca Historica*, 20.14

283: Author's translation of Virgil, *Aeneid*, 6.8, 51–3

284: Author's translation of Tacitus, *Agricola*, 21.4

292: Author's translation of Epictetus, *Discourse*, 4.2

293: Author's translation of Pliny the Younger, *Panegyric*, 48.1–3

311: Quotations from P. Parsons, *City of the Sharp-Nosed Fish* (London, 2007), pp. 133–4

316: Septimius Severus and Caracalla quotations translated by the author from Cassius Dio, *Roman History*, 77.15 and 77.3

323: Author's translation of Tertullian, *Apology*, 40.2

329: Author's translation of Eusebius, *Oration of Constantine*, 3.6–7

333: Author's translation of Ambrose, *Letter*, 20.19

334–5: Author's translation of Theodoret, *Ecclesiastical History*, 5.17

索　引

（索引页码为本书页边码）

Page numbers in *italics* refer to maps

459

图书在版编目（CIP）数据

古代世界：追寻西方文明之源／（英）理查德·迈
尔斯（Richard Miles）著；金国译. －－北京：社会科
学文献出版社，2018.3（2020.6重印）
书名原文：Ancient Worlds：The Search for the
Origins of Western Civilization
ISBN 978 - 7 - 5201 - 1546 - 9

Ⅰ.①古… Ⅱ.①理… ②金… Ⅲ.①世界史 - 古代
史 Ⅳ.①K12

中国版本图书馆 CIP 数据核字（2017）第 244440 号

古代世界
—— 追寻西方文明之源

著　者／〔英〕理查德·迈尔斯
译　者／金　国

出 版 人／谢寿光
项目统筹／董风云　冯立君
责任编辑／沈　艺　李　洋　国　盟

出　　版／社会科学文献出版社·甲骨文工作室（分社）（010）59366527
　　　　　地址：北京市北三环中路甲29号院华龙大厦　邮编：100029
　　　　　网址：www. ssap. com. cn
发　　行／市场营销中心（010）59367081　59367083
印　　装／三河市东方印刷有限公司

规　　格／开本：889mm × 1194mm　1/32
　　　　　印　张：15.25　插　页：4.25　字　数：283千字
版　　次／2018 年 3 月第 1 版　2020 年 6 月第 3 次印刷
书　　号／ISBN 978 - 7 - 5201 - 1546 - 9
著作权合同
登 记 号／图字01 - 2016 - 6645 号
定　　价／79.00 元

本书如有印装质量问题，请与读者服务中心（010 - 59367028）联系